现代医院管理制度研究

王 霜 尹福在 编著

燕山大学出版社
·秦皇岛·

图书在版编目（CIP）数据

现代医院管理制度研究/王霜，尹福在编著. - 秦皇岛：燕山大学出版社，2019.12（2026.1 重印）

ISBN 978-7-81142-808-7

Ⅰ. ①现… Ⅱ. ①王… ②尹… Ⅲ. ①医院－管理－研究－中国 Ⅳ. ①R197.32

中国版本图书馆 CIP 数据核字（2019）第 070476 号

现代医院管理制度研究

王霜　尹福在　编著

出 版 人：陈　玉
责任编辑：裴立超
封面设计：刘韦希
出版发行：燕山大学出版社 YANSHAN UNIVERSITY PRESS
地　　址：河北省秦皇岛市河北大街西段 438 号
邮政编码：066004
电　　话：0335-8387555
印　　刷：廊坊市印艺阁数字科技有限公司
经　　销：全国新华书店

开　　本：700mm×1000mm　1/16　　**印　　张**：26　　**字　　数**：399 千字
版　　次：2019 年 12 月第 1 版　　**印　　次**：2026 年 1 月第 3 次印刷
书　　号：ISBN 978-7-81142-808-7
定　　价：98.00 元

目　　录

第一部分　委员会制度

第二部分　行政管理制度

第三部分　党务管理制度

第四部分　业务管理制度

第五部分　后勤保障制度

第一部分

委员会制度

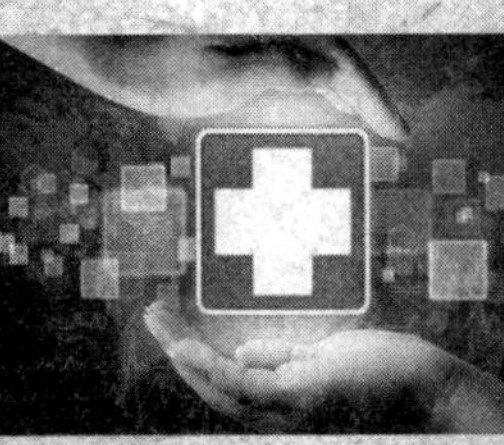

医院工作委员会章程

第一条　为规范医院各工作委员会的会议制度和职责，确保委员会的职能充分发挥和会议决策落实到位，特制定此章程。

第二条　医院管理委员会作为医院最高级别委员会，负责对各工作委员会进行管理和督导，并定期对各委员会成员名单进行修订。

第三条　医院工作委员会秘书处设在院办室，由医院管理委员会秘书长担任总秘书长，负责召集各委员会秘书长举行会议，协调督导各委员会工作。

第四条　医院各工作委员会每季度至少召开一次会议。

第五条　各委员会秘书长负责会议的组织协调和会议决策的督办落实。会议召开前，秘书长要组织各位委员对会议议题进行充分论证并征求意见，收集整理初步意见，以提高会议效率。

第六条　每次会议结束后一周内，要形成会议纪要，做好资料存档，并将会议纪要报送院办室。

第七条　本章程于 2017 年 9 月 11 日经医院管理委员会审定通过并生效执行。

医院管理委员会工作制度

一、医院管理委员会作为医院最高级别委员会，负责对各工作委员会进行管理和督导。管理委员会主任由院长担任，秘书长由院长办公室主任担任。

二、根据构建“百姓信得过的技术一流、服务一流、质量一流的现代化和谐医院”的发展愿景对医院的发展建设、人才引进、薪酬改革、学科发展、基建改造、管理制度等重大事项进行研究、部署。

三、管理委员会一般每季度召开一次会议，必要时由管理委员会主任决定召开临时会议，研究紧急、重大事宜。

四、无特殊情况委员不得缺席会议，确因特殊情况不能与会时，要向委员会主任请假。

五、管理委员会会议记录包括召开的日期、地点、出席成员、主持人、会议议程、决议事项的表决结果等，记录要翔实，以备查阅。

六、管理委员会委员有责任、有义务对医院院务各方面工作进行检查和监督。

七、管理委员会委员要严守组织纪律，不得在医院未正式发布的情况下将重要会议内容私自泄露或公开。

八、管理委员会一般情况下每两年审定各委员会成员，并根据实际工作需要对各委员会组成人员进行调整。

医院质量与安全管理委员会工作制度

一、质量管理委员会主任由院长兼任，副主任由相关院领导兼任，委员由相关科室主任兼任。质量管理处为委员会常设办公室，质量管理处处长兼秘书长之责。

二、在院长领导下，制定医院质量管理规划，建立医院质量院科两级管理体系，落实科主任负责制，配备专职的职能科室和临床科室质控人员，建立和完善可追溯制度，做到凡事有计划，事事有人抓，责任有人负，质量有始终。

三、院长应主持和参与医院质量管理的重大决策和活动，至少每月开展一次质量查房。组织各委员会定时或不定时深入科室督导工作，认真做好医院各项工作质量监控，同时做好各种质量数据的分析、总结、反馈并提出整改措施。

四、医院质量与安全管理委员会每年至少召开两次关于全院质量管理的专题会议，会议时间内各委员必须准时到会，有事不能按时参加的委员要提前向质管处请假。

五、医院质量与安全管理委员会会议记录要求：时间、地点、参加人员（请假人员）、职务、会议主持人、会议提案、发言人及会议内容。对会议决定的提案、实施办法记录要真实详细，以备查阅。对于重要的议题可以在会后写出会议纪要，由主任委员审阅后下发相关执行科室。对资料进行归纳整理时不得参与个人意见。

医疗质量与安全管理委员会工作制度

一、在分管院长和院长领导下，进行日常医疗质量与安全管理工作，并为医院在医疗质量与安全管理方面的决策提供信息服务，为全院的医疗业务发展提出切实可行的规划。

二、组织制定医疗质量与安全管理制度，制订医疗质量与安全管理计划，督促检查计划的执行与落实。

三、组织开展全院医疗质量与安全管理方面的宣传教育培训工作。

四、负责组织和实施医疗质量与安全方面的检查、评价、考核，对其存在的问题进行反馈，提出改进措施。

五、医疗质量与安全管理委员会每季度开会一次，通报季度质量与安全管理信息，研究医疗质量与安全管理工作。

六、组织疑难病例、重大或罕见疾病（手术）、纠纷病案的讨论。

七、组织医疗差错和医疗纠纷、医疗事故的鉴定工作。

八、对新技术、新项目的开展进行严格审核、准入、监督和评价。

九、负责全院的临床路径管理工作，定期检查、督导各临床科室的路径执行情况。对临床路径实施效果进行评估、分析，并及时向临床科室反馈结果。

十、组织医护人员进行业务学习。参加各种医疗文书、技术操作、诊疗水平、“三基”考核、制度管理等方面的具体检查，并进行评价。

十一、做好医疗服务质量分析，为院领导决策提供参考，学习国内外先进管理经验，不断提升医疗质量管理水平。医疗质量与安全管理委员会的决议、决定提交院长办公会讨论决定后生效。

十二、每年年终召开总结会议，总结当年工作，制订次年工作计划。

护理质量与安全管理委员会工作制度

一、按照卫生行政部门要求，贯彻执行《护士条例》。

二、在院长领导下，负责全院的护理质量管理工作，监督护理核心制度的落实，强化管理，增强质量意识和服务意识，预防护理安全事故的发生，促进医院整体护理质量的提高。

三、负责草拟、制订、修改和完善医院护理质量管理方案；负责检查落实护理质量标准的执行情况，按规定时间进行护理质量检查和评比。

四、审校医院护理管理工作的规章制度、岗位职责、工作规范、工作流程，制定护理质量评审标准和奖惩制度。

五、审定年度护理工作规划、具体实施计划，实施评价过程。

六、监控各科室护理质量情况，定期进行考核、分析、评价，针对护理工作中的缺陷、关键环节，制定整改措施，不断提高整体护理水平。

七、协调各部门、各科室及各质量管理环节出现的关键问题。

八、每季度召开一次委员会例会，特殊情况可随时召开会议。

医院精神文明建设管理委员会工作制度

一、精神文明建设管理委员会是全院精神文明建设的领导决策机构，委员会主任由医院党委书记兼任，副主任由院级领导兼任，委员由相关院领导及科室主任兼任。精神文明办公室为委员会的常设办公地点。

二、委员会一般半年召开一次会议，听取精神文明办公室的工作汇报，分析全院精神文明建设形势，制定工作措施和改进意见，研究决定有关奖惩问题。

三、委员会负责审议、通过精神文明建设的年度规划和总结；负责审议、通过、批准精神文明建设的各项制度以及制度的修改、增加和取消事宜。

专家委员会工作制度

一、专家委员会在医院管理、规划、建设以及临床医疗、教学、科研工作等方面为院长提供咨询支持。本委员会向院长负责，充分发挥专家在医院管理中的作用。

二、专家委员会负责向院内外提供专家咨询、专家会诊、医学教育指导、临床培训、考核、技术及科研项目评价、各种专业技术资格认定等多项工作。负责医院外请专家相关工作的政策制定、专家库审批等（包括外院专家的纳入、排除）。

三、专家组成员由委员会组织者从医院高端专家中选拔产生，委员应医德高尚、治学严谨、作风正派、实事求是、大公无私，并报请有关领导批准，因各种原因需退出组织者，需由个人申报后备案。

四、专家委员会成员每五年为一个任期，任期随退休而自动终止。

五、凡受到医院及上级部门处分的成员将由委员会提请院领导免除其任职资格。

医院预算管理委员会工作制度

一、为了规范医院预算管理，本着厉行节约、勤俭办院的原则，依据《中华人民共和国预算法》《医院财务管理制度》等相关法律法规，制定本制度。

二、医院成立预算管理委员会，负责医院预算管理的领导工作。由医院院长任主任，相关领导任副主任，医院相关职能部门负责人为委员。

三、制定有关年度预算管理制度、政策和程序，确定各项具体预算的牵头部门，明确各部门在预算管理中的职责。

四、每年 9 月上旬，医院预算管理委员会根据医院的发展战略和本年度的发展规划，确定年度预算指导思想和关键指标。

五、审核各牵头部门上报的预算编制草案，通过“三上三下”的论证，最后确定各部门上报的预算草案。

六、审议批复年度预算草案，审议批复年度预算调整方案。

七、监督检查预算执行情况。

八、协调解决预算编制和执行中出现的问题。

九、根据预算执行结果提出考核和奖惩意见。

安全生产（消防）管理委员会工作制度

一、安全生产（消防）管理委员会会议每季度召开一次，遇紧急情况随时召开。

二、安全生产（消防）管理委员会会议由安全生产（消防）管理委员会全体成员参加，必须在三分之二以上成员到场的情况下方可举行。安全生产（消防）管理委员会主任或副主任可根据会议内容确定相关人员列席。

三、安全生产（消防）管理委员会会议由秘书长主持，其他成员因故不能参加时，应在会前向主持人请假，会后由相关人员负责传达会议内容。

四、安全生产（消防）管理委员会会议形成的决议由安全生产（消防）管理委员会办公室发文至各相关部门并做好记录。

医院药事管理与药物治疗学管理委员会工作制度

一、药事管理委员会是医院药事管理的最高组织，设主任委员、副主任委员及委员若干人，委员应包括药学部、医务部、护理部、医院感染及其他相关科室人员。药学部是药事管理委员会的常设办公室，兼委员会秘书之责。药事管理委员会会议由主任委员负责召集各部门委员开会，研究医院药事管理的有关问题，必要时可邀请院内外有关专家参加。

二、药事管理委员会会议原则上每季度召开一次，总结和检查工作，安排下阶段工作，审核新药和新制剂的报批材料。遇特殊情况可由三名以上委员提议，主任委员同意召开临时会议。

三、药事管理委员会会议应在有一半以上委员出席的情况下召开。

四、药事管理委员会会议的决议应经参加会议的一半以上有投票权的委员同意方可通过、颁行。

五、药学部是药事管理委员会的执行机构，负责落实药事管理委员会的决议。

六、药学部是药事管理委员会的常设机关。在药事管理委员会闭会期间，药学部在其权限范围内，履行其药事管理职能，做出临时决定。在此期间遇到不能自行处理的事项，应及时向主任委员请示，或提议召开临时会议。

七、药学部的所有临时决定均应在下一次药事管理委员会会议上进行通报，并经会议通过方可成为正式决议。

八、主任委员不能履行其职责时，可由副主任委员依次临时主持药事管理委员会的工作。

医院感染管理委员会工作制度

根据《医院感染管理办法》（卫生部令第 48 号）制定本制度。

一、医院感染管理委员会在主管院长领导下进行工作，要明确各有关部门、人员在预防和控制医院感染工作中的责任。

二、审议医院感染管理工作计划，根据有关的法律、法规，制定医院感染管理工作规划和相关制度。

三、建立会议制度，每年至少召开两次会议，遇有特殊情况及需要紧急解决的问题随时召开会议。

四、定期分析讨论医院感染现状和存在的问题；协调和解决有关医院感染管理方面的问题以及重大事项等。

人力资源管理委员会工作制度

一、医院根据上级文件精神建立单位岗位管理制度，明确岗位类别和等级。

二、工作人员与所在单位发生人事争议的，依照《中华人民共和国劳动争议调解仲裁法》等有关规定处理，对人事管理工作中的违法违纪行为，任何单位或者个人都可以向事业单位人事综合管理部门、主管部门或者监察机关投诉、举报，有关部门和机关应当及时调查处理。

三、对医院职工在职期间取得博士、硕士学位人员，按照医院文件规定，经委员会讨论决定，给予相应的政策支持。

四、针对医院人才队伍状况，结合科室实际情况，经委员会讨论制订干部管理人员轮岗实施方案。

五、根据国家出台的公立医院人事制度改革方案精神，结合医院人员实际情况，坚持以岗定编、薪随岗变的原则，实行绩效工资改革。

毕业后医学教育委员会工作制度

一、学习、研究国家政策，为医院制定全院毕业后医学教育的制度、政策提供依据和建议。

二、研究并制订医院毕业后医学教育的总体规划和实施方案。

三、负责与培训相关的上级文件学习、贯彻执行；调研与论证本院相关文件的起草和制订工作，对住院医师规范化培训、各专业基地的培训工作进行指导和监督。

四、组织制订各专业基地培训计划和目标。

五、组织制订各普通专科和亚专科医师培养方案。

六、负责全院住院医师规范化培训和专科医师培训工作的指导、监督、检查，组织相关师资培养、工作研讨与经验交流活动。

七、负责住院医师和专科医师培训的考核工作。

医疗保险管理委员会工作制度

一、医疗保险管理委员会是医院医疗保险管理的最高级别委员会，负责对全院医疗保险工作进行管理和督导，管理委员会主任由主管院长担任，秘书长由医疗保险管理处处长担任。

二、本着营造健康和谐医疗保险环境的原则，对医院医疗保险政策执行、医保支付方式改革、医联体建设等重大事项进行研究、部署。

三、管理委员会一般每季度召开一次会议，必要时由管理委员会主任决定召开临时会议，研究紧急、重大事宜。

四、无特殊情况委员不得缺席会议，确因特殊情况不能与会时，要向委员会主任请假。

五、管理委员会会议记录包括召开的日期、地点、出席成员、主持人、会议议程、决议事项的表决结果等，记录要翔实，以备查阅。

六、管理委员会委员有责任、有义务对医院医疗保险各方面工作进行检查和监督。

七、管理委员会委员要严守组织纪律，不得在医院未正式发布的情况下将重要会议内容私自泄露或公开。

八、管理委员会一般情况下每两年审定一次各委员会成员，并根据实际工作需要对各委员会组成人员进行调整。

病案质量管理委员会工作制度

一、制订、审核医院病案质量管理工作的总体计划；每年一次地审查和修改适合本院病案质量管理的一切规章制度；督促、检查病案质量管理制度的执行情况。

二、拟定、审核医疗文书表格的内容和形式，保证规范统一；讨论、处理病案工作中的各种争议，在临床医师和病案管理人员之间发挥桥梁作用，推动相互密切协作，促进病案质量不断提高。

三、提出及审核有关改革病案管理工作的建议；组织各种形式的病案质量检查，评价病案书写质量和病案管理质量。

四、每季度由病案质量管理委员会主任主持召开一次全体委员会议，听取季度病案指标完成情况及病案质量管理工作的汇报，研究探索病案质量管理的新要求、新方法。

五、针对每季度病案质量的优劣提出改进意见和建议，为院长实施质量管理提供病历管理的素材。有针对性地提出病案质量要求和管理的办法，促进病历质量的提高，保证医疗安全。病案质量管理委员会秘书长完成会议准备、资料收集、会议记录等工作，会议记录由病案质量管理委员会主任签署意见。

六、病案质量管理委员会成员执行委员的职责，按时参加病案质量管理委员会的会议及病案检查工作，如有特殊情况不能参加应事先请假。连续两次不参加者，视为自动退出病案质量管理委员会。

基本建设委员会工作制度

一、基本建设委员会负责管理医院基本建设相关工作，由院长、党委书记兼任委员会主任，纪检书记、主管院长兼任委员会副主任，基建处为委员会的常设办公室，基建处处长兼秘书长之责。

二、基本建设工作由基本建设委员会牵头，基建处具体协调其他相关科室共同安排完成。

三、“三重一大”基建项目必须经过基本建设委员会讨论并上报院党委会批准后经院长办公会通过。

四、委员会原则上每半年召开一次会议，研究部署下半年度工作，检查总结上半年度工程施工验收情况以及对委员会决议的执行情况。每次会议记录要求内容翔实、记录笔记清晰，以备查阅。

五、委员会成员对本半年度工程填写《秦皇岛市第一医院基本建设委员会意见表》，并签署具体建议。

六、基本建设处集中各委员的意见，对本半年度的基本建设工作做出相应的总结、计划和工作安排。

七、讨论决定重大事宜时，委员会委员必须全部参加会议。

医疗设备管理委员会工作制度

一、医疗设备管理委员会由主管副院长和相关职能科室及临床医技科室相关人员组成。

二、医疗设备管理委员会设主任 1 名，秘书长 1 名，委员若干。

三、医疗设备管理处为医疗设备管理委员会的常设机构。

四、医疗设备管理委员会负责年度设备购置预算计划的可行性论证，制定、修订和监督执行设备管理的有关制度。

五、主任或其委托人为医疗设备管理委员会会议召集人，出席人数不得少于委员数的三分之二。

六、每季度召开一次会议，由医疗设备管理处人员做好会议记录，主任可决定临时召开医疗设备管理委员会会议。

综合治理及安全保卫委员会工作制度

一、综合治理及安全保卫委员会负责对全院综合治理和安全保卫工作的领导，主任由主管安全保卫工作的副院长兼任，委员由相关科室主任与相关管理人员兼任。

二、委员会原则上每季度召开一次会议，检查总结年度工作情况以及对委员会决议的执行情况，研究部署下一步工作。必要时由委员会主任决定召开临时会议，研究急、重事宜。

三、每次会议记录要求内容翔实，记录字迹清晰可辨，年终总结后将各次记录装订成册，以备查阅。

四、各委员不得缺席会议，因特殊情况确实不能与会的，要向委员会主任请假。对长期因事请假、不能正常履行职责的委员，委员会主任有权向医院党政联席会议提请调换。

五、委员会委员有责任、有义务对医院综合治理和安全保卫工作进行检查，并提出意见或建议。

六、委员会要定期听取保卫处负责的安全保卫工作情况汇报。遇有重大问题，保卫处随时向委员会主任报告。

七、委员会有权对综合治理和安全保卫工作中的立功人员给予奖励，对违规工作人员进行批评乃至处罚。

保密管理委员会工作制度

一、保密管理委员会实行集体领导和个人分工负责相结合的制度。日常工作由保密管理委办公室主任、副主任、秘书长具体负责处理。保密管理委委员除完成保密管理委决定的各项任务外，应负责抓好本部门、本系统的保密工作，遇有重大问题，应及时报告。

二、保密管理委员会全体会议一般每年召开两次，遇有特殊需要，可由保密管理委主任决定后临时召开。保密管理委全体会议由保密管理委主任或副主任召集并主持，会务工作由保密管理委秘书长负责。保密管理委全体会议决定的事项，由保密管理委员会负责组织实施、督查，并报告落实情况。

三、以保密管理委员会名义印发的文件、纪要等，由保密管理委主任或副主任审查，上报院党委批准签发。

四、保密管理委员会承办的各项工作应向保密管理委主任或副主任请示、汇报，由保密管理委员会负责办理和落实。

五、涉及院内各有关部门的保密工作，由保密管理委员会负责督促、检查。

临床用血管理委员会工作制度

一、认真贯彻临床用血管理相关法律、法规、规章、技术规范和标准，制定临床用血的规章制度并监督实施。

二、定期监测、分析临床用血情况，推进临床合理用血。

三、推广血液保护及输血新技术，对医务人员进行临床用血管理法律法规、规章制度和合理用血知识教育培训。

四、向公众宣传临床合理用血、无偿献血知识。

五、加强临床用血质量控制。评估确定临床用血的重点科室、关键环节和流程。针对血液的来源、数量、质量进行血液保障安全性评估；调查分析临床用血不良事件及不良反应，提出干预和改进措施。

六、组织对临床用血工作的监督、检查，持续改进用血管理工作。

七、定期召开临床用血委员会工作会议（每季度一次），协调和解决有关医院用血管理方面存在的问题。

八、定期向医院提交全院用血管理总结分析报告，并提出合理性建议。

九、质控办负责临床用血管理工作及质控通报；输血科负责用血过程质控工作；医务处负责临床用血管理的相关培训及输血病历的检查评价。

十、承担医疗机构交办的有关临床用血的其他任务。

医学伦理委员会工作制度

一、总则

1. 秦皇岛市第一医院医学伦理委员会为独立组织，由医学专业人员及非医务人员组成，不受各医院机构及院外机构影响。

2. 医学伦理委员会遵守赫尔辛基宣言的规定，遵循国际公认的不伤害、有利、公正、尊重人的原则以及合法、独立、称职、及时和有效的工作原则开展工作。

3. 医学伦理委员会以维护人的健康利益、促进医学科学进步、提高以病人为中心的服务意识为工作目标，兼顾医患双方的利益，积极促进医院生命伦理学的实施与发展。

二、医学伦理委员会组成

1. 本医学伦理委员会由 7 ～ 10 人组成，涵盖临床医疗专家、护理专家、基础医学专家、医政管理人员、院外监督人员及社会工作者等。设主任 1 人，秘书 1 人，委员 5 ～ 10 人。

2. 医学伦理委员会委员实行聘任制，任期 4 年，可以连任。新委员的进入需本人提出申请，经委员会讨论吸收入会。

3. 医学伦理委员会主任委员由院长任命。主任委员负责总体工作，主任委员不在时，由秘书代行主任委员职权。伦理委员会设秘书 1 人，负责受理伦理审查项目、决议通告、档案管理及其他日常工作。

三、工作范畴

所有在秦皇岛市第一医院将要开展的新技术、新项目，涉及人体的临床研究，涉及人体或标本的临床或基础研究、外单位合作项目的，均需要医学伦理委员会讨论、审批。

1. 医院伦理委员会的主要任务是维护患者及医务工作者的权益，论证本院的医学伦理及生命伦理问题，开展生命伦理学普及教育活动，对涉及人体或人体标本以及动物实验的项目进行伦理审查。

2. 对本院医护及基础研究人员开展的涉及人体试验的科学研究进行审批。审查知情同意文件，对研究课题提出伦理决策的指导性建议。

3. 对本院即将开展的医学新技术进行伦理学的讨论、论证。

4. 对本院研究人员将要开展的基础医学研究，包括动物实验、涉及人体标本（病理组织、血液、尿液及其他体内组织）的研究进行审批。

5. 对涉及人体的药理学实验、药物临床实验（但不包括在秦皇岛市第一医院进行的 GCP2-4 期试验）进行伦理审查。

6. 对外院或其他科研机构已经批准的科研项目，需要在本院合作开展的项目，进行伦理审查。

四、伦理审查遵循的原则

1. 对受试者的危险最小。

2. 试验危险性 / 受益比合适。

3. 对受试者的选择无偏向。

4. 试验前需取得书面知情同意书。

5. 保证不公开受试者的资料。

6. 受试者参加试验不受压力。

7. 保证研究者及研究条件合格。

五、伦理委员会对项目的监督

伦理委员会将对讨论通过的研究项目进行跟踪监督。

1. 监督所有涉及人或人体标本、组织的研究项目以及动物实验在实施的过程中是否符合伦理要求。

2. 有权要求研究人员提供或修订研究方案和知情同意文件。

3. 终止或暂停已批准的试验。

4. 审查执行中的研究项目方案及知情同意书的修订。

5. 审查上报的已审批项目实施过程中发生的与研究有关及无关的不良事件。

六、伦理评审费

1. 对本院医护及基础研究人员开展的涉及人体试验的科学研究进行集中审批，按照科研项目收取费用，由科研经费统一支付。

2. 对涉及人体的药理学实验、药物临床实验进行单独审批，并收取3000 元至 5000 元不等的评审费（根据试验规模）。

3. 对外院或其他科研机构已经批准的科研项目，需要在本院合作开展的项目，进行单独伦理审查，并收取 1500 元至 3000 元不等的评审费。

继续医学教育委员会工作制度

一、医院成立继续医学教育委员会，委员会成员经院长办公会讨论决定。

二、委员会主任由医院院长担任，办公室设在教育处，委员会秘书由教育处处长担任。

三、专家委员会的工作由教育处统一安排。

四、委员会秘书每季度组织继续医学教育委员会召开一次专题工作会议。

五、继续医学教育委员会集中专家的意见，对本年度的继续医学教育工作做出相应的计划和工作安排。

六、负责拟定全院继续医学教育总体工作方案，并呈报继续医学教育委员会审定；负责全院继续医学教育工作的协调和管理；负责年终个人继续医学教育学分的审查，核发年度继续医学教育合格证书。

实验室生物安全委员会工作制度

一、实验室生物安全委员会由院长、主管副院长，医院感染管理处、预防保健处、科研处、检验科、病理科、实验室等有关科室（部门）的负责人和具有专业代表性的技术人员组成。

二、实验室生物安全委员会设主任委员 1 人，副主任委员 1 人，应由具有中级以上技术职称专业人员或有生物安全相关专业代表性的各部门负责人担任委员。

三、主任委员负责召集委员会成员开会研究实验室生物安全管理的有关工作，必要时可邀请院内外有关专家参加。每季度进行一次医院实验室生物安全委员会会议，总结、检查、安排阶段工作，审核实验室生物安全管理办公室的相关报批材料。遇特殊情况主任委员可安排召开紧急会议。

四、实验室生物安全委员会会议应在有四分之三（含四分之三）以上委员出席的情况下召开。实验室生物安全委员会会议的决议应经参加会议的三分之二（含三分之二）以上有投票权的委员同意方可公布执行。

五、会议由主任委员主持，主任委员不能出席时，由主任委员委托副主任委员主持。

六、医院感染管理处是实验室生物安全委员会的常设监督管理机构。在实验室生物安全委员会闭会期间，医院感染管理处可以在其权限范围内，履行其实验室生物安全管理职能，做出临时性决定。医院感染管理处的所有临时性决定均应在下次生物安全委员会会议上进行通报，并经会议通过方可成为正式决议。

生殖医学伦理委员会工作制度

一、开展人类辅助生殖技术必须经生殖医学伦理委员会审查。

二、生殖医学伦理委员会由医学伦理学、社会学、心理学、法学、生殖医学、护理学专家及群众代表等组成，总委员数为单数。生殖医学伦理委员会设主任委员一名、副主任委员一名，日常工作由秘书负责。

三、生殖医学伦理委员会对人类辅助生殖技术进行伦理审查、监督，指导本院生殖医学科医疗技术服务的伦理问题，对日常生殖医学医疗活动中出现的伦理问题由医疗技术部门提出申请，伦理委员会主任召集、召开会议进行审查、咨询和论证，并及时提出具体建议。

四、生殖医学伦理委员会每年召开一至二次会议，因特殊情况临时召开，会议有三分之二以上委员参加为有效会议，参加会议二分之一以上委员表决的事项为有效决议，到会人员在会议记录本签名。会议决议以书面形式发出。

五、生殖医学伦理委员会负责对生殖医学科临床使用的各种知情同意书及开展项目进行审核。

六、生殖医学伦理委员会不定期组织人类辅助生殖技术业务人员进行生殖医学伦理道德学习。

七、生殖医学伦理委员会负责对本院生殖医学检查、诊断、治疗等技术实施伦理监督，确保人类辅助生殖技术的规范性。

八、在发生医患冲突和违反伦理道德的行为时，生殖医学伦理委员会有权介入，并努力化解医患冲突，避免法律纠纷。

九、不定期抽查相关业务工作情况，及时指出问题，提出改进意见，对辅助生殖病历进行审查。

十、生殖医学伦理委员会在主任委员的领导下开展工作，各委员在工作中享有人身安全、人格尊重受到保护的权利，有为促进伦理委员会的完善和发展提出建议的权利。

爱国卫生运动委员会工作制度

一、执行上级主管部门关于爱国卫生运动的指示精神和法律法规的落实，组织开展爱国卫生运动的各项工作。

二、每季度由主任或秘书长主持召开全体委员会议，会议由委员会秘书长做工作报告，并提出卫生管理方面的议题，提交全体委员进行讨论，对卫生管理工作提出改进措施。

三、制订爱国卫生运动委员会工作计划，负责执行检查计划落实情况。

四、监督管理全院医疗垃圾、生活垃圾、绿化垃圾、建筑垃圾按卫生环保部门的规定进行处置。

五、督导检查全院各科室及保洁公司对环境卫生的保洁服务，使医院整体环境美化、亮化、整洁舒适。

公共卫生工作管理委员会工作制度

一、公共卫生工作管理委员会（以下称公共卫生委员会）是医院公共卫生管理的监督机构，也是对医院公共卫生各项工作重要事项做出决定的部门，日常工作由预防保健处负责。

二、公共卫生委员会设主任 1 名，由主管副院长担任；秘书长 1 名，由预防保健处处长担任；秘书 1 名，委员 6 名，委员由职能科室与临床科室代表组成。

三、公共卫生委员会原则上每半年召开一次会议，遇特殊情况可由 3 名以上委员提议，主任委员同意可召开临时会议。

四、在公共卫生委员会闭会期间，预防保健处可以在其权限范围内履行其公共卫生管理职能，做出临时性决定。在此期间如遇不能自行处理的事项，应及时向主任委员请示，或依据第三条的规定提议召开临时会议。

五、公共卫生委员会严格贯彻落实国家有关法律法规，制定本院公共卫生管理相关制度措施并监督执行。认真做好调查研究，做好质量分析，为医院决策提供依据，对危险因素采取干预措施。

六、委员会委员对会议议题和决议，特别是公共卫生事件和传染病疫情信息应保守秘密。

七、委员会一般情况下每两年审定一次委员会成员名单，并根据实际工作需要对成员进行调整。特殊情况由公共卫生委员会主任委员提名，按程序做出调整。

无烟医院工作委员会工作制度

一、无烟医院工作委员会会议每季度召开一次，必须在有三分之二的委员出席的情况下才能召开，研究讨论无烟医院管理规定及相关问题，必要时邀请委员会以外人员参加。

二、委员会主任听取秘书长关于召开委员会会议的汇报，审批通过后才能召开会议。委员会主任因特殊情况不能参加会议的，由副主任主持召开。

三、秘书长向无烟医院工作委员会汇报禁烟工作开展情况，并安排下季度重点工作。负责收集议案、组织材料、安排会议议程、做会议记录、整理保管档案资料。

四、全体委员对无烟医院工作委员会制度进行讨论修订，对禁烟考核工作进行评价。

群众工作委员会工作制度

一、群众工作委员会的工作职责：关心职工群众的生产生活，开展便民利民服务，组织慰问困难职工和因病住院职工，定期组织送温暖、送文化、送服务活动。

二、协助院党委和院行政为职工办实事，提高职工的福利待遇。

三、为职工群众提供政策咨询、心理疏导、权益维护等方面服务。

四、深入基层了解职工思想、工作、生活情况，对于职工反映的各种问题，要协调相关部门积极解决，做到件件有着落、事事有回音。

五、对于重大问题、重要情况随时向院党委、院行政领导汇报，提请单位党政妥善处理，并将党政办理意见及时向职工群众反馈，尽早化解，避免引发群体性事件。

六、开展职工群众意见建议征集工作，在院内 OA 网上设置“职工群众意见邮箱”，每周收集一次。汇集职工群众意见，并进行统计分析，分门别类进行解决，建立舆情档案。

七、将职工反映的问题及处理结果形成文字资料，组卷归档。

八、设立职工群众公开电话 5908007，受理群众日常生活诉求，办公地点设在行政楼四楼工会办公室。

九、群众工作委员会会议每季度召开一次，特殊情况随时召开。

膳食管理委员会工作制度

一、学习、宣传有关食品的法律法规及国家标准。

二、每月度对餐饮管理公司以满意度调查方式进行考核。

三、每季度召开全体委员工作会议，了解食堂工作进展情况，对餐饮公司工作进行督导，做会议记录。

四、每季度把检查情况和收集到的职工、患者意见与餐饮公司沟通，并对食堂管理提出改进措施，促进食堂管理水平的持续提高；及时与食堂主管科室沟通日常的改进建议。

五、开展节俭宣传，杜绝浪费。

数据管理委员会工作制度

一、数据管理委员会主任由主管副院长兼任，委员由相关科室工作人员兼任。质量管理处为委员会常设办公室，质量管理处处长兼秘书长之责。

二、在院领导带领下负责完成数据的统计、审核、管理、基础信息维护、报送以及解释等工作，对医院数据管理工作提出切实可行的规划与方案并有效执行。

三、数据管理委员会每年至少召开四次委员会会议，讨论和解决医院日常数据管理工作中存在的问题，以达到持续改进的目的。

四、数据管理委员会每年至少召开两次委员会全体会议，记录会议内容，并将会议议题与决议及时上报相关部门。

五、负责组织和实施数据管理委员会的各项决议，并对决议的落实情况进行监督。

采购管理委员会工作制度

一、采购管理委员会是医院的采购管理组织，设主任委员、秘书长及委员若干，委员包括：纪检监察、审计、财务、感染、医保物价、安全、医务、护理及业务管理科室主任。主任委员由主管副院长担任，采购处主任任秘书长。

二、采购管理委员会贯彻执行国家法律、法规、规章。负责审核制定医院采购规章制度与流程，并定期对各项采购管理制度执行情况进行监督和考核。参加医院采购项目论证会，对论证项目进行评审及表决。负责对医院采购活动进行监督，对纠纷及其他不良事件进行调解处理。

三、采购管理委员会根据工作需要不定时召开会议。

四、采购管理委员会会议的决议应经参加会议的多数委员同意方可通过。

五、采购处作为委员会的办公机构，负责做好收集议案，准备会议议题、资料和文件等工作，做好会议记录，保存会议资料及相关文件，负责根据相关制度督促、落实委员会的决议。负责在委员会闭会期间处理委员会的相关事宜，并及时向主任委员汇报。必要时可提议召开临时会议。所有临时性决定均应在下次采购委员会会议上进行通报，经会议通过方可成为正式决议。

六、本章程于 2018 年 4 月经医院采购管理委员会审议通过并生效执行。

保健管理委员会工作制度

一、为提高干部医疗保健服务质量和服务水平，依照国家有关法律、法规，按照秦皇岛市保健委员会、卫计委（现更名为卫健委，下文同）保健办的工作部署，成立秦皇岛市第一医院保健委员会。

二、在市委、卫计委保健办的领导下，负责保健对象的医疗保健、健康体检、随访、健康教育和本市重要会议、大型活动的医疗保障等工作。

三、医院保健委员会负责制定科学、完善的干部保健工作制度及流程，并定期检查、监督。

四、审查干部保健工作年度计划，并督导实施。

五、组织、协调、指挥保健对象的重大抢救、手术和院内、院外会诊。

六、定期培训保健工作人员，不断提高保健人员的政治思想觉悟和专业技术水平。

七、监督、检查干部保健政策的执行情况及保健工作人员的行为规范。

医疗信息管理委员会工作制度

一、随着医院诊疗活动信息化程度的不断提高，为进一步提升医院医疗信息水平，依照国家有关法律、法规，按照秦皇岛市第一医院的工作部署，成立秦皇岛市第一医院医疗信息管理委员会。

二、负责全面领导、组织、规划、协调、监督医院信息化工作。

三、负责研究和批准医疗信息总体目标、建设原则、系统建设规划。

四、负责组织医院医疗信息重大需求决策的讨论。

五、医疗信息管理委员会根据工作需要不定期召开会议，讨论和审定医疗活动中信息管理存在的问题，以达到持续改进的目的。

六、负责组织和实施医疗信息构建、检查、提出整改措施和反馈情况、检查落实等工作。

七、在业务院长的领导下进行工作，负责完成医院医疗信息管理工作，对医院医疗信息进行综合评估。

第二部分

行政管理制度

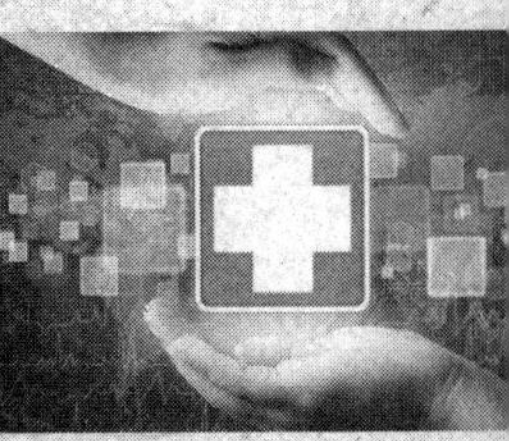

医院行政会议制度

一、院长办公会

院长办公会由院长主持，一般每周一次。院长办公会由正、副院长及院长办公室主任参加。亦可根据会议内容，为便于沟通情况和及时交换意见，由主持人确定其他有关人员参加会议。院长办公会的议题，由院长、副院长商定。院长办公会研究决定的事项，由分管院长与有关职能科室组织实施，院长办公室负责协调督促，并及时向院长报告。

二、院周会

院周会由院长或其他院领导主持，各职能处室、临床、医技科室的主任、副主任、主任助理、护士长、质控员参加。一般在每周一下午进行。主要内容是传达上级文件精神；小结前一周期工作；布置下一周工作任务。通报全院医疗、护理、行政管理、质量管理、行风建设等工作中的重大举措和处理意见等。由院长办公室负责会议组织并做好会议记录。

三、职能科室例会

由院长办公室组织召开，院长办公室主任主持，全体领导班子成员和职能部门负责人参加。一般每周一和周四 7：30 召开。主要内容是听取职能部门重点工作汇报和工作计划，部署下周工作任务，协调解决需要多部门配合的相关工作。院长办公室负责督办会议决定的各类事项。

四、院长行政查房

院长行政查房由院长办公室组织实施，全体领导班子成员参加。一般每月两次，时间定于每月第二周和第四周的周三下午。院长办公室根据院长意见制订查房方案和查房主题，并提前通知查房科室和相关职能部门。查房科室负责人要根据查房主题汇报相关工作、改进措施和需要协调解决的事项等。职能部门负责人要提前深入查房科室，针对查房科室的工作现状指出不足，提出管理改进办法或指导意见，并积极协调解决查房科室的有关问题。最后由院领导发表查房意见。查房指导意见指定责任科室负责整改落实。院长办公室负责做好查房记录，并督办落实。查房后 10 日内责任科室将落实反馈表上交院长办公室，院长办公室对落实情况进行核查。

医院总值班制度

一、总值班由行政后勤科室主任、副主任、主任助理参加，值班期间负责协调处理医务、行政等事务，及时传达、处理上级指示和紧急通知，签收和及时转送重要文件，承接未办事项，按照《非工作时间应急预案》处理突发应急事件等。

二、遇重大事项执行《重大问题请示报告制度》，及时向带班院领导、院长和上级部门汇报。

三、总值班人员要加强责任心，坚守岗位，认真履行值班职责。接班时首先知晓当日带班院领导、内科总住院、内科三线、外科二线、护士长等值班人员名单，检查值班用品是否完备、是否处于正常使用状态。为方便工作联系，除固定电话外，另配手机一部。接班后要重点查看值班手机是否能够正常使用，保障手机 24 小时畅通。禁止用值班电话拨打私用电话，丢失手机赔偿。

四、总值班人员到岗后要主动到急诊、门诊及医技科室进行巡查，随时处理发现的各种问题，并将巡查情况记录到值班本内。

五、总值班人员要认真做好交接班，钥匙、手机由总值班上下班人员直接交接，不得让人转交或另放他处。否则视为没有交班，将同时追究交接班人员的责任。本班未尽事宜及建议，在向下一班交接的同时，上报院办室并和相关职能部门沟通，认真做好值班记录。

六、每月底院办室将下月值班表发布到 OA 网。无特殊事项不得擅自调班；遇因公出差、外出学习或特殊情况时，值班者可调整班次，但必须提前 1 天向院办室说明情况。调班时不得让不具备值班资格的人员替岗。总值班人员因特殊原因长期不能参与值班，需向主管院领导提出书面申请，经同意后在每月 25 日前告知院长办公室。总值班人员退休前 1 年，可不再参与总值班，但须在当月 25 日前主动告知院长办公室。

七、院领导及院办室将随时查岗，发现漏岗、离岗者，追究当事人责任。

八、值班时间由院长办公室统一规定。

重大事项请示报告制度

凡有下列情况值班人员必须及时向值班院领导报告，必要时向市卫计委和上级部门请示汇报。

一、市委、市政府、上级主管部门紧急指示、命令或布置紧急任务时。

二、市级以上领导来院视察工作、看望病人或体检身体时。

三、重点人群，包括学生、现役军人、公务员及领导干部发生意外伤害或非正常死亡时。

四、发生交通事故死亡 1 人、伤 3 人以上，中毒 3 人以上，出现甲类传染病人或按甲类传染病管理时。

五、发生地震、洪涝灾害、突发疫情等重大自然灾害时。

六、发生医疗事故或严重差错，丢失、损害贵重医疗器械及剧毒药品，或发生医疗纠纷影响医院正常工作时。

七、医院发生大面积停水、停电，通讯中断、信息系统网络瘫痪或出现事故时。

八、收治涉及法律或有政治问题的病人时。

九、对“三无”病人实行紧急手术，出现复合危重病人需多科室会诊抢救时。

应急管理制度

一、制订预案。按照国家法律、法规和政府制订的应急预案，并结合本院实际情况，由院办室制定总体应急预案，成立医院应急工作领导小组和工作小组，建立健全医院应急管理组织和应急指挥系统，落实责任。各相关处室负责制订和修订专项预案和部门预案。

二、建立突发事件预测与预警机制。各相关处室要针对各种可能发生的灾害及突发事件进行灾害脆弱性分析并评分，院办室组织应急工作小组成员对各处室上报的脆弱性项目进行综合分析评分最终确定风险等级。各处室要对低危项目制订应急流程，对中危以上项目制订应急预案并进行培训演练。

三、开展应急培训。相关处室制订应急培训计划，按照计划组织开展培训，广泛宣传应急法律法规和预防、避险、自救、互救常识，提高专业应急技能，清晰明确处室和岗位的履职要求。各处室的培训计划、培训图片资料、文字资料统一交院办室备案。

四、开展应急演练。各处室要结合实际，有计划、有重点地组织对风险等级在中危以上的项目进行综合演练，每年不少于一次。各专项应急演练由预案编制处室负责组织，成员处室参与实施。参加演练的处室要密切配合，加强联动，确保应急演练工作顺利进行。各处室在演练结束后需将演练方案、演练图片资料、演练总结交院办室备案。

五、紧急处置。突发事件发生后，各处室和个人要服从指挥，承担突发事件的处置任务，配合突发公共卫生事件防控工作和做好应急事件中的自救工作。按照就近原则由事发地所在处室人员第一时间进行紧急处置。

六、及时报告。医院职工发现突发事件或潜在隐患时，工作时间立即报告相关职能处室，非工作时间立即报告总值班，相关职能处室第一时间向主管院领导报告，总值班向带班院领导报告。任何处室和个人对突发性事件，不得瞒报、缓报、谎报。

七、启动和终止应急预案。工作时间相关职能处室请示主管院领导，非工作时间总值班请示带班院领导。如相关院领导确定需要启动专项应急预案，则第一时间向院长报告。由院长启动和终止专项应急预案，开展应急处置工作，控制事态发展。各处室要按照相关预案和职责分工做好灾害及突发事件的应急处置，包括人员调配、资金保障、物资供应、交通运输、装备和房间保障、信息发布等。

八、善后工作。突发事件的发展态势被控制后，各相关处室要积极稳妥、深入细致地做好善后工作，有关处室要做好防治和环境污染消除工作。

九、调查与评估。各处室要对灾害及突发卫生事件处置工作进行总结分析，视情况修订应急预案，并交院办室留存。

十、恢复重建。根据实际受灾情况及时组织实施恢复重建工作。

十一、责任追究与奖励。对在应急处置中擅离职守、因个人过失导致应急处置不当、无故未能如期完成应急任务的，视情节轻重予以追究责任和相应处罚。对在应急处置中表现突出并成功抵御重大安全隐患或妥善处置重大应急事件的人员给予表彰或奖励。

公务接待管理规定

为了进一步规范医院公务接待管理，加强党风廉政建设，厉行勤俭节约，反对铺张浪费，根据中共中央办公厅、国务院办公厅印发的《党政机关国内公务接待管理规定》（中办发〔2013〕22号）及省、市公务接待的相关规定，结合医院实际制定本制度。

一、接待范围

1. 来院视察、指导工作的各级领导和专家，上级部门例行检查工作的领导及专家。

2. 参观、考察、交流、访问的兄弟医院及医学院校的领导及专家。

3. 以医院名义邀请来院交流、讲学、会诊的专家及学者。

二、接待原则

1. 统筹管理的原则：实行先审批后接待的原则，由接待部门主管院领导审批后，统一由院长办公室进行统筹安排。

2. 勤俭节约的原则：接待工作既要热情周到，礼貌待客，又要厉行节约，杜绝奢侈浪费。严格控制餐饮标准，严格限定陪餐人数。

3. 对口接待的原则：上级部门及兄弟单位来院需要接待的，根据业务对口情况实行对口、对等接待。

4. 同城不安排接待的原则。

三、接待标准

1. 公务接待不得在机场、车站、码头等组织迎送活动，不得跨地区迎送，不得张贴悬挂标语横幅，不得铺设迎宾地毯，严格控制陪同人数。

2. 安排用餐如具备自助餐条件则安排自助餐，如不具备自助餐条件，则以家常菜和地方特色的菜品为主，不提供鱼翅、燕窝等高档菜肴和用野生保护动物制作的菜肴。严禁安排酒水，不得提供香烟，不得在私人会所和高消费餐饮场所进行接待。

3. 严格控制陪餐人数。接待对象在 10 人以内的，陪餐人数不得超过 3 人；超过 10 人的，不得超过接待对象人数的三分之一。

4. 住宿用房安排以标准间为主，接待省部级干部可以安排普通套间，厅局级干部可以安排单间。房间内一律不摆鲜花、不额外配发洗漱用品等。重要接待任务，除必要工作人员外，其他人员一律不安排工作用房。

5. 公务接待严禁提供各种娱乐消费，不得组织旅游和与公务活动无关的参观，不得组织到营业性娱乐、健身场所活动。不得以任何名义赠送礼金、有价证券、纪念品和土特产品等。

因公出国（境）管理规定

为认真贯彻落实中央八项规定，严格规范因公出国（境）管理工作，依据《关于进一步加强因公出国（境）管理的若干规定》（中办发〔2008〕9 号 ）、《因公出国人员审批管理规定》（中办发〔2012〕5 号）、《关于进一步加强党员干部出国（境）管理的通知》（中纪发〔2004〕26 号）等有关规定，制定本制度。

一、因公出国（境）任务要和主管业务对口，不得以任何理由进行与其主管业务不相符的出访。

二、因公出国访问，除工作上特殊需要外，一年不得超过一次，不安排无实质性内容的一般性出访和考察。

三、严禁公费出国旅游。不得把公务出访当作一种待遇，搞轮流派出、照顾出访。因公出访不得携带亲属。

四、出访前要对因公出访人员、国家、任务、时间、日期安排等情况进行院内公示。

五、严格程序审批。因公出国（境）由院长办公室负责严格按照政府部门的相关规定履行审批程序。出访人员要严格按规定路线出访，按时返回。未经批准，不得增加出访国家，不得以任何理由绕道旅行或擅自延长在境外停留时间。回国后 7 天内将护照（港澳通行证）和出访总结上交院办室，由院办室上交秦皇岛市外事侨务办保管。

六、严格经费审核报销。因公出国（境）经费以厉行节约为原则，减少不必要的开支。出访经费经财务部门严格审核后予以报销。

公务用车管理规定

为深入落实中央的八项规定精神，严格贯彻党政机关、事业单位公务用车的管理规定，进一步加强公务车辆管理，杜绝公车私用，节约成本费用开支，提高公务用车效率，增强遵守交通法律法规意识，依据中共中央办公厅、国务院办公厅《党政机关公务用车管理办法》，结合医院实际，制定本规定。

一、禁止公车私用。

1. 禁止使用公务用车进行非公务活动。不得将公务用车用于婚丧嫁娶、私人聚会、探亲访友、度假休闲、旅游、扫墓、接送子女上下学、接送亲友办私事等与公务无关的活动。

2. 公务车在非执行公务时，严禁停放在娱乐、洗浴、学校、幼儿园以及非公务接待饭店和宾馆等场所。

3. 公务用车实行定点停放、集中管理，在完成工作日出车任务后，以及双休日、节假日等非工作时间，必须将车辆停放在医院院内指定停车场。如有特殊情况节假日需要使用车辆，需经主管院领导同意。

二、车辆的职能。

1. 保障市卫生应急调度中心（120 急救中心）应急抢救车辆。

2. 保障医院突发事件应急指挥车辆。

3. 保障外埠接送病人车辆。

4. 保障医院领导及职能科室车辆。

5. 特种车辆（救护车、体检车辆等）。

三、院长办公室对全院机动车实行统一管理。负责车辆的调度安排、保养、维修及驾驶员综合考核、鉴定等，并按有关法律、法规对机动车辆交通安全进行管理。

四、机动车辆必须经过车辆管理机关检验合格，领取号牌、行驶证后方可上路行驶，并按规定进行年检、年审及办理保险工作。

五、机动车辆必须时刻保持车况良好、车容整洁，制动器、转向器、喇叭、刮水器、后视镜、里程表和灯光装置必须保证齐全有效。

六、院长办公室建立完善的包括车辆基本情况、定期保养维护记录、车辆保险情况、车辆修理记录情况等的车辆档案，实行一车一档，进行规范化管理。

七、院前急救车辆要严格按照市卫生应急调度中心（120 急救中心）应急指令要求执行任务。如遇突发公共卫生事件，院前急救科应严格按照医院对突发公共卫生事件的相关预案要求，切实做好突发事件的应急抢救工作。

八、保障市卫生应急调度中心及医院突发事件的应急指挥车辆，要时刻处在良好运行状态。如发现故障或发生事故，必须在发现故障或发生事故后及时向院长办公室汇报，以便进一步做好车辆的调度工作，如果延报或者隐瞒不报，由此引发的一切责任由当事人承担。

九、车载设备由院前急救科管理，由设备管理处检测维护。机动车驾驶员及使用救护车辆车载设备的医护人员，如发现车载设备出现故障，应及时通知设备管理处及院前急救科，并随时了解车载设备的维修进度等情况，确保车载设备时刻处在良好状态。如果发现车载设备出现故障没有及时汇报，由此引发的一切责任由当事人承担。

十、出市区及外埠接送病人的车辆，必须经院长办公室车队统一调度，统一安排。外埠接送病人费用上交急诊收费处，收据交院长办公室车队备案。

十一、车辆已到使用年限或者报废，交医院国有资产科按有关规定进行处置。

十二、严格遵守《中华人民共和国道路交通安全法》，遵守交通法规，不违章操作，不酒后驾车，不疲劳驾驶，不超速行驶，做到文明驾驶、礼貌行车。

十三、认真遵守医院的各项规章制度和劳动纪律，加强业务学习，提高服务质量。

十四、爱护车辆，做好车辆的日常保养和清洁工作。严格执行日检查制度，确保车况保持良好状况。停车后严格检查车辆门窗是否关好，认真做好防火、防盗、防破坏工作。

十五、驾驶员要服从院长办公室的统一调度和安排。出车前、回来后必须向车辆管理负责人汇报。

十六、驾驶员要坚守岗位，不迟到早退，随叫随到。无出车任务时，一律在办公室待命，手机 24 小时保持畅通。

十七、驾驶员完成任务后，要及时填写报销凭证，经财务处核对里程、油料、路桥票等票据，并逐级签字报领差旅费和补助，做到一车次一报，不准积压。完成外埠接送病人任务后，必须凭病人交费收据完成报销相关手续。

十八、定人定车，不准私自将车借与其他单位或个人。

十九、车辆维修包括车辆保养、维修等，必须在医院确定的政府招标指定的定点单位进行。

二十、院长办公室建立健全机动车辆保养、维修全过程中的各项记录档案，即机动车辆保养和维护记录，间隔周期记录，机动车辆修理记录以及机动车辆运行记录等。

二十一、驾驶员应坚持“预防为主，定期维护”的原则，按要求逐项检查、维护车辆，不得漏检、漏项，及时发现和消除故障、隐患，做到大病大修，小病小修，定期保养，确保安全。

二十二、机动车修理、换胎、装饰流程：根据实际情况提出修理、换胎、装饰（更换脚垫、坐垫，清洗内饰等）申请，填写“申请单”，由院长办公室车辆主管负责人、主任签字，经院主管领导审批后方可到指定的地点进行车辆的维修保养。如经拆检发现超出“申请单”上所列项目时，该车驾驶员和修理厂方必须向院长办公室车辆主管负责人报告，经同意后再增加修理项目。车辆修理完毕，经双方检验合格后，驾驶员将本次工时、材料费、维修项目等确认后在“验收单”上签字方可提车。

二十三、院长办公室车辆主管负责人和驾驶员要对车辆维修保养和维修所需零部件质量严格把关，驾驶员应及时将机动车辆保养和维修所需零部件质量、价格等情况进行反馈。院长办公室将不定期对机动车辆保养、维护情况进行抽查，并将检查结果作为年度行车安全奖的重要指标。

二十四、医院所有车辆加油一律实行定点加油，一车一卡（限车号）。

二十五、出长途在异地加油，如遇特殊情况需要现金加油，发票由主管院长签字后，到院长办公室车辆主管负责人处进行登记。

二十六、在市内如遇特殊情况，如加油站停电、断油等，驾驶员在向院长办公室车辆主管负责人说明情况后，可用现金在市区加油站加油并开具发票，之后将当次加油的数据到院长办公室车辆主管负责人处进行登记，由主管领导签字报销。

二十七、实行节油奖惩制度，在核定的指标数内，每节 1 升油，奖励 3 元，每超 1 升油，处罚 3 元。

二十八、以各种机动车辆说明书核定油耗指标为基础，结合车辆行驶年限、车况和实际油耗制定单车油耗指标，并计算每月单车节耗油。

二十九、实行年度行车安全奖。以行车安全、行驶里程、车辆保养、服从调度安排、用车科室意见为考核指标，对驾驶员进行年终全面考核，按照考核成绩颁发年度行车安全奖、先进个人奖。

三十、违章处罚管理。行政车按每年每人 800 元作为违章基金发放给驾驶员，超出的违章罚款由个人负责缴纳。

三十一、发生交通事故，造成经济损失，经交通管理部门认定责任，按有关规定给予处罚。驾驶员待岗期间，只发工资，不享受奖金和补贴。

公文处理规定

为规范医院公文处理，根据《国家行政机关公文处理办法》和市卫计委《公文处理有关问题的规定》，结合医院工作实际，制定如下规定。

一、公文的起草

（一）行文应当确有必要，注重实效。公文起草要符合法律、法规和上级规定，做到情况准确属实，观点明确，表述准确，结构严谨，条理清楚，字词规范，标点正确，数字准确，语言精练。

（二）各处室起草的公文，含医院人事任免、奖惩、实施方案等各种行政类通知，及向上级请示或报告的行政事项，由处长或主任对文种、内容等把关后，由院长办公室主任进行初审，通过后领取文件审批签，提交院领导审批，送交院长办公室进行制发。凡涉及医院管理规定、管理办法、部门规章制度、岗位职责、标准化流程等需要全院参照执行的文件，由处长或主任对文种、内容等把关后，由院长办公室主任进行初审，通过后领取文件审批签，报质量管理处审核、登记、编号后，院长办公室按照流程统一印发成文。需要全院知晓执行的文件，院长办公室均在医院内网院办资讯栏进行统一公示或下发各科室。上行文由主要领导签发，下行文或平行文由主管领导签发。各处室不得越过院长办公室对外行文。

二、文件编制

公文起草要符合《国家行政机关公文处理办法》的规定。医院常用公文种类有以下几种。

1. 通知：转发上级机关公文和不相隶属机关公文，传达要求各处室办理、周知或执行的事项，任免人员。

2. 通报：表彰先进，批评错误，传达重要精神或者情况。

3. 请示：向上级机关请求指示、批准。“请示”要一事一文。

4. 报告：向上级机关汇报工作，反映情况，答复上级机关的询问。“请示”“报告”必须严格分开，不得在“报告”中夹带请示事项。

5. 批复：答复下级部门的请示事项。

6. 意见：对重要问题提出见解和处理办法。

7. 函：与无隶属关系的机关或单位商洽工作，询问，答复问题，请求批准事项。

8. 会议纪要：记载、传达会议情况和议定事项。

三、公文的印刷和归档

（一）公文统一由院长办公室按照《国家行政机关公文格式》进行编号登记、编发、排版、印刷。紧急公文按时限要求印出，一般公文应在 3 个工作日内印出。公文印出后，由院长办公室加盖公章，同时将领导审签件及印制件一并收回归档。

（二）归档的公文，书写及所用纸张和字迹材料必须符合存档要求。公文如有附件，必须齐全、完整。“请示”如有“批复”，应及时将“批复”交院长办公室与原“请示”一并存档。

（三）公文翻印、销毁、移交应按《国家行政机关公文处理办法》相关规定执行，严防丢失、泄密事件发生。

四、公文的报送

（一）上行公文原则上由院长办公室统一报送，特殊情况经院长办公室主任同意后可由有关处室直接报送。上报市卫计委的公文一律报送市卫计委办公室（一式两份），不得直接报送相关科室或有关领导。送达日期距成文日期不得超过 5 个工作日。

（二）向其他机关或部门汇报工作，反映情况，请求指示或批准，根据归口管理的原则，需向市卫计委行文请示和报告，不得越级请示和报告。

五、公文的办理

（一）上级、平级来文和各处室上报公文统一由院长办公室负责签收、拆封、登记、编号。凡未经院长办公室接收的公文，运转中如发生迟办、漏办、错办、丢失泄密等问题，责任由接收公文的人员承担。

（二）公文传递必须及时、迅速。院长办公室收到公文后一般于当日挂笺送院长办公室主任签批，并及时送主管领导阅批。主管领导应在 2 ～ 4 个工作日内阅批，紧急公文随到随批。

（三）院长办公室严格履行公文传阅登记手续，随时掌握公文去向，避免漏传、误传、延传和遗失。

（四）承办处室收到交办的公文后应当及时办理，不得延误、推诿。紧急公文应按时限要求办理，确实有困难的，应当及时说明情况。院长办公室要负责催办，做到紧急公文跟踪催办，重要公文重点催办，一般公文定期催办。公文办结后，统一交由院长办公室存档。

院务公开工作制度

为深入贯彻党和国家有关医疗卫生工作的方针政策，不断提高医院工作透明度，切实保障人民群众、医院职工的知情权、参与权和监督权，推动医院持续健康发展，结合医院实际，制定医院院务公开制度。

一、院务公开工作实行院科两级负责制，医院成立院务公开领导小组、监督小组和工作小组，负责院务公开工作的领导、监督和组织实施，办公室设在院长办公室。各相关处室实行科主任负责制，由科主任负责落实本科的院务公开工作和日常管理。

二、各相关处室要根据院务公开目录的任务要求，采取多种公开形式做好对社会、患者和医院职工的公开工作，要不断健全公开内容并及时更新。要建立院务公开档案，将公开后的材料存档备查。切实做到常规性工作定期公开，阶段性工作及时公开，临时性工作随时公开。

三、对定期公开的内容，院务公开工作小组成员要在每季度首月 10 日内，整理有关的公开资料交至院长办公室。临时性公开内容要随时报送，由院长办公室登记编号并呈送院务公开领导小组、监督小组审批后选择合适的公开形式进行公开。

四、院务公开工作纳入医院年度工作目标管理，每季度由院务公开工作小组对院务公开工作进行检查并指导整改。

五、院务公开监督小组对院务公开工作实施全程监督，每季度检查院务公开的内容是否真实、全面、及时，程序是否合法。发放调查问卷，征求社会和本院职工对院务公开工作的意见，交院务公开工作小组落实改进。

用印管理制度

一、医院公章管理

（一）公章使用批准权限范围

1. 需院长审批的用印事项。

单笔金额在 10 万元以上的经济文书如付款协议、供销合同书等；非常规业务的过往账目款项，授权委托书，因公出国、出境参与学术交流活动材料，重要报送数据等各类文书。

2. 需主管院领导审批的用印事项。

经招标且单笔合同金额在 10 万元以下（含 10 万元）的经济类文书如付款协议、供销合同书等；涉及科研、教学专项经费收支的协议和合同由主管院长签批。涉及医院的各类文书包括各种资质证明、报表、报告、申请、调查表、函件、聘书、标书、评标报告、奖状、先进材料等，如与银行往来的工资发放表等账目、人事离退休表、人事流动材料、工伤材料、药学报表、年检材料、月报表、年报表、赞助或捐赠协议、设备维修费用报表、验收表等；个人因私出国出境用材料；个人攻读博、硕士学位申请材料；房产产权变更；文件上明确要求主管院领导审批的文书。

3. 需业务主管科室主任审批的用印事项。

凡涉及个人事项的文书，如在职证明、收入证明、介绍信、科研、论文、人事职称评聘材料、养老保险、个税报表、职工信息修改证明、公积金支取单、退费项目、培训进修申报及证明材料、限价房材料等。各专业学会申请表需教育处审批备案、医护注册或变更，医务人员需医务处和人力资源处共同签批，护理人员需护理部和人力资源处共同签批。

（二）公章用印流程

1. 用印前需填写用印审批表报请相应领导签字审批后到院长办公室办理。

2. 医院的合同、协议类文书需经过医院法律顾问审核通过后，到院长办公室开具有法律审核意见的用印审批表后，报请相应领导签批后方可用印。

3. 如特殊情况急需院长签字审批，院长外出异地不能签字时，可报请主管领导审批同意后，请党委书记签字审批。

4. 如特殊情况急需主管院领导签字审批，但其外出异地不能签字时，需科室主任向主管院领导电话请示，由主管院领导通知院长办公室后方可用印，并在用印审批表上写清电话请示的时间和结果。

5. 坚决杜绝在空白的纸张、表格、信函、证件等文书上用印。

6. 医院执业许可证、组织机构代码证、法人证等医院资料和个人身份证、学历学位证等个人资料需加盖公章时，需在复印件上明确标注用途。一个事项需在多份不同资料上盖章时，需在用印审批表上将多份材料登记齐备，且每份资料要有科主任审核签字。

7. 公章原则上不得带到院外使用，特殊情况经院长办公室主任同意后，必须由印章管理人员携带印章一同到现场监印。

二、法定代表人名章管理

用印前需填写用印审批表，报请院长签字审批后提交院长办公室办理。如特殊情况急需用印，院长外出异地不能签字时，可报请主管院领导审批同意后，请党委书记签字审批。

标识管理制度

一、医院要设立醒目、明晰的诊疗区域指示标识和路标。

二、所用标识，要规范统一、美观大方。通用标识应按国家惯例进行绘制，卫生系统通用标识按卫计委统一规定制作。

三、医院内部标识设立位置，要根据医院环境统一规划，不准随意乱设。禁止随意用纸张打印和张贴，禁止在标识上进行涂画。

四、标识由院长办公室实行统一管理，指定专人负责并进行不定期巡查，及时调整更新。各科室制作标识需到院长办公室填写标识制作申请单，经审核批准后方可制作。

五、所有标识的色彩、图形、比例、字体、大小、样式等均应严格按照医院提供的版图或要求制作，以示严肃；字体应统一规范，不用繁体字；语言文字应符合国家语言文字规范的要求。

六、工作人员上岗需佩戴胸牌，应标明姓名、职称、所在科室，进修、实习人员与医院工作人员应有区别。

七、陈旧、过时的标识应及时修改或清除。各处室悬挂的条幅或会议导引、活动海报等，必须在活动结束后及时清除。

来信来访接待制度

一、处理群众信访，遵循以事实为根据，以党的政策和国家的法律为准绳，坚持实事求是的原则。

二、对群众来信由专人拆封、登记，送交院长办公室主任阅示，提出拟办意见，送有关部门承办。

三、接待群众来访应热情诚恳，认真听取并详细记录谈话内容。

四、对某些重要人物、重大问题的来信或来访，送主管领导阅读处理。

五、对上级机关交办的信访问题，应及时上报处理情况。

人事管理条例

第一章 总则

第一条 为了规范医院的人力资源管理，保障医院职工的合法权益，建设高素质的工作人员队伍，促进公共服务发展，制定本制度。

第二条 医院人力资源管理，坚持党管干部、党管人才原则，全面准确贯彻民主、公开、竞争、择优方针。对各类工作人员实行分级分类管理。

第三条 适用范围：本院在岗职工（含非在编合同制职工）。

第四条 医院应当建立健全人力资源管理各项制度。

医院制定或者修改人事管理制度，应当通过人力资源管理委员会或职工代表大会以及其他形式听取工作人员意见，人力资源管理委员会每半年召开一次会议，对有特殊原因可临时召开会议。

第二章 岗位设置及管理

第五条 医院根据上级文件精神建立单位岗位管理制度，明确岗位类别和等级。

第六条 医院根据岗位职责任务和工作需要，按照省市有关规定设置岗位，分为专业技术岗位、管理岗位、工勤技能岗位三大类。

岗位应当具有明确的名称、职责任务、工作标准和任职条件。

第七条 医院就岗位设置的要求，制订岗位设置方案，应当报人事综合管理部门备案。

第三章　公开招聘和竞聘上岗

第八条　医院按照上级文件规定，公开招聘新的工作人员，应当面向社会公开招聘。但是，国家政策性安置、按照人事管理权限由上级任命、涉密岗位等人员除外。

第九条　医院公开招聘工作人员按照下列程序进行。

（一）制订公开招聘方案；

（二）公布招聘岗位、资格条件等招聘信息；

（三）审查应聘人员资格条件；

（四）考试、考察；

（五）体检；

（六）公示拟聘人员名单；

（七）订立聘用合同，办理聘用手续。

第十条　事业单位内部产生岗位人选，需要竞聘上岗的，按照下列程序进行。

（一）制订竞聘上岗方案；

（二）在本单位公布竞聘岗位、资格条件、聘期等信息；

（三）审查竞聘人员资格条件；

（四）考评；

（五）在本单位公示拟聘人员名单；

（六）办理聘任手续。

第十一条　医院对急需、紧缺专业技术人才，可以按照人才引进方式，不受政策规定限制，直接向政府人事部门申请人才引进，特事特办。

第四章　聘用合同及劳动关系

第十二条　医院与工作人员订立的聘用合同，期限一般不低于 3 年。

第十三条　初次就业的工作人员与医院订立的聘用合同期限 3 年以上的，试用期为 12 个月。

第十四条　医院工作人员在本单位连续工作满 10 年且距法定退休年龄

不足 10 年，提出订立聘用至退休的合同的，医院应当与其订立聘用至退休的合同。

第十五条　工作人员连续旷工超过 15 个工作日，或者 1 年内累计旷工超过 30 个工作日的，医院可以解除聘用合同。

第十六条　工作人员受到开除处分的，医院应解除聘用合同。

第十七条　自聘用合同依法解除、终止之日起，医院与被解除、终止聘用合同人员的人事关系终止。

第五章　年度考核和培训

第十八条　医院应当根据聘用合同规定的岗位职责任务，全面考核工作人员的表现，重点考核工作绩效。考核应当听取服务对象的意见和评价。

第十九条　考核分为平时考核、年度考核和聘期考核。

年度考核的结果可以分为优秀、合格、基本合格和不合格等档次，聘期考核的结果可以分为合格和不合格等档次。

第二十条　考核结果作为医院调整工作人员岗位、工资以及续订聘用合同的依据。

第二十一条　应当根据不同岗位的要求，编制工作人员培训计划，对工作人员进行分级分类培训。

工作人员应当按照所在单位的要求，参加岗前培训、在岗培训、转岗培训和为完成特定任务的专项培训。

第二十二条　培训经费按照国家有关规定列支。

第六章　奖励和处分

第二十三条　工作人员或者集体有下列情形之一的，给予奖励。

（一）长期服务基层，爱岗敬业，表现突出的；

（二）在执行国家重要任务、应对重大突发事件中表现突出的；

（三）在工作中有重大发明创造、技术革新的；

（四）在培养人才、传播先进文化中作出突出贡献的；

（五）有其他突出贡献的。

第二十四条　奖励坚持精神奖励与物质奖励相结合、以精神奖励为主的原则。

第二十五条　奖励分为嘉奖、记功、记大功、授予荣誉称号。

第二十六条　工作人员有下列行为之一的，给予处分。

（一）损害医院声誉和利益的；

（二）失职渎职的；

（三）利用工作之便谋取不正当利益的；

（四）挥霍、浪费医院资财的；

（五）严重违反职业道德、社会公德的；

（六）其他严重违反纪律的行为。

第二十七条　处分分为警告、记过、降低岗位等级或者撤职、开除。

受处分的期间为：警告，6 个月；记过，12 个月；降低岗位等级或者撤职，24 个月。

第二十八条　给予工作人员处分，应当事实清楚、证据确凿、定性准确、处理恰当、程序合法、手续完备。

第二十九条　工作人员受开除以外的处分，在受处分期间没有再发生违纪行为的，处分期满后，由处分决定单位解除处分并以书面形式通知本人。

第七章　工资福利和社会保险

第三十条　医院建立激励与约束相结合的工资制度。

医院工作人员工资包括基本工资、绩效工资和津贴补贴，按照国家有关政策规定工资级别对应的工资。

奖励绩效工资分配应当结合不同特点，体现岗位职责、工作业绩、实际贡献等因素。

第三十一条　医院建立工作人员工资的正常增长机制。

第三十二条　工作人员享受国家规定的福利待遇。执行国家规定的工时制度和休假制度。

第三十三条　工作人员依法参加社会保险，工作人员依法享受社会保险待遇。

第三十四条　工作人员符合国家规定退休条件的，应当退休。

第八章　人事争议处理

第三十五条　工作人员与所在单位发生人事争议的，依照《中华人民共和国劳动争议调解仲裁法》等有关规定处理。

第三十六条　工作人员对涉及本人的考核结果、处分决定等不服的，可以按照国家有关规定申请复核、提出申诉。

第三十七条　负责对工作人员聘用、考核、奖励、处分、人事争议处理等职责的人员履行职责，有下列情形之一的，应当回避。

（一）与本人有利害关系的；

（二）与本人近亲属有利害关系的；

（三）其他可能影响公正履行职责的情形。

第三十八条　对人事管理工作中的违法违纪行为，任何单位或者个人都可以向事业单位人事综合管理部门、主管部门或者监察机关投诉、举报，有关部门和机关应当及时调查处理。

第九章　法律责任

第三十九条　对违反本规定的，由人事综合管理部门或者主管部门责令限期改正；逾期不改正的，对直接负责的主管人员和其他直接责任人员依法给予处分。

第四十条　对人事处理违反本规定给当事人造成名誉损害的，应当赔礼道歉、恢复名誉、消除影响；造成经济损失的，依法给予赔偿。

第四十一条　上级人事综合管理部门和主管部门的工作人员在人事管理工作中滥用职权、玩忽职守、徇私舞弊的，依法给予处分；构成犯罪的，依法追究刑事责任。

第十章　附则

第四十二条　本规定自 2015 年 1 月 1 日起施行。

高级专家退休及管理问题的暂行规定

按照（国发〔1983〕141号）、（人退发〔1990〕5号）、（冀政〔1987〕73号）、（冀政办〔1995〕53号）、（冀人发〔2002〕116号）文件以及市人事局2006年6号工作会议纪要精神，制定医院高级专家退休及管理问题的暂行规定。

第一条 为保证大多数高级专家严格执行退休制度，又保证少数确因工作需要的高级专家适当延长退休年龄，更好地发挥作用，医院成立高级专家退休管理委员会。主要负责专家的延聘工作以及延、返聘专家的管理工作。高级专家退休管理委员会办公室设在人事科。

第二条 高级专家的退休年龄及退休手续等，按照（国发〔1978〕104号）、（国发〔1983〕141号）、（人退发〔1990〕5号）、（冀政〔1987〕73号）文件规定办理。凡男年满60周岁、女年满55周岁应予退休。

第三条 少数确因工作需要可以适当延长退休年龄的高级专家（包括女性高级专家）原则上限于《国务院关于高级专家离休、退休若干问题的暂行规定》（国发〔1983〕141号）中列出的14个职称系列中具备副高职以上（含副高职）职称的人员。目前就本院而言，专指正、副主任医师。

对于上述范围内达到法定退休年龄的高级专家，凡符合下列条件之一的，经本人申请，科室同意，院高级专家退休管理委员会研究决定，经院长办公会审批后上报。副高职高级专家报请卫生局批准，正高职高级专家报请市人事局及省人事厅批准后可以适当延长退休年龄。一般情况下，一次延长退休年龄的期限，正高职高级专家为2年，副高职高级专家为1年，但最长不超过国家规定的最高年限（女60周岁，男65周岁）。

1. 所承担的重要工作（如重点攻关科研项目）和带硕士、博士研究生等任务尚未完成的，退休后将对工作产生较大影响。

2. 特殊专业和新学科、重点学科急需的。

3. 技术力量薄弱的单位，工作确系需要的。

4. 在业务上起把关作用，在学科中起带头作用，退休后尚无人接替的。

5. 确因工作需要的国家和省级有突出贡献的中青年专家、省管优秀专家、享受政府津贴的高级专家、经省级主管部门确认和重点掌握的学术（重点学科）带头人。

6. 经市、地人事部门确认的本市、地急需的高级专家。

7. 有较丰富的专业技术工作经验，具有独立处理本专业较复杂疑难疾病和解决较重大技术难题的能力，工作业绩较显著，取得较大价值的专业技术研究成果（系指取得市级以上科研成果的主要完成人），公开发表出版较高水平的论文（系指在国家级核心期刊上公开发表 2 篇以上文章）或著作，学术技术水平较高，有指导和培养下一级卫生技术人员的能力。

第四条　特殊情况者，经院高级专家退休管理委员会研究决定，院长办公会批准，可以直接延聘或返聘。

第五条　在本文件下发之前已被科室延聘的女性高级专家，截止到 2007 年 6 月 1 日前，实际年龄与国家规定的延长退休年龄的年限（60 周岁）之差，超过一年以上的，本人可提出继续延聘一年的申请；不满一年的，可直接延聘到 60 周岁后再办理退休手续。未被科室延聘或不申请延聘的高级专家，按第二条规定办理退休手续。

第六条　延长退休年龄的高级专家中担任行政领导职务或管理职务的，在达到国家统一规定退休年龄时一般应免去其行政领导或管理职务，使他们集中精力继续从事科学技术等工作。如特殊情况需短期留用行政管理职务的，由院高级专家退休管理委员会提出申请，院长办公会审批。一般不超过一个聘期。

第七条　延长退休年龄专家待遇，同在职人员。

第八条　未被延聘的高级专家若身体健康，能坚持正常工作，在本市有一定的知名度，能给医院带来较好的社会效益和经济效益的，在办理退休手续前一个月由本人申请，科室同意，院高级专家退休管理委员会研究决定，经院长办公会审批，可以被科室返聘，聘期为一年。期满后科室可根据工作需要续聘。高级专家被返聘后，科室应与被聘人签署聘用保证书及聘用协议书，一式五份（科室、被返聘人、人事科、医教部、质控办各一份）。每年的返聘工作应于1月31日前结束。凡在规定的时间内未完成聘用保证书及协议书签署的，视为科室未返聘，医院将不再安排其工作。

第九条 被延聘和返聘的专家要在科主任的领导下，服从科室安排，坚持正常工作，出专家门诊和普通门诊，参加教学、疑难病历讨论和责任查房，根据医院需要，参加体检中心、会诊中心、司法鉴定、医疗事故鉴定、病历质量检查等工作。

第十条 被返聘专家的待遇除按国家统一规定办理外，其他待遇如奖金等，由被返聘人所在科室决定。凡参加医院工作安排的，按照医院有关规定执行。（注：关于返聘专家的有关待遇问题另定）

第十一条 被延聘和返聘的专家有下列情形之一，经院高级专家退休管理委员会决定予以解聘。

1. 不能坚持正常工作；

2. 利用工作之便，向其他医院转病人，或到其他医院为病人进行手术和非手术治疗；

3. 违反医院规章制度，造成医疗纠纷的直接责任人；

4. 在其他医院公开挂牌兼职或在媒体上公开宣传兼职的。

第十二条 延聘和返聘专家被解聘后由其所聘科室填写《解除聘任书》，一式五份（科室、被解聘人、人事科、医教部、质控办各一份）。

第十三条 医院高级专家退休管理委员会于每年年初召开委员会会议，研究延聘和返聘高级专家事宜，特殊情况可临时召开会议。

第十四条 本规定自2007年5月1日起施行。本规定发布以前已经退休的高级专家不再复职。

第十五条 本规定由医院高级专家退休管理委员会负责解释。

人才引进规定

为深入贯彻落实市委、市政府《关于全面实施人才强市战略的意见》，进一步加大医院吸纳急需高层次人才力度，促进医院的快速、健康发展，结合医院实际情况，特制定本规定。

（一）本规定所指高层次人才，为医院工作发展所紧缺、急需的高层次人才。如省级有突出贡献的中青年专家、硕士生导师；专业学科带头人、在省级医学院教学医院或三级甲等医院工作的；医院紧缺、急需的博士研究生和正高级专业技术职称的带头人。引进急需高层次人才的年龄一般控制在45周岁以下。

（二）引进急需高层次人才的住房问题，由政府筹资建设的专家楼给予解决。凡申请专家公寓，一律按市引进人才住房标准租赁使用，5年内租金由个人、医院分别负担，5年期满后继续在医院工作的，可按规定购买，所需费用由政府、医院和个人各承担三分之一。医院在租用临时住房时，先按三分之一的建房费用交纳建房周转金，待5年后引进人才购买住房时作为医院承担的购房费用。在专家公寓建成之前，按人才引进标准到医院工作的学科带头人、博士研究生提供每人每年租房补贴4000元的标准执行。对引进急需人才医院可参照以往自行规定，对引进人才为学科带头人的博士研究生，由医院解决25万元住房款，但其必须在医院工作满10年，10年后可将所购买房屋的产权归个人所有。

（三）对引进人才具有专业技术职务任职资格的人员，要经市人社局职称科对其资格进行确认后，根据医院专业技术岗位设置情况，参加医院专业技术人员职称聘任的竞聘工作。经医院研究批准后，同意聘用，薪酬待遇经双方协商可以采用年薪制、协议工资等形式。

（四）对引进的高层次人才其配偶和子女相关待遇，按上级有关政策及医院实际情况执行和解决。对子女上学，其中接受九年义务教育的女子可根据本人意愿，照顾安排到相关学校学习，对符合上述人才引进条件的由人社局负责与相关部门协调解决。医院根据引进人才配偶的专业学历情况安排工作。

（五）为支持鼓励医院各类人才科研积极性，多出科技成果和有价值论文，医院对学术技术成绩突出的专业技术人员实行重奖。主要是获得省科学技术进步三等奖及以上名次的；每年在国家级（中华医学会系列期刊）专业核心期刊上发表学术论文三篇以上或在国外 SCI 上公开发表学术论文一篇的，医院奖励第一作者 2000 元。必须注明通讯作者单位和地址；主持研究成果或新开展工作（列为省重点学科），经同行专家鉴定达到省级科技成果一等奖的，医院奖励获奖成果前三名主研人 30000 元。必须注明成果主研单位和主研人。

（六）医院培养在职定向博士研究生，毕业获得学位后回医院工作，在读书期间的学费、养老保险、医疗保险、住房公积金、失业保险等福利待遇暂时先由个人垫付，再由医院支付。但经双方协商，其毕业后必须在医院工作满 10 年以上，否则，医院收回在其上学期间支付的学费、工资及以上福利待遇。

（七）本规定由医院人事科负责解释，如果上级有新的规定出台，按上级新规定执行。

职工内部调整暂行规定

一、各处（科）室按照医院核定的编制数，配置工作人员。今后各科室人员调整、调动、辞职时未经审批，没有履行审批手续的，所在科室不得再报考勤，所报考勤为无效考勤，此期间按照无考勤对待，不享受工资、奖金和其他福利待遇。

二、如果确因工作急需临时调整人员，时间不超过一个月的，医疗人员由医务处负责调整。护理人员由护理部负责调整。行政后勤人员由人力资源处负责调整。要注明临时借调时间，由所借调科室填报考勤，要填写借调审批表报人力资源处办理备案。

三、各处（科）室工作人员，申请调动、辞职的，由本人提出书面申请，经所在科室主任（或护士长）及主管部门审批同意，提交主管院长和院长审阅，到人力资源处办理备案手续。

四、行政管理科室原则上不再增加人员，确因工作需要增加人员的，要结合科室专业和岗位特点，从院内相关科室遴选人员。

五、为不影响科室正常工作，对提出上学、调动、辞职的人员，由本人提前一周以书面形式提出申请，按照流程和权限审批同意后，到人力资源处办理审批手续。

六、对人员调动的，需填写《职工内部调动审批表》；对人员辞职的，需填写《辞职审批表》，到人力资源处办理审批备案手续；对申请上学人员，到教育处办理审批备案手续。

七、对没有经过研究和未履行审批手续的，医院扣发当事人未出勤天数的基本工资，扣发所在科室主任和护士长当月岗位津贴的30%。

八、因工作需要，对岗位调整的，按新岗位聘任对应职称和技术等级，工资及福利待遇按有关规定执行。

九、本规定由人力资源处负责解释。

职工各种休假期间福利待遇的暂行规定

在事业单位工资制度改革后，关于职工各种休假期间福利待遇配套政策至今尚未出台。为了加强对职工休假管理和加强劳动纪律情况的考核，现结合医院实际情况对职工各种休假期间福利待遇的暂行规定，作出补充规定。

一、对各种休假请假者，都必须履行请假手续，由本人提出书面申请，申述请假理由，出具有关证明材料，写明请假起止日期，按审批程序批准同意后，方可休假。休假期满及时销假。

二、对休病假者，出具由专业科主任签字的病假诊断证明书，经医务处审批盖章后，按照管理权限审批，报人事科审核备案。休病假期间的生活待遇，根据《河北省国家机关、事业单位工作人员病、事假期间生活待遇的暂行规定通知》（冀人发〔1998〕296 号）执行。

1. 休病假六个月以内的，工作年限不满三十年的，岗位工资和薪级工资按 80% 计发；工作年限满三十年以上的，岗位工资和薪级工资按 90% 计发；同时按天扣发病假期间的保健费、车补等补贴。

2. 休病假超过六个月的，从第七个月起，工作年限不满三十年的，岗位工资和薪级工资加工资性补贴按 70% 计发；工作年限满三十年的，岗位工资、薪级工资和工资性补贴按 80% 计发；同时按天扣发病假期间的职务津贴、保健费、车补等补贴。

三、对休婚（晚婚）假、女职工产假及计划生育假的，事先由本人申请报计划生育办公室，按照管理权限审批，报人事科备案；对需要休丧假、探亲假职工可直接按照管理权限审批，报人事科审核备案。对已经批准的休假职工，在休假规定时间内工资照发，但要按天扣除休假期间的保健费、车补等补贴。

四、对请事假的，本人要事先申明请假理由，经批准并将工作安排好后，方可离开工作岗位。请事假的按照管理权限和时间长短分级审批，三天以内的由科主任审批，七天以内的报主管院长审批，七天以上的报院长审批，批准后到人事科审核备案。遇特殊情况延长休假时间应事先履行续假手续，否则按旷工处理。对请事假全年累计超过一个月，不足六个月者，超过的天数发放本人标准工资的 60%；超过六个月者，停发全部工资和福利待遇。

五、各部门科主任对本科室考勤一定要认真负责，如实考勤，及时收集请假批条和有关部门证明，如实填写考勤表。

六、无故不履行请假手续自行休假或无故不按时销假者，均以旷工论处，并要按有关规定进行处理。不履行请假手续外出时，所发生的一切事故和责任，均属个人行为，医院不负任何责任。对不如实填报考勤的科室和个人，要追究科主任及考勤员责任。

七、本规定自发文之日起执行，由人事科负责解释。

公开招聘工作人员制度

第一章 总则

第一条 为实现医院公开招聘工作的科学化、制度化和规范化，规范事业单位招聘行为，保证招聘质量，提高人员素质，根据《事业单位公开招聘人员暂行规定》（原人事部令第6号），中共河北省委组织部、河北省人力资源和社会保障厅《转发中共中央组织部、人力资源和社会保障部〈关于进一步规范事业单位公开招聘工作的通知〉的通知》（冀人社发〔2011〕8号）和《关于印发〈河北省事业单位公开招聘工作人员暂行办法〉的通知》（冀人社发〔2011〕9号），结合全市工作实际，制定本规定。

第二条 凡是公开招聘管理人员、专业技术人员和工勤技能人员，执行本规定。

对上级任免机关任命担任事业单位领导职务的人员、国家和省规定的政策性安置人员、涉密岗位的人员等，按照有关规定办理。

第三条 公开招聘要坚持德才兼备的用人标准，贯彻民主、公开、竞争、择优的原则。

第四条 公开招聘要坚持宏观管理与落实单位用人自主权相结合，实行统一规范、分类指导、分级管理。

第五条 公开招聘应在市编办核定人员控制数内，依据招聘计划和岗位设置方案，按照空缺岗位职责和任职条件要求，根据不同岗位特点，采取考试、考核的方法补充工作人员。

第六条 市委组织部、市人社局、市卫计委按照管理权限，分别对工作人员公开招聘工作进行业务指导和监督检查。同时，对公开招聘工作的方案实行核准和备案制。

第二章　招聘范围及条件

第七条　公开招聘工作人员应当面向社会，凡符合条件的各类人员均可报名应聘。

第八条　应聘人员必须具备下列条件。

（一）具有中华人民共和国国籍；

（二）遵守宪法和法律；

（三）具有良好的品行和职业道德；

（四）具有与招聘岗位要求相适应的年龄条件；

（五）应聘专业技术岗位、管理岗位的人员，一般应具有国家承认的本科以上学历；应聘工勤技能岗位的人员，一般应具有国家承认的学历；

（六）具有岗位所需的专业或技能条件；

（七）适应岗位要求的身体条件；

（八）法律、法规、规章对应聘人员资格条件另有规定的从其规定。

第九条　有下列情况的人员，不得应聘。

（一）曾因犯罪受过刑事处罚的人员；

（二）曾被开除公职的人员；

（三）法律、法规规定不得招聘为事业单位工作人员的其他情形人员。

第十条　公开招聘工作人员，不得设置歧视性条件要求。

第十一条　应聘人员应按照招聘的有关规定，如实提供身份证、学历学位证书、职称（资格）证书和应聘岗位所需要的有关材料，不得弄虚作假。

第三章　招聘方式及程序

第十二条　公开招聘包括三种方式。

（一）医院直接选聘（选聘）；

（二）医院集中组织公开招聘、市人社局和市卫计委监督指导；

（三）参加组织、人社部门统一组织公开招聘（统一招聘）。

第十三条　公开招聘符合下列条件之一的人员，可采取选聘方式。

（一）招聘硕士研究生及其以上学历人员；

（二）引进享受国务院特殊津贴专家、省（部）级有突出贡献中青年专家；

（三）引进急需、紧缺岗位特殊人才。

医院每年在选聘人员前，提出选聘方案（包括选聘岗位名称、人数、所需资格条件、选聘方法及理由等内容），按照管理权限报市人社局、市卫计委核准。

医院招聘人员，可采取到高等学校、人才市场招聘或寻聘等方式招聘人员，经过面试考核确定人选后，报市人社局、市卫计委备案。再按照相关规定办理就业、流动、聘用、工资、保险等相关手续。

第十四条　公开招聘和统一招聘应按照下列程序进行。

（一）制定用人计划，制定招聘方案；

（二）按照管理权限，将招聘方案分别报市人社局、市卫计委核准；

（三）发布招聘公告；

（四）报名与资格审查；

（五）考试、面试、考核；

（六）体检；

（七）确定拟聘人员；

（八）公示拟聘人员情况；

（九）填写《秦皇岛市事业单位公开招聘工作人员审批表》，报主管部门备案；

（十）签订聘用合同，办理就业、流动、工资、保险等相关手续。

第四章　招聘方案与发布公告

第十五条　公开招聘工作人员应当在控制数内招聘，根据岗位需要制定招聘方案。

第十六条　医院统一制定招聘方案，主要包括以下内容。

（一）招聘岗位名称、岗位职责和所需资格条件；

（二）招聘人数；

（三）招聘的组织方式和时间；

（四）招聘信息发布的渠道；

（五）考试方式和范围、面试人数的计算方法、最终成绩的计算方法、考试成绩的公布时间和方式；

（六）体检和考核的要求；

（七）需要说明的其他内容。

第十七条　依据核准的招聘方案制定公告，公告应在医院门户网站上发布，根据招聘需要，也可在相关媒体上发布公告。公告的发布时间不得少于7天。

第五章　报名与资格审查

第十八条　医院统一招聘的报名工作在医院人力资源处、市人社局、市卫计委监督指导下进行。

第十九条　统一招聘和部门招聘的报名方式包括互联网报名和现场报名两种。

（一）互联网报名方式。

1. 应聘人员应当在网上填写《秦皇岛市事业单位公开招聘工作人员报名表》。

2. 在面试之前，医院负责对应聘人员的资格条件进行复查，验证核实有关证书、证明。

（二）现场报名方式。

现场报名时间不得少于2个工作日。

第六章　考试

第二十条　公开招聘的考试采取笔试、面试的方式进行，也可根据岗位实际直接采取面试的方式。考试的内容应当包括与应聘岗位相适应的专业知识水平、业务素质、工作能力或者操作技能。

第二十一条　公开招聘笔试科目包括公共基础知识、职业能力测验或专业基础知识，根据招聘岗位类别和条件确定并组织实施。

第二十二条　公开招聘笔试合格分数按照招聘人数比例确定。特殊岗位笔试分数线可在招聘方案中单独设立。

第二十三条　公开招聘笔试结束后，对笔试合格的考生，按照从高分到低分的原则，根据进入面试人数与拟聘人数一定比例，确定参加面试的人选，末位出现并列的都进入面试。具体比例在招聘方案中确定并在招聘公告中予以明确。

第二十四条　公开招聘笔试结束后，在医院网站上公布考生的笔试成绩和进入面试人选。

第二十五条　应加强医院公开招聘面试评委队伍建设，组建卫生专业高级专家评委库，在公开招聘时从专家库遴选专家。

第二十六条　公开招聘面试的工作方案确定。面试方案应包括面试的原则、形式、方法、程序、时间、地点和成绩计算办法，面试评委组成以及监督办法等。

第二十七条　招聘组织部门应当成立面试评委组，评委组人数应为奇数，一般不少于 7 人，医院建立评委库的，从评委库中随机抽取评委。有条件的，可外聘评委或异地交流。

第二十八条　笔试和面试结束后，笔试、面试的成绩按照一定比例加权后确定应聘人员的考试总成绩，公开招聘组织部门根据招聘岗位及人数，从高分到低分，依次等额确定考核和体检人选。笔试成绩占考试总成绩的比例一般不得低于 40%，具体加权比例，应当在向社会发布的招聘公告中予以说明。

第七章　考核、体检与聘用

第二十九条　医院对拟聘人员的思想政治表现、道德品质、业务能力、工作实绩等情况组织考察。考核工作结束后，将考核结果报招聘组织部门。

第三十条　拟聘人员体检工作，由医院组织实施。体检项目和标准根据招聘岗位要求，参照现行的公务员录用体检通用标准确定。

第三十一条　根据招聘方案规定和考试、考核及体检结果，确定拟聘人选，进行公示。

公示期间，对拟聘人选名单有异议的，可以向医院人力资源处提出，人力资源处应当及时处理。

第三十二条　经公示无异议的人员，向市人社局、市卫计委报备，再按照相关规定办理就业、流动、聘用、工资、保险等相关手续。

第三十三条　因下列情形导致拟聘岗位出现空缺的，确定应聘人员的考试成绩排序，可以按照从高分到低分依次递补其他考生，递补考生必须经过体检、考核、公示和报批程序。

（一）应聘人员体检或者考核不符合要求的；

（二）拟聘人选公示的结果影响聘用的；

（三）拟聘人选在规定的报到期限内放弃聘用的或无正当理由不到招聘单位报到的。

第三十四条　医院与受聘人员签订聘用合同，确立人事聘用关系。

第三十五条　医院公开招聘的人员按规定实行试用期制度。试用期一般不超过六个月，从各类学校应往届未就业的毕业生中招聘的人员，试用期为一年。试用期包括在聘用合同期限内。

试用期满合格的，予以正式聘用；不合格的，解除聘用。

第八章　纪律与监督

第三十六条　医院公开招聘人员实行回避制度。

凡与医院负责人员有夫妻关系、直系血亲关系、三代以内旁系血亲或者近姻亲关系的应聘人员，不得应聘该单位负责人员的秘书或者组织、人事、财务、审计、纪检监察岗位，以及有直接上下级领导关系的岗位。

聘用单位负责人员和招聘工作人员在办理人员聘用事项时，涉及与本人有上述亲属关系或者其他可能影响招聘公正的情形，也应当回避。

第三十七条　公开招聘要做到信息公开、过程公开、结果公开，接受社会及有关部门的监督。

第三十八条　市人社局、市卫计委对医院招聘过程中违反干部人事纪律及本实施办法的行为要予以制止和纠正，以保证招聘工作的公开、公平、公正。

第三十九条　严格公开招聘纪律。对有下列违反本实施办法的情形，必须严肃处理。构成犯罪的，依法追究刑事责任。

（一）伪造、涂改证件、证明，或以其他不正当手段获取应聘资格的；

（二）应聘人员在考试考核过程中作弊的；

（三）招聘工作人员指使、纵容他人作弊，或在考试考核过程中参与作弊的；

（四）招聘工作人员故意泄露考试题目的；

（五）负责招聘工作人员违反规定私自聘用人员的；

（六）工作人员违反规定，影响招聘公平、公正进行的；

（七）违反本规定的其他情形。

第四十条　对违反公开招聘纪律的应聘人员，取消考试或聘用资格；对违反本规定招聘的受聘人员，一经查实，解除聘用合同，予以清退。

第四十一条　对违反公开招聘纪律负有领导责任和直接责任的人员，视情节轻重进行批评教育、调离招聘工作岗位或给予处分；对违反公开招聘纪律的其他相关人员，按照有关规定追究责任。

第九章　附则

第四十二条　公开招聘工作人员工作经费由医院预算经费中支出。

第四十三条　本规定自发文之日起执行。

第四十四条　本规定由人力资源处负责解释。

职工考勤制度的暂行规定

一、全院职工必须遵守劳动纪律，按时上下班，不迟到，不早退，要坚守工作岗位，不得擅离职守。

二、要求各处室要建立考勤簿，对本处室工作人员劳动纪律考核情况登记，必须指定考勤员负责。

三、考勤员将对职工的出勤情况进行统计汇总，并于每月 25 日前报送人力资源处，人力资源处将根据考勤情况核发工资和绩效奖励，对逾期不报考勤者不再办理补报手续，其后果由考勤员和科主任负责。

四、考勤必须如实填写，如：进修、上学、返聘、借调、各种休假等，若发生弄虚作假行为，对科主任及考勤员进行通报批评。

五、人员调动后，考勤表要及时转入接收科室，为防止漏报和重报，一律以本人所在科室进行考勤表填报为准，对已上报考勤不得随意更改。

申报转评教授、副教授专业技术职务资格的暂行规定

为了进一步完善职称评聘制度，坚持正确导向，促进医院健康发展，根据《高等学校教师职务试行条例》实施意见的有关规定，申报评审“双职称”人员仅限于医学院的附属医院和省职改办批准的医院中既从事医疗工作又担任教学任务的具备主任医师、副主任医师专业技术职务资格的人员，可根据《高等学校教师专业技术职务任职资格申报评审条件》申报评审教授、副教授职务任职资格。结合医院实际情况，对申报转评教授、副教授职务任职资格的条件作出如下规定。

一、主任医师转评教授基本条件

1. 必备条件。

（1）热爱祖国，具有良好的政治素质和职业道德，能全面履行现行任职岗位职责，积极承担教学工作任务，学风端正。任现职期间，年度考核合格以上；

（2）本规定适用于医院的在职人员，已办理退休手续和已达到退休年龄的人员不在申报范围内；

（3）取得主任医师资格满两年的；

（4）有两年以上授课经历，累计授课时间达 8 个学时。

2. 教学资格条件。

在完全符合上述必备基本条件的同时，具备下列条件之一者可以申报教授资格。

（1）担任过硕士研究生导师者；

（2）任职以来担任过临床教研室主任者；

（3）连续三年授课时间在 40 学时以上者；

（4）全科医师培训带教工作年平均不得少于 30 人；

（5）学术报告、业务培训年平均不得少于 4 次。

3. 业绩成果条件。

（1）任现职以来获得科技进步奖（以证书为准）；

（2）教学水平高、教学质量好。获得河北医大优秀教师、优秀教育工作者荣誉称号（附相关证书及证明）。

4. 论文、著作条件。

任现职以来，在核心期刊发表代表所从事专业最高学术水平的本专业学术论文与著作（第一作者及通讯作者）。

二、副主任医师转评副教授基本条件

1. 必备条件。

（1）热爱祖国，具有良好的政治素质和职业道德，能全面履行现行任职岗位职责，积极承担教学工作任务，学风端正。任现职期间，年度考核合格以上；

（2）本规定适用于医院的在职人员，已办理退休手续和已达到退休年龄的人员不在申报范围内；

（3）取得副主任医师资格满两年的；

（4）有两年以上授课经历，累计授课时间达 8 个学时；

（5）全科医师培训带教工作年平均不得少于 20 人；

（6）学术报告、业务培训年平均不得少于 3 次。

2. 教学资格条件。

在完全符合上述必备基本条件的同时，具备下列条件之一者可以申报副教授资格。

参照主任医师转评教授条件。

3. 业绩成果条件。

任现职以来获得科技进步奖（以证书为准）。

4. 论文、著作条件。

任现职以来，在核心期刊发表代表所从事专业最高学术水平的本专业学术论文与著作（第一作者及通讯作者）。

三、凡符合上述申报转评教授、副教授专业技术职务资格条件的人员，按照申报程序和隶属关系报请省市职改办审批

四、本规定未尽事宜按照《河北省高等学校教师专业高级资格申报评审条件》执行

职工岗前培训制度

为新入职人员树立良好的医德医风和全心全意为病人服务的思想，对新上岗工作人员进行岗前职业道德教育，激发广大青年的工作责任感和事业心，使他们尽快适应环境，认识自我，努力成为白求恩式的医务工作者。按照医院工作安排，人力资源处将对新上岗人员实施有计划、有组织的岗前培训。

一、岗前培训的内容

新入职人员到医院报到后，由人力资源处安排集中培训，培训内容有：国家政策、法律法规知识、医院相关规定及各类规章制度；岗位必要的专业知识及技能培训；医德医风及遵纪守法教育；职业生涯与医院愿景教育；树立医务人员的良好形象；新形势下尽快适应新的工作环境；军训；医患沟通技巧等综合素质教育。

二、岗前培训时间

为了能够保证培训质量，按照培训大纲和培训计划，岗前培训时间一般安排四周时间。

三、岗前培训形式和标准

1. 按照岗前培训教学大纲，医院公共课安排为一周时间；各专业课安排为一周时间；军训为一周时间；技能操作为一周时间。

2. 岗前培训班聘请院长、党委书记、法律顾问、专家教授为授课老师，采用讲座、小组讨论、观看录像片、展览等多种形式进行。

3. 为确保岗前培训效果和质量，对职业道德教育、消防安全教育、医疗护理专业培训等实行专项考核，考核不达标不允许上岗。

4. 建立岗前培训考核制度，要求所有参加培训人员提交上岗前教育总结，交人力资源处备案。有针对性地进行进一步的培训教育，基础理论考试和技术操作考核成绩记入医务人员个人技术档案。

5. 新上岗劳动合同制人员一律参加医院举办的岗前教育培训，上岗前由人力资源处组织学习有关合同制人员文件规定和医院的相关规章制度。

6. 为了保证培训质量，每个人的出勤率占岗前培训考核成绩的 10%，对岗前培训成绩不达标的，将延长培训时间直到合格。

劳动纪律考核暂行规定

第一条　劳动纪律考核的范围，包括本院正式在编职工、合同制职工、合同制劳务工、临时工。

第二条　劳动纪律考核的内容，包括是否按照岗位要求在规定时间内工作、是否按照岗位要求在岗在位、是否履行岗位职责。

第三条　劳动纪律考核的要求。

一、各科室必须安排专人填写考勤表，不得弄虚作假。

二、考勤表应按照各岗位人员实际出勤情况填写，未在岗人员应如实填写缺勤理由，包括休假、出差、迟到、早退、脱岗等。

三、严格遵守请销假制度。

第四条　劳动纪律考核办法。

按照逐级考核的原则，院长、党委书记考核副院长、党委副书记，副院长、党委副书记考核分管中层干部正职，中层干部正职考核本科室副职及职工。

第五条　劳动纪律考核督查办法。

一、医院成立劳动纪律考核督查小组，人员包括人事科、纪检监察科、院长办公室、党委办公室、医务部、护理部等部门的主要领导。

二、劳动纪律考核督查小组负责对全院中层干部的劳动纪律进行督查。

三、具体督查办法。

（一）每月对临床医技科室的中层干部督查两次，每次督查人数不少于临床医技科室中层干部的 30%。重点检查下午 4：30 以后在岗在位情况。

（二）每月对行政后勤科室的中层干部督查两次，每次督查人数不少于行政后勤科室中层干部的 30%。重点检查上午 7：30 后、下午 2：00 后在岗在位情况。

第六条　劳动纪律考核的惩处。

一、人事科每季度将各科室上报的考勤情况进行汇总，并进行内部公示。

二、劳动纪律考核督查小组每季度将中层干部劳动纪律督查情况进行汇总，并进行内部公示。

三、劳动纪律考核与职工年终考核挂钩。凡年度内发现五次以上（含五次）迟到、早退、脱岗、外出未履行请假手续的职工，扣发一个月奖金，取消年终评先评优资格。

四、劳动纪律考核与中层干部年终考核挂钩。凡年度内在督查中发现两次以上（含两次）未在岗在位情况的中层干部，扣发一个月岗位津贴，取消年终评先评优资格。

五、科室在上报的考勤表中存在弄虚作假行为，发现一次即取消科室年终评先评优资格，并全院通报批评。

六、无故旷工三天以上（含三天）扣发当月工资及奖金；无故旷工连续达十五天，扣发三个月工资及奖金，并给予严重警告处分；无故旷工连续达三十天，给予除名或解除劳动关系。

第七条　本规定由人事科负责解释。

职工年休假制度的暂行规定

根据国家政策规定，结合医院实际情况，特制定医院职工年休假制度的暂行规定：凡参加工作满 1 年以上在本院工作的职工，均享受年休假。工作人员工作年限满 1 年、满 10 年、满 20 年后，从下月起享受相应的年休假天数。

职工累计工作已满 1 年不满 10 年的，年休假 5 天；

已满 10 年不满 20 年的，年休假 10 天；

已满 20 年的，年休假 15 天。

国家法定休假日、探亲假、产假、婚丧假、休息日不计入年休假的假期。

职工有下列情形之一的，不享受当年的年休假。

（一）职工依法享受寒暑假，其休假天数多于年休假天数的；

（二）职工请事假累计 20 天以上；

（三）累计工作满 1 年不满 10 年的职工，请病假累计 2 个月以上的；

（四）累计工作满 10 年不满 20 年的职工，请病假累计 3 个月以上的；

（五）累计工作满 20 年以上的职工，请病假累计 4 个月以上的。

年休假在 1 个年度内可以集中安排，也可以分段安排，一般不跨年度安排。

现金管理制度

一、严格遵照执行《现金管理暂行条例》

（一）设置专人管理现金，专职从事现金出纳工作。出纳人员不得兼任稽核、会计档案保管和收入、支出、费用、债权债务账目的登记工作。

（二）现金管理要按现金发生时间顺序及时登记日记账，做到日清日结、月结，如有长短款，要及时向主管领导报告，及时查明原因，及时处理。严格遵守库存现金限额，超额部分及时送存银行，不准坐支、套取现金，不准私自挪用公款和借支私用，不准白条抵库；严格执行现金使用范围。

派人到外地采购，其采购款项，必须由财务部门通过银行汇款支付，不得携带大额现金外出采购。

每笔支出必须按会计审核、各级领导审批签字后的付款通知单准确无误的付款。

医院收取的所有收入都要开具合法的收据，对于重大收支项目，及时向领导报告。

办理各种付款，现金要当面点清，并核对其数额，出纳员每天下班前，要盘点库存，对有关收付事项，必须做好备忘记录，以免单据散失。

财务处现金提款人提取现金，必须由医院保卫科人员护送；负责保管现金的人员，发现现金短缺，责任自负，出现重大问题，要追究其经济刑事责任。

（三）定期清理核对各部门从财务处领用的备用金。

（四）出纳人员在办理现金支付业务时，必须严格遵守医院财务报销审批程序的规定，审批人必须符合授权审批权限。

（五）财务处要不定期对库存现金和各部门备用金进行抽查。

二、明确现金使用范围

（一）支付单位职工各种抚恤金、丧葬补助费及国家规定的个人其他支出。

（二）支付患者就诊医药费多余款及医药费退款。

（三）1000 元以下的其他小额零星支出。

三、规范现金报销管理

（一）必须具有付款单位名称、购物内容和收款单位财务专用章或收费票据专用章，报销收费票据的大小写金额必须一致，不能涂改。

（二）签字手续遵守支出审批管理制度。

（三）对违反现金管理条例的报销事项，有权拒付。

银行存款管理制度

一、认真贯彻执行国家的政策法规，严格遵守银行的各项结算制度和现金管理制度，接受银行监督。

二、加强银行账户的管理。

（一）银行账户的开设符合要求。

（二）医院按国家规定只允许在银行开设一个基本账户。

三、加强银行票据的管理。

银行票据由专人（现金、银行出纳、印鉴管理人除外）保管，设置支票及电汇单购买、领用登记簿。依照《票据法》和中国人民银行《支付结算办法》，规范结算支付行为，加快资金周转，保证资金安全。不准签发空头和远期支票。

四、银行出纳在办理银行存款支付业务时，必须严格遵守财务报销审批程序的规定，如实按付款通知单的内容付款。

五、加强银行预留印鉴的管理。按照财务内部控制的要求，支票、印鉴要由不同人员在不同地点妥善保管。

六、加强银行存款的对账工作。

（一）对账人员不得兼职银行出纳，不得登记往来账和其他账务。

（二）对账人员每天将银行存款日记账与银行对账单核对，调节未达账项。

（三）填写未达账款调节表，每月核对总账与银行日记账余额是否相一致。

（四）对未达账项要求有明细情况说明。

债权债务管理制度

第一节　债权管理

医疗机构的债权是指在医疗机构提供医疗服务或开展有偿服务等过程中与其他单位或个人发生经济往来时所形成的应收和预付款项。主要有：应收在院病人医药费、应收医疗款（包括应收医保、新农合、新农合重大疾病、出院欠费）、预付账款、其他应收款。

一、应收在院病人医疗费、应收医疗款的管理。

（一）收费结算部门负责应收在院病人医药费、应收医疗款的催收，财务部门负责监督。对催收无效的逾期款项，财务部门应报医务部门，通过法律途径予以解决，尽量减少患者欠费。

（二）在收费系统中建立应收住院病人医药费明细账和总账，每月进行核对。

（三）财务部门设置应收医疗款明细账，涉及医疗保险等应收的款项必须每月进行核对，医疗保险应收医疗款必须核对当期医保中心实际付款、拒付之和与应收医疗款相一致，按所属医疗保险中心建立明细账。

（四）应收住院病人医药费要及时结算，对期限超过 3 年、确认无法收回的应收医疗款应作为坏账处理，坏账损失经过清查，报经主管部门批准后，在坏账准备中冲销。年度终了，应按年末应收医疗款和应收在院病人医药费余额的 3% ～ 5% 计提坏账准备。当年坏账准备不足冲销的，应分清原因，分别处理。

二、预付款管理。

医疗机构要严格控制预付款的范围、比例和期限。如预付工程款和设备款等大额款项，需依据相关合同，并由收款单位提供相应的预付款保证函。

三、其他应收款项管理。

其他应收款是指除应收医疗款和应收在院病人医药费以外的其他各种应收和暂付款项。其主要包括部门备用金、个人借款和其他零星借款等。

财务处有专人负责清理和核对其他应收款，每月末做出其他应收款明细表，及时督促款项的收回。对备用金和个人借款每年年底由财务处下催款通知，借款人核实后尽快到财务处办理还款或报销手续，如遇特殊情况需继续使用的，写出书面说明由主管院长审批签字后交财务处，次年1月底前仍不报销还款也无书面说明的，将从工资中逐月扣除所借款项。

四、财务控制。

（一）财务部门要设置债权管理岗位。负责建立债权明细账，监督债权审批，不得由一人办理债权业务的全过程。

（二）对收回的应收医疗款、其他应收款和列入坏账后重新收回的款项要及时入账，杜绝账外款。

（三）财务部门对有长期往来关系的单位应建立完整的信息资料，并对其信息实行动态管理，及时更新。

（四）财务部门对可能成为坏账的应收款项应及时报告主管领导及上级主管部门，由其进行审查，确定是否为坏账。

（五）发生的各项坏账，应查明原因，明确责任。并经相关部门经办人、负责人和财务部门负责人签字，按照规定进行报批后完成会计账务处理，同时做好备查登记。

第二节　医疗欠费管理

一、住院患者在就诊开具住院证时，必须出示本人身份证或有效证件，医保病人还要出示医保证、卡，在办理住院手续时，视病情交纳一定数量的医疗预收款，由住院结算科办理入院手续。

二、住院结算科每月向主管院领导、医务处、绩效管理科、财务处、病区发放患者欠费汇总单，由清欠小组督办、病区向患者催缴、财务部门核实。重大欠费事项及时上报有关领导。

三、患者补足欠交款项后方可办理出院手续。

四、对因责任心不强或玩忽职守造成逾期应收医疗款和坏账损失的财务人员和其他人员，按照医院的有关规定，视情节给予行政和经济处罚。

第三节 备用金管理

医院的备用金主要有住院结算人员、门诊收费人员备用金。

一、根据业务需要，确定备用金数额。备用金由专人管理。住院结算科和收费科的备用金，落实到每个收费员身上，作为个人兑换零钱的周转金使用。

二、备用金的领用由领取单位部门的使用人填写借款单，经使用部门负责人、有关领导签批后，由使用人到财务处领取。

三、财务处和审计部门应定期对备用金进行清查。

四、备用金的借款人离岗、离职应交回所借备用金，核销借款。

第四节 债务管理

医疗机构的债务是指医疗机构所承担的能以货币计量，需要以资产或劳务偿还的债务，它代表的是医疗机构对其债权人应承担的经济责任。

一、债务主要分类。医疗机构的债务主要分为流动负债和长期负债。流动负债包括：偿还期在一年以内的短期借款、应付账款、预收医疗款、预提费用、应交超收款、应付工资、应付职工福利费和应付社会保障费等。长期负债是指偿还期在一年以上的长期借款和长期应付款等。

二、严格控制债务规模。

（一）医疗机构应树立效益意识和风险意识。防止因盲目扩大债务规模而影响医疗机构正常业务的开展。

（二）大额债务属于医疗机构的重大经济事项，需由医疗机构集体决策。决策前要做好充分的论证工作。

（三）控制应付账款规模，严格执行支出申请、审批、审核及支付的管理制度。

三、及时清量和结算债务。医疗机构要及时组织相关人员清理各种应付款项和预收款项等，对有关借款和应交款要保证在规定的期限内偿还和交纳。

（一）财务部门设置债务管理岗位，定期核对并及时清理债务。不得由一人办理债务业务的全过程。

（二）财务部门建立债务明细账，对应付款项进行核算。

（三）对不同性质的债务分别管理。及时清理并按照规定办理结算，保证各项负债在规定期限内归还。

（四）债权人有因确实无法偿还的债务，经上级主管部门批准可计入其他收入。

第五节　预收医疗款管理

一、按照相关规定制定预交金额度并收取预交金。

二、收取预收医疗款必须开具《预交金收据》，并做好相关信息的记录与核对。

三、严格执行预交金收、退、作废的操作规程。

四、严禁挪用预收医疗款，当日预交金当日入账，不得坐支。

五、预收医疗款实行系统内双重核对。

六、预收医疗款实行三级审核控制，即收费结算员、住院结算科审核人员和财务部门审核人员三个层次。

（一）收款人负责准确收取预交金，并开具《预交金收据》。

（二）每日收费员必须全部结清所收款项，打印汇总日报表，填写银行对账单并及时向来院收款的银行人员缴存；住院结算科审核负责人对预交金进行总额核对，日报表、银行进账单核对一致后备报财务处。

（三）每日财务部门派专人收取日报表、银行进账单并核对是否一致，账务部门稽核人员将日报表、银行进账单连同预交金收据记账联、存根联进行核对后交由会计入账。

（四）财务处和审计处对预收医疗款进行不定期检查，发现挪用的，依法追究当事人责任。

医院成本管理制度

第一节　成本核算的目的和意义

根据《医院财务制度》规定，结合医院目前成本管理的实际情况，制定本制度。

一、医院实行成本核算的目的和意义。

1. 成本核算是社会主义市场经济的客观要求，成本核算是医院在深化卫生改革的大形势下的必然选择。

2. 实行成本核算可以及时客观地反映医院成本变动情况。

3. 可以促使医院加强经济核算管理，促进管理的科学化、现代化。

4. 有利于增强职工的成本核算费用意识，节支降耗，降低服务成本，以较小的投入取得较大的社会效益和经济效益。

5. 促进医院走优质、高效、低耗、可持续发展之路，增强医院的核心竞争力，使人民群众享有质优价廉的医疗服务。

6. 能为医院成本测算打好基础，为科学制定医院服务价格和完善补偿机制提供科学依据，争取更多的政策支持。

7. 为医疗保险制度改革服务。

8. 为正确评价医院绩效提供信息资料。

二、成本核算的对象和内容。

1. 对象：以医院编制的科室分类及编码表所列示的最末级为成本对象，将业务活动中所发生的各种耗费进行归集和分配，最终核算出各科室床日成本、诊次成本。

2. 内容：按核算层次分为两个：①医院各科室院级成本：包括医疗成本和药品成本。②科室成本：包括临床科室、医技科室、医辅科室、行政等科室的成本。

三、成本核算原则。

1. 算为管用、算管结合原则。

2. 分期核算原则：与会计分期保持一致。

3. 权责发生制原则：按因果关系、受益期发生的时间确定费用。（本期成本按实计入本期，不应由本期负担的成本，不计入本期成本）

4. 惯性原则：计算方法不变。

5. 信息反馈原则：注重记录、报告、控制等的制定执行。保障及时正确决策。

6. 目标一致性原则：核算目的是节支降耗、减轻病人负担，必须保持院和科室总体目标一致。

四、要求。

（一）做好成本核算的基础工作。

1. 清产核资：在过去 3 年清产核资的基础上，进行全面清查，健全资产管理明细账卡，包括：资产清查、产权登记、价值确认、折旧计提、资产核实。

2. 建立健全物资管理制度，包括：计量、计价、验收入库、领退、转移、报废、清查和盘点制度。

3. 规范成本核算的原始记录和凭证传递流程。内容包括：传递流经的科室、有关人员的处理程序、处理期限。

4. 核定费用的开支标准，明确费用的审批权限，做到有章可循。

5. 核定可行的消耗定额。

（二）划分各种费用界限。

1. 成本费用和其他支出的界限。

2. 直接成本和间接费用的界限。

3. 资本性支出和收益性支出的界限。

4. 月费用界限。

5. 各成本单和费用界限。

（三）确定结算办法。

1. 国家有统一规定的按统一规定方法结算。

2. 国家无统一规定的按医院有关规定（内部结算办法）确定的内部结算价格结算。

（四）根据成本核算单元的不同，结合管理要求实行不同的成本计算方法。

第二节　组织体系

一、组成形式。

医院实行集中核算形式，由医院财务核算中心集中负责成本的预测、预算、核算、控制、考核、成本报表和分析工作，各有关科室负责登记有关原始资料，填报有关原始凭证，并进行初步审核、整理、汇总。

二、组织机构。

成本核算实行院长负责制，在院长委托下由财务处长直接负责，以财务处为中心，由成本核算会计具体负责，相关部门分项负责。

三、人员配备。

配备专职成本核算会计，财务处工作人员、各科室护士长、科主任为兼职成本核算员。

四、实行成本核算责任制。

1. 院长：对成本核算的合法性、合理性、真实性及正常运转承担责任，带头执行党和国家的有关方针、政策，坚持正确的办院方针，以最少的劳动耗费和占用取得较好的医疗效果，确保核算资料的真实，在人力、物力、财力各方面保证成本核算工作的顺利开展。

2. 财务处长（总会计师）：是院长领导医院成本核算工作的直接助手，具有除院长以外对成本核算管理的最高领导地位，直接组织医院内部各科室建立健全成本核算工作责任制，组织编制成本计划，发动职工在医疗服务活动和其他活动过程中的各个环节开展成本核算工作。配备成本核算会计 1 人，对医院成本信息负直接责任。

4. 成本核算相关部门包括：

行政部门由办公室主任负责。

后勤部门由后勤副院长负总责，具体事务由后勤科长负责。

供应室由供应室负责人负责。

药械部门，材料由药械科长负责。

基建由分管副院长负责。

各部门具体负责本部门内有关成本核算工作，健全原始记录，制定修订各项定额，考核各科室及本部门内部成本执行情况，分析各环节存在的问题，提出改进意见和措施；对本部门成本耗费承担责任，对上报财会部门的成本核算数据全面负责，对有关科室的控制指标负责，成本核算业务受财务处领导。

5. 各科室在负责人的领导下，具体负责各科室的成本核算工作，健全原始记录，控制科室成本消耗，对执行情况进行分析，执行考核奖惩制度，对本科室成本消耗承担责任。

6. 成本核算人员按照有关规定设置成本核算项目，做到结构合理、项目齐全，负责收集、整理成本核算数据，按规定的项目、程序、方法和时限要求，准确计算、编报、分析、预测和控制。

第三节　成本责任中心

医院成本责任中心是根据管理权限承担一定经济责任并能反映经营责任履行情况的内部单位。

成本责任中心的确定：

一、各科室（临床、医技、辅助）分别为一个成本责任中心，受命完成特定的任务责任目标，并接受医院提供的为完成这些任务所需的资源。各科室可按医疗专业组细化成本中心。

二、根据科室设置情况：按医疗、医技、药械、医辅、行政等部门确定成本中心，医疗、医技和药械为直接成本中心，辅助和行政科室为间接成本中心。

第四节　成本核算账务体系

一、费用要素和成本项目。

（一）费用要素。分 15 项费用要素：工资福利支出、对个人和家庭的补助、公务费、药品费、卫生材料费、其他材料费、业务费、水电气费、维修费、维护费、低值易耗品、印刷费、公务用车运行维护费、差旅费、其他费用。

（二）成本项目。分七项：人员经费、卫生材料费、药品费、固定资产折旧、无形资产摊销、提取医疗风险基金、其他费用。

二、成本核算账户。

成本核算财户与会计科目中的医疗业务成本、管理费用下设科目明细保持一致。

三、成本报表。

1. 新制度成本三张报表。

2. 主要成本报表及分析。

2.1 科室支出明细表

2.2 科室支出汇总表

2.3 科室支出科目明细表

2.4 成本分摊数据查询

2.5 科室成本分摊正向查询表

2.6 办公用品消耗对比分析

2.7 办公用品消耗趋势分析

2.8 收入分析

2.9 支出分析

第五节　方法和步骤

一、方法：以科室成本中心为核算对象作为基础。

二、科室成本分类：分为直接成本和间接成本。

三、直接成本。

1. 人员费用：按科室人员实际发生金额归集。

2. 药品费用：按药品收入分配后计算的实际药品成本费用加上药品库存、药房发生的报损归集到药械科。

3. 材料物资费用：按各科室实际领用的卫生材料、其他材料和低值易耗品金额直接归集各成本中心。

4. 折旧费用的归集分配：按各科室实际占用各类固定资产，根据平均年均法归集各成本中心，房屋建筑面积折旧费用按单位建筑面积分摊。

5. 维修费用的归集：专业设备维修费用，直接归入各成本中心，10 万元以上大型设备维修费用可采取预提或待摊方法分摊到各成本核算期。其他固定资产维修费用按实际发生额直接归入各成本中心。

6. 公务业务费用的收集：能直接计入各成本中心的直接归集，不能直接归集的，分配归集。方法如下。

①各科室分配公务费：各科室人员数 × 公务费金额 / 各科室人员数之和。

②水费、电费按照水表及电表直接计入，确无法安装水表的，除去有记录水电费以外按人员分配。

③燃料费用：按实际开放床位数和人员总数分配到各科室。

④业务费、培训费的归集：直接归入各成本中心，可以采用预提或待摊的方法归集各成本中心。

⑤邮电费、差旅费的归集：邮电费直接归集各成本中心，差旅费在国家文件规定的限额内支付，直接归集各成本中心。

⑥电话费：根据电话费管理办法直接计入各成本中心。

⑦科研费用：计入各科研项目成本。

⑧其他公务业务费用：能直接计入各成本中心的直接归集，不能直接计入的分配归集。

⑨其他费用：能直接计入各成本中心的直接归集，不能直接计入的分配归集。

四、直接成本费用分配归集。

①后勤保障、供应科室成本费用采用成本法，确定后勤保障辅助科室劳务服务价格，根据提供的劳务量按照受益对象采用直接分配法分配成本费用，对未分配完的成本费用记入管理费。②各科室分配洗衣房成本按各科室接受的服务量 × 协商单价（由科室和洗衣房具体协商报财务处备案），按实际支出量归集成本。③各科室分配备用氧库成本按实际发生量直接归集。④车辆成本，按实际成本、专项科目归集。⑤清洁组成本：实行社会化

管理，按各科室实际协商价格直接归集，垃圾处理成本按住院床日分配归集，污水处理根据水费情况按比例归集。

各科室分配材料库房成本 = 科室领用材料金额 × 材料库房成本 / 材料库房出库总额。

五、间接成本费用分配归集。

辅助科室成本中心的归集分配。

1. 归集：各辅助科室成本直接归集。

2. 归集分配。

各科室分配辅助科室成本 = 各科室业务收入 ×〔辅助科室成本 ×30%/业务总收入 +（全院门诊人数 + 全院住院床日）× 辅助科室成本 ×70%/（各科室门诊人次 + 各科室住院床日）〕。

3. 药品辅助科室成本中心的归集分配。

科室分配药品辅助科室成本 = 科室药品收入 × 药品辅助科室总成本 / 医院药品总收入。

4. 药理费用的归集分配。

各医疗、药品成本中心分配管理费用 = 各成本中心人数 × [（管理费用总额 ×40%）/ 成本中心总人数] ＋各成本中心收入 × [（管理费用总额 ×60%）/ 医院总收入]。

第六节　成本计算

一、诊疗成本、床日成本的计算。

（一）科室诊疗成本、床日成本的计算。

1. 科室诊疗成本和床日医疗成本的计算。

①根据各直接成本中心核算结果，将医技科室、手术室成本费用进行分配后计算。

医技科室的成本费用在门诊医疗科室和病房临床科室之间进行分配。

手术室成本费用在各手术住院临床科室之间分配。

分配方法：各门诊医疗科室分配医技科室成本费用 = 各科室医技检查收入 × 医技科总成本 / 医技总收入。

各手术（麻醉）科室分配手术麻醉成本费用 = 各手术（麻醉）科室手术（麻醉）费收入 × 手术室总成本费用 / 手术室手术麻醉费总收入。

②根据各直接医疗科室门诊人次和病人实际占用床日数计算科室诊次医疗成本和床日医疗成本。

各门诊医疗科室诊次医疗成本 = 各科室门诊成本费用 / 各科室门诊人次。

各病房临床科室床日医疗成本 = 各病房临床科室成本费用 / 该病房临床管到病人实际占用床位数。

2. 科室诊治药品成本和床日药品成本的计算。

①各科室药品费用成本 = 各科各类药品收入金额 ×（1- 各类药品综合差价率）。

②各科分摊药品其他成本费用 = 该科药品收入金额 × 药品其他成本费用 / 药品收入总额。

③门诊医疗临床科室诊次药品成本费用 =（该科门诊药品费成本 + 该科门诊分摊药品其他成本费用）/ 该科门诊取药人数。

④病房医疗临床科室床日药品成本费用 =（该科药品费用成本 + 该科分摊药品其他成本费用）/ 该科病人实际占用床日数。

3. 科室诊治总成本和床日总成本的计算。

①科室诊治总成本 = 科室诊治医疗成本 + 科室诊治药品成本。

②科室床日总成本 = 科室床日医疗成本 + 科室床日药品成本。

（二）院级诊治成本和床日成本的计算。

1. 院级医疗成本和床日医疗成本的计算。

按照门诊和病房医技检查收入的比例，分配医技科室成本费用。

①门诊分配医技科室成本费用 = 门诊医技检查收入 × 医支科室成本费用 / 医技检查总收入。

②住院分配医技科室成本费用 = 住院医技检查收入 × 医支科室成本费用 / 医技检查总收入。

③院级门（急）诊医疗成本 = 门诊医疗总成本 / 门（急）诊总人数。

④院级床日药品成本费用 = 住院医疗总成本 / 病人实际占用床日数。

2. 院级诊治总成本和床日总成本的计算。

①门诊住院药品费成本 = 门诊住院各类药品收入金额 ×（1- 各类药品

综合差价率)。

②门诊住院分摊药品其他成本费用 = 门诊住院药品收入金额 × 药品其他成本费用 / 门诊住院药品收入总额。

③院级诊治药品成本费用 =(门诊药品费成本 + 门诊分摊药品其他成本费)/ 门诊取药人次。

④院级床日药品成本费用 =(住院药品费成本 + 住院分摊药品其他成本费用)/ 病人实际占用总床日数。

3. 院级诊治总成本和床日总成本的计算。

①门诊院级诊治总成本 = 院级诊治医疗成本 + 院级诊治药品成本。

②院级床日总成本 = 院级床日医疗成本+院级床日药品成本。

预算管理制度

第一节　医院预算管理委员会岗位设置

为了规范医院预算管理，加强医院预算工作，根据《医院财务制度》，结合医院实际情况，成立医院预算管理委员会，作为医院管理机构。预算管理办公室设在财务处。

预算管理岗位设置如下。

1. 预算管理岗位：由预算管理办公室主任兼任，全面负责预算管理办公室的管理协调工作。

2. 预算执行岗位：由财务处专职会计担任，负责预算的分类汇总编制、上报、执行控制、差异分析等工作。

3. 预算考评岗位：由人事科或经管办负责人兼任，根据预算执行数据，综合相关考评办法，编制考评报告提交医院预算管理委员会。

4. 各预算部门联络员岗位：医院所有科室和部门均应设置预算部门联络员岗位，目前本院全成本核算共设置了200余个成本单元，各预算部门应与其设置一致，由各预算部门的相关负责人或护士长兼任联络员岗位，负责预算数据的上传下达、调整联络等相关工作。

5. 预算监督机构：预算执行情况由医院预算管理委员会和医院审计监查部门进行适时监督审计，预算部门和其他责任部门必须积极配合，预算管理委员会和审计监查部门是全面预算管理的监督机构。

第二节　医院预算管理委员会管理职责

一、医院预算管理委员会主要职责。

（一）制定有关预算管理制度、政策和程序，确定各项具体预算的牵头部门，制订各部门在预算管理中的职责方案。

（二）根据医院发展战略和本年度发展规划，确定年度预算指导思想和关键指标。

（三）审议批复年度预算草案，审议批复年度预算调整方案。

（四）监督检查预算执行情况。

（五）协调解决预算编制和执行中出现的问题。

（六）根据预算执行结果提出考核和奖惩意见。

二、医院预算日常管理机构主要职责。

医院财务处为预算日常管理机构，在医院预算委员会领导下，依据国家有关规定和上级主管部门的工作要求，负责组织医院预算编制、执行、考核和监控工作。财务处应当履行以下主要职责。

（一）组织医院预算的编制、审核、汇总及报送工作。

（二）组织下达预算，监督医院预算执行情况。

（三）制订医院预算调整方案。

（四）协调解决医院预算编制和执行中的有关问题。

（五）分析和考核各科室及职能管理部门预算完成情况。

三、预算执行部门主要职责。

医院各业务科室和职能管理部门为预算执行部门。医院预算执行部门应当在医院预算管理机构的统一指导下，组织开展本部门、本科室预算编制工作，严格执行经核准的预算方案。预算执行部门应当履行以下职责。

（一）负责本部门预算编制和上报工作。

（二）负责将本部门预算指标层层分解，落实到各环节和各岗位。

（三）按照授权审批程序严格执行各项预算，及时分析预算执行差异原因，解决预算执行中存在的问题。

（四）及时总结分析本部门预算编制和执行情况。

（五）配合医院预算管理机构做好医院预算的综合平衡、执行监控等工作。

第三节 医院预算管理委员会工作制度

一、预算编制的原则。

按照国家有关预算编制的规定，对以前年度收支情况进行全面分析，根据年度事业发展计划以及预算年度收入的增减因素，测算编制收入预算；根据业务活动需要和可能，编制支出预算，包括基本支出预算和项目支出预算。编制收支预算坚持以收定支、收支平衡、统筹兼顾、保证重点的原则。

二、预算编制的要求。

科学编制预算。分析国家对医疗卫生机构的政策影响及医院自身发展的要求，结合调整绩效方案等医改政策所带来的多方面影响因素，运用量本利法测算医院预算收入，在保证人力成本增长幅度的基础上，控制非生产性支出，做好开源节流，防止赤字预算。

三、预算编制内容。

（一）收入预算编制。医疗收入根据科室保本业务量和收费水平编制，如门、急诊人次、开放床位数、床位使用率、平均住院日、出院人数、固定成本、边际收益、药占比、次均费用等；财政补助收入，正常经费根据医院人员编制控制数及其补助定额测算，专项经费参照上年度财政部门批准数额测算；其他收入根据上年收入情况，结合本年的相关因素编制；科教项目收入按照从财政部门以外的部门或单位取得的、具有指定用途、项目完成后需经决算和书面报告的项目编制。

（二）支出预算编制。人员经费支出根据人事部门提供的国家有关工资政策、开支标准及医院人员变动情况测算；绩效奖金由医院统筹安排；药品费按照主管部门对药品加成率的要求加以安排；卫生材料费根据归口管理部门提出的计划合理安排；水、电、燃料以及其他消耗性支出由归口管理部门结合预算年度的增减变化情况安排。

（三）专用基金收支预算编制。医院专用基金包括职工福利基金、医疗风险基金等，根据有关规定按提取比例和业务发展计划，本着量入为出的原则编制预算。

（四）医院项目预算编制。购置设备、改善医疗环境、修缮房屋、自筹基本建设资金等项目，根据业务发展需要，进行可行性论证，本着保证重点、兼顾一般、先急后缓、先重后轻的原则编制预算。

四、预算编报及审批程序。

（一）医院预算的编制程序。首先编制医疗服务事业预算，其次为资本性支出预算，在此基础上再编制财务收支结余预算。各项具体预算应相辅相成、密切关联、前后衔接，形成一个完整体系，共同实现医院内部控制和管理目标。在预算的编制过程中，重大支出项目需经过可行性分析论证程序后方可申报。严格执行物价收费政策，合理确定各项收入预算，科学预测成本、费用、投资等各项预算指标。

（二）年度预算编制的时间要求。每年 9 月上旬，医院预算管理委员会根据相关政策规定以及医院下年度全年发展目标，下达下年度预算编制任务，并提出具体编制要求。各相关部门科室应于当年 10 月上旬，根据有关要求填报预算信息，将下一年度各自负责的预算及编制说明报送财务处，由专人负责预算信息整理、审核、汇总，综合平衡后，将预算草案于 10 月底提交医院预算管理委员会审定。 在预算上报、审批和下达过程中，预算要经过自上而下、自下而上多次平衡，各部门要与财务处紧密配合，共同做好预算编制工作。

（三）根据医院预算管理委员会审定后的预算方案，于当年 12 月下旬报医院班子会批准。并将批准后的预算指标由财务处分别送达各职能管理部门和业务科室执行。

五、预算执行。

（一）年度预算指标下达后，各预算执行部门应严格执行预算，一般情况不得突破预算指标，特殊情况需执行相应的预算调整程序后方可调整预算；在预算调整未被批准前，归口管理部门不得自行改变预算，应按原预算执行。

（二）预算执行部门负责人对本部门的预算资金负责，严格执行财务支出审批制度和程序，根据年度业务工作需要，坚持厉行节约原则，合理安排和使用预算资金，同时接受监督和检查。

（三）在预算执行中，预算内金额超过 10 万元（含 10 万元）的项目经费，具体实施前须事先提请主管院长审核、院长审批，经同意后方可组织实施。否则，财务处有权拒绝办理资金支付。预算内支出事项审批流程及权限执行《秦皇岛市第一医院财务报销管理规定》和授权审批制度。

（四）有预算不超支，无预算不开支，各预算执行部门严格按计划进度执行预算。预算外项目的支出均须提交正式申请报告，履行审批程序后方可实施。

（五）财务部门设专人负责监督、统计预算的执行情况，定期向主管领导汇报预算的执行情况，每年度向职工代表大会报告预算执行情况。

六、预算调整。

（一）预算一经批复，原则上不再另行追加预算。如遇特殊情况，确需追加预算的，无论金额大小，均须提交正式申请报告，履行审批程序后方可调整。

（二）预算执行部门提出预算调整申请，说明理由及初步方案。财务部门根据预算执行情况辅助提供调整前后的预算指标。

（三）财务部门负责人对提出的预算调整申请进行审核。

（四）将预算调整方案提交主管院长审核，经审核后的调整方案交由医院预算委员会审核通过。

（五）预算调整原则上在年度内只进行一至两次。

七、预算分析。

加强预算执行情况分析，建立预算定期分析报告制度。财务部门要定期编制预算执行情况报告，掌握预算执行情况的动态和差异，对预算执行中的异常情况进行重点分析，并提交医院领导决策层决策，及时制定措施，保证医院预算目标的完成。

八、预算考核。

通过预算绩效考核，全面总结评价各部门预算的编制是否准确、执行是否合理、调整是否合规等内容，以提高资金的使用效益。预算绩效考核指标包括预算符合率和预算完成率，并与半年、年度绩效考核挂钩。

九、本办法由医院预算管理委员会制定并负责解释和修改。

医院收费票据管理制度

为进一步加强医院票据的管理工作，规范收费行为，根据《中华人民共和国管理办法》（国务院令〔2010〕587号）和《秦皇岛市财政局转发关于实施医疗财政票据管理工作的通知》（秦财非税〔2013〕620号）等有关规定，并结合医院实际情况，特制定如下管理制度。

一、财政票据的种类及使用范围

（一）医院使用财政部统一监制的收费票据，主要包括以下种类。

1. 手工票据：河北省行政事业单位资金往来结算票据、河北省医疗门诊收费收据、河北省国有资产收入专用票据共三种。

2. 机制票据：河北省医疗住院收费票据、河北省医疗门诊收费票据、河北省挂号诊察收费收据。

（另外需要说明，秦皇岛市第一医院住院押金机处收据为医院自制票据，不得用于住院结算及报销。）

（二）使用范围：河北省医疗住院收费票据、秦皇岛市第一医院住院押金机处收据由住院结算科收费人员使用；河北省医疗门诊收费票据、河北省挂号诊察收费收据由门诊收费科收费人员使用；河北省行政事业单位资金往来结算票据、河北省国有资产收入专用票据按照《医疗财政票据管理工作的通知》要求由财务处管理并使用，门诊收入原则上不得使用手工收费收据，只有在停电或其他原因造成医院收费系统无法运行时方可临时使用，收费系统恢复正常运行后要及时补录收费信息。

二、收费票据的购置

医院使用的各种票据，由财务处向秦皇岛市财政局提出申请，经财政部门审定合格后，凭《票据购领证》向财政部门购买票据。财务处每次购票据时，为保证工作的需要，要提前向市财政局申购，申购时注明票据种类、数量及购票方式。

三、各种票据的领用

1. 医院购入的各种票据，由财务处统一办理并组织使用科室验收入库，由票据管理员登记收费票据的购入日期、名称、起止号码、数量等。

2. 有关业务部门领取票据，必须填写使用申请，经财务部门负责人批准后按规定领取。

3. 住院押金收据和住院收费票据由住院结算科科长从财务处领取，并在票据登记簿上签字。收费员领取票据时要注明领用票据的名称、时间、起止号码、数量等内容，由财务部门统一管理。

4. 门诊收费票据和挂号诊察收据，门诊收费员领取收费票据时要注明领用时间、起止号码、数量、名称等内容，并在票据登记簿上签字，由门诊收费科指定人进行管理。

5. 再次领用收据时，须将已用完的收据存根上缴财务处核销后领用。

四、收费票据退费、作废的规定

1. 收费票据退费的规定。

（1）患者的原收费票据及相关科室负责人出具的退费凭证，作为退费凭证附件。

（2）退费前先检查原收费票据、相关科室出具的同意退费凭证和盖有“收费章”的交款凭证等，要求病人姓名、收费项目、金额相符，门诊病人要把附件粘于退费票据后。

（3）若出现部分退费的情况，操作程序如上，把原收据作全额退费处理，并按实收金额重新开具收据。

（4）住院病人重开票据，不论是否为当天结账前发生的事项，都要收回原收费票据。是当天结账前发生的事项，直接将原收费票据作废，且各联次齐全；不是当天结账前发生的事项，要将原收费票据全额冲销后，打印负数收费票据，并在负数收费票据上注明新开收费票据的号码和日期，将收回的原收费票据作为负数收费票据的附件，且冲销的收费票据各联次齐全。重新打印收费票据应和冲销的收费票据号码连续，重新打印收费票据后，要在记账联上注明重新打印字样。

2. 作废票据要求联次均齐全，并且必须是当天结账前发生的事项，作废后应在票据上简要说明作废原因。

五、票据的核销

1. 交回票据存根联，票据管理员必须及时办理注销登记，销号时以存根联及日报表为依据。

（1）门诊收费票据核销：由门诊收费科单独设立的票据管理员，以审核后的门诊收费员已缴款的收款区间号码及日报表为依据进行核销。

（2）挂号诊察收据核销：由门诊收费科单独设立的票据管理员，以审核后的门诊收费员已缴款的挂号收据区间号码及日报表为依据进行核销。

（3）住院收费票据：由财务处单独设立的票据管理员，以审核后的住院收费员已缴款的出院票据区间号码及日报表为依据进行核销。

（4）手工票据：以领用人交回的存根联、缴款凭单及经会计人员确认入账的登记表为依据进行核销。

2. 收费员应及时将已使用的票据进行核销，未及时办理核销手续的，不再予以领取。

3. 对发生的退费、作废票据等情况，票据管理员要逐张审查、核对，确保收款的正确性。

六、票据的销毁

单位已经开具的财政票据存根，按规定保管五年，期满由医院注册登记，经市财政局收费科审核批准后核销，由于医院票据用量大，存放五年有困难，可由财务处向市财政局收费科提出提前销毁申请，经批准后，按规定销毁。

七、票据管理的其他规定

1. 票据由财务处指定票据管理员负责购买、验收、登记保管和核销，出纳不得兼任票据管理员。

2. 医疗收费票据只限于在医院进行医疗服务时使用，非医疗业务活动，不得向外单位转让、借用、代开，不得伪造收费票据，不得私刻监制章，未经财政部门批准不得自行销毁收费票据和存根。

3. 票据管理员要对票据的库存数和尚在使用人手中的未使用票据定期进行核对。票据的领、发、存登记簿须保存五年。

4. 票据或存根出现遗失、短少的情况，应及时向同级财政部门报告，必要时应在报刊上声明作废。

八、对违反规定有下列行为的，医院应根据情节轻重进行处理

1. 转借、转让和代开票据。

2. 私售和盗卖票据。

3. 未经批准拆本使用票据。

4. 丢失票据。

5. 损（撕）毁票据。

6. 未按规定开具票据。

7. 未按规定销毁票据。

门（急）诊绿色通道病人欠费管理办法

为进一步加强医院的经济管理，明确各级人员的职责，控制病人欠费，减少经济损失，提高医院经营效益，便于医院做到急诊欠费可查、可控、可追溯，特制定门（急）诊绿色通道欠费管理办法及工作流程。

1. 由急诊接诊医师决定是否为患者开通绿色通道。绿色通道病人持接诊医师开具的“绿色通道免费领取健康卡通知单”，由分诊人员协助到急诊收费处免费领取健康卡。“绿色通道免费领取健康卡通知单”一式两份，急诊收费、急诊科各留一份。

2. 取得健康卡的病人由急诊接诊医师开通绿色通道，根据病情开具处方和检查申请单，并确认计费（点选欠费）。

3. 治疗结束后健康卡由急诊科主任或护士长保存，由急诊科负责在 24 小时内追缴欠费，如追缴未成功则申请财务处挂账等待处理。

4. 财务处对每月挂账的欠费进行统计并出具报表报送急诊科，由急诊科主任、护士长审核确认并分别列出确定无法追回的欠费和医护人员追缴工作不力造成的损失。将说明上报医务处主任审核并提出处理意见，之后上报主管院长和院长审批后交给财务处。财务处根据审批意见对欠款进行核销处理或扣除相关责任人的工资及奖金。

住院患者欠费管理办法

为了加强医院的经济管理，明确各级人员职责，控制病人医疗欠费，降低可控成本，减少经济损失，特制定《住院患者欠费管理办法》。

一、医疗欠费的分类

1. 突发公共事件欠费：指因突发公共事件（如集体中毒、爆炸、交通意外等重大事故）造成的欠费。

2. 医疗纠纷欠费：指病患与医院发生医疗纠纷，经医务科确认的欠费。

3. 特殊人群欠费：如“三无”人员、优抚特困人员住院治疗产生的欠费。

4. “绿色通道”欠费：指病人符合医院“绿色通道”的规定，进行救治所产生的欠费，如急诊抢救、车祸、本院职工被打住院等。

5. 其他情况欠费：指以上几类欠费原因以外，因科室在费用控制、催交等方面不及时而导致的欠费。

二、医疗欠费的管理要求

医疗欠费管理工作是一项需医院各相关部门通力配合的工作，各相关部门对医疗欠费的管理工作不得相互推诿。

三、医疗欠费管理规定

（一）突发公共事件欠费管理。

1. 对突发公共事件病人按“绿色通道”先给予救治。

2. 抢救结束后，各科室应及时将详细情况反映给医务处，科室将患者信息告知住院结算科，由住院结算科负责汇总欠费情况，上交财务处。由医务处、保卫处主动配合财务处做好欠费的结算工作。

（二）医疗纠纷欠费管理。

1. 各科室应以病患为中心，规范医疗行为，提高医疗服务质量，降低医疗费用，避免不必要的纠纷，降低医疗纠纷欠费。

2. 如发生纠纷欠费，由医务科处理后，医务处履行相应审批手续后，住院结算科将欠费转至财务处处理。

（三）“绿色通道”欠费管理。

1. 为了及时救治急诊危重病人，医院开通“绿色通道”，实施先抢救后收费等有利于病人救治的措施。符合“绿色通道”的病人凭加盖绿色通道专用章的通知单办理入院，可以免交住院押金，以利于及时治疗。由住院结算科主任负责开启绿色通道，如需在夜间开启绿色通道，则由急诊收费处开通。绿色通道在开通 24 小时之后系统自动予以关闭。

2. 急诊患者在开启绿色通道 24 小时后仍需继续开通的，如特困优抚患者、三无患者等，需要各收治科室填写一式三联的《住院病人绿色通道申请单》，报医务部、主管院长签字审批。节假日、夜间报总值班签字审批。一联科室留存，另两联分别交住院结算科、医务处。

3. 急诊绿色通道病人住院后，住院诊治科室护士长必须将患者的实际情况上报医保科；如符合医疗救助，由保卫处配合履行相应的手续，在患者出院后由医保物价科负责上报结款。

（四）其他情况的欠费管理。

1. 病人住院费用的控制由各临床科室负责。科室应由专人负责本科室的医疗欠费情况，及时查询系统中的“欠费病人管理”模块，随时掌握科室在院及出院患者的欠费情况。

2. 目前本院 HIS 系统只针对药费进行了欠费控制，没有对检查、治疗项目进行欠费控制。各科室的医生在患者欠费的情况下不得随意开具检查及治疗医嘱，如遇特殊情况，必须在欠费的情况下开具检查及治疗医嘱的，科室要及时进行催款。如催款不及时造成欠费，将由各科室自行承担。

3. 对于手术病人，手术中需要使用限价材料的，科室需在术前与患者及家属沟通，在手术前足额预交手术费用。

4. 病人入院后，病区护士每天打印住院病人费用一日清单，发给病人并签收进行告知，对已欠费病人发给催费通知单，要求病人或家属及时交费。

5. 加强环节管理，防止漏计、少计或者计费后未做的检查或治疗项目。对出院病人特别是临时出院病人应由护士核对当天的费用情况，尤其是检查费用，对住院时间比较短的手术病人，出院时加强核对手术费用。核对无欠费后，再让患者办理出院结算。

6. 大型检查、特殊治疗、贵重药品、医保外药品及诊疗项目，事先应充分告知病人和家属，签署知情同意书。

7. 实行欠费报告审批制度。如病人确有特殊原因暂时不能缴纳住院费用，由科室填写绿通申请单，科主任签字同意，需经医务处审批同意，主管院长审批同意后，交住院结算科（夜间交急诊收费处）按照金额开放绿色通道。紧急的可以口头给住院结算科主任打电话办理，绿通开通 24 小时后，系统自动关闭。次日及时补办相关手续。

8. 加强科室欠费管理，对有恶意逃费迹象的病人应多加防范，采取相应的措施并及时报保卫处。

四、医疗欠费的处理

本院每季度组织一次对医疗欠费的评析、处理。住院结算科每季度末汇总出院欠费情况，上报院领导。确定欠费科室欠款性质及责任，然后进行分类处理。

（一）急诊绿色通道患者，在住院期间未能及时交费的，需上报医院医疗保险管理处；如果出现欠费，请相关科室主管大夫书写情况说明，由科室主任、医务处主任及主管院长签字后，将情况说明交由住院结算科，产生的住院欠费将转到财务处统一处理。欠费情况确与科室无关的，在相关科室履行完审核程序后，所欠费用由医院承担。

（二）医疗纠纷欠费，由医务处的医患关系办按照医疗纠纷处理程序及相关规定处理，所欠费用由科室承担。

（三）其他特殊情况的欠费必须由相关科室出具文字说明，在相关职能部门领导及主管院长审核签字后，交到住院结算科。产生的住院欠费将转到财务处统一处理。

（四）各科室一旦产生欠费，将根据欠费的不同额度给予相应的处罚。

五、住院结算科每月末对科室住院患者欠费情况统计上报医务处、护理部、绩效管理科

六、本办法自下发之日起执行

财务报销审批制度

根据《河北省行政事业单位会计基础工作规范》的要求，为适应当今市场经济的复杂状况及医院经济形势发展的要求，推进医院经济管理工作制度化、规范化的进程，对资金的安全使用进行有效的监督和控制，特对医院财务报销审批程序作如下规定。

1. 对于各项支出，经办人必须凭有效、合法的原始凭证（收费票据、收据），填制付款通知单，经科主任、财务审核、主管院长，最后由院长审批签字后方可报销。

2. 对于各种费用性支出，需预先领用转账支票的，填制支票借取单（必须注明用途、收款单位及预计金额）。购买各种物资的凭使用科室的请购单，或经批准的采购计划单、购货合同，经科主任、主管院长，最后由院长审批签字后方可领取，业务完成后按第一条办理报销手续。

3. 对于各项物资采购本着采购人、使用人、审批人责权分离，层层把关共同监督的原则，在各项实物采购完成后，无论是否付款，均须办理验收入库或使用人签收确认手续。需办理入库手续的，由保管人、采购人、材料会计在入库单上签字确认，按第一条办理报销手续；对于采购后直接交到使用部门的，由使用人（科主任）、采购人、材料会计在直拨单上签字确认，按第一条办理报销手续。

4. 对于外来施工的维修、需要安装的大型设备购置及各项基建工程支出，凭项目预算、决算（合同）及由使用科室负责人签字确认的工程验收单，按第一条办理报销或付款手续。

5. 凡涉及进修、上学人员报销相关费用，除按第一条办理报销手续外，还需经科教科主任签字。

6. 报销职工文章费、子女托儿费、学费、月票、计划生育费，仍按原审批手续执行（文章费由科教科主任、主管科教科的副院长签字；职工子女托儿费、学费由生活科主任签字；计划生育费由计划生育主管及医保科主任签字），但须填制当事人科主任签字的付款通知单。

7. 对于各项差旅费、进修费借款、购货预付款，必须于业务完成后一个月内，按第一条办理报销手续，一个月后仍不办理报销手续的，各项借款将在借款人工资中逐月扣除，直至扣清为止。

8. 严格执行院长“一支笔”签字制度，院长因事外出委托党委书记代为审批。

9. 未尽事宜暂仍按原规定执行。

日常维修、零星工程、标识制作等财务报销规定

为提高全成本核算信息质量，加强财务管理工作，特对医院日常维修、零星工程、标识制作等财务报销流程作如下规定。

一、申请科室进行日常维修、零星工程、标识制作等业务时，需向主管该业务的科室（如：基建科、安全科、保卫科、总务科、物业办、器械科、院办、微机中心等科室）提出申请，填制医院统一印制的申请单。单项日常维修、零星工程、标识制作等支出的预计金额（预计金额为申请单项日常维修、零星工程、标识制作等支出的上限金额，未填写预计金额的以业务科室实际发生金额为准）在500元以下的，经申请科室主任、业务科室主任签字后即可执行。单项日常维修、零星工程、标识制作等支出的预计金额在500元以上（含500元）1万元以下的，经申请科室主任、业务科室主任签字后，还需报主管院长审批签字方可执行（主管院长由业务科室主任指定，没有指定的为申请科室主管院长）。单项日常维修、零星工程、标识制作等支出的预计金额在1万元以上的（含1万元），在主管院长签字后，还需由院长签字方可执行。此申请单一式四联，第一联财务报销用，第二联业务科室留存，第三联申请科室留存，第四联厂商留存。

二、业务科室在日常维修、零星工程、标识制作等业务完成时，填制医院统一印制的日常维修、零星工程、制作费验收单，由申请科室主任签字验收后，将第一联、第二联报业务科室。此验收单一式四联，第一联财务报销用，第二联业务科室留存，第三联申请科室留存，第四联厂商留存。

三、月末，业务科室根据日常维修、零星工程、制作费申请单及验收单填制日常维修、零星工程、制作费汇总月报表，后附日常维修、零星工

程、制作费申请单及验收单（需注明附件张数），并经制表人、业务科室主任、业务主管院长签字后上报财务科。此报表一式三联，第一联财务报销用，第二联由业务科室留存，第三联由厂商留存。

四、财务会计根据日常维修、零星工程、制作费汇总月报表对日常维修、零星工程、制作费申请单及验收单进行审核并签字确认后，将第二联和第三联返还业务科室及厂商。

五、财务会计根据每月业务科室上报的日常维修、零星工程、制作费汇总月报表进行财务处理，计入相应科室成本及应付各厂商债务。

六、付款时，业务科室经办人持由财务会计审核的日常维修、零星工程、制作费汇总月报表，填制付款通知单，按医院统一的财务报销审批流程审批后，到财务科报销付款。

上述规定不含新建及大型改扩建工程（同时满足下列条件为大型改扩建工程：1. 改扩建工程需支付款项占原固定资产原值 20% 以上的。2. 能有效延长固定资产使用寿命 2 年以上或能显著改善原资产现状的）。新建及大型改扩建工程由基建财务按照国家相关政策执行。

七、本规定由财务处负责解释，自发布之日起执行。

财务报销审批权限的管理规定

为了进一步提高资金的使用效益，更好地为医院医、教、研和各项工作服务，规范财务报销审批手续，坚持医院财务“统一领导、集中管理”的原则，根据《医院财务制度》《医院会计制度》《秦皇岛市第一医院关于财务报销审批程序的有关规定》，结合医院实际，制定本规定。

一、预算内审批权限

经医院预算管理委员会论证，报院长办公会、院党委会通过的年度预算项目，财务报销金额 1 万元以内，主管院长终审签批，超过 1 万元（含 1 万元）由院长终审签批。以下情况除外。

（一）人员费用报销审批。

1. 支付日常工资及各项社会保险费（养老、生育、医疗、工伤、失业、公积金）由主管院长终审签批，但遇人员新增、工资调整及缴费基数调整时，需由人力资源处、财务处、医疗保险管理处等相关处室将人员新增情况及按照国家政策规定调整工资和调整缴费基数方案报院长终审签批。

2. 奖励性绩效（包括：奖金、夜班、加班）、科技表彰奖励、医德医风先进个人奖励、先进个人及集体奖励等项目，由院长终审签批。

（二）科研、教学专项经费支出审批。

科研、教学专项经费支出由主管院长终审签批（科研专项经费是指由财政、上级部门或协助单位拨入以及医院配套的单独核算的科研经费），医院为科研项目配套资金时需院长终审签批。

（三）预算内已招标且签署经济合同的支出审批。

预算内已招标且签署经济合同的支出，不论金额大小都由主管院长终审签批。

（四）预算内的每月均需支付的常规支出的审批。

按照合同、协议约定或必须交付的公共事业经费等常规支出，包括电话费、水费、电费、燃气费、计量检测费等，由主管院长终审签批。

（五）工程、维修费用支出审批的几点说明。

根据政府采购法第五章第四十九条“采购合同履行中，采购人需追加与合同标的相同的货物、工程或服务的，在不改变合同其他条款的前提下，可以与供应商协商签订补充合同，但所有补充合同的采购金额不得超过原合同采购金额的10%”及《关于加强中央预算内投资项目概算调整管理的通知》（发改投资〔2009〕1550号）第三条“凡概算调增幅度超过原批复概算10%及以上的，国家发展改革委原则上先商请审计机关审计，审计结束再视具体情况进行概算调整”的规定，特对工程、维修费用支出审批作如下规定。

1. 工程、维修零活报审金额超过原挂账金额或原工程合同金额的5%以下的，需由相应的业务部门写出说明或签订补充合同，由主管院长签批。

2. 工程、维修零活报审金额超过原挂账金额或原工程合同金额的5～10%的，需由相应的业务部门写出说明或签订补充合同，由主管院长、院长签批。

3. 工程、维修零活报审金额超过原挂账金额或原工程合同金额的10%以上的，需根据审计部门的意见，另行招标。

（六）预算内其他项目支出的审批。

职工子女托儿费报销由生活处负责人终审签批。

根据国家相关政策对军转干部和特困职工给予减免医疗费用的，由医疗保险及新农合管理处负责人终审签批。

低保户、五保户及其他人员减免住院费用的，由住院结算科负责人终审签批。

经人民法院判决生效的医疗赔偿支出，医院代保险公司先行支付时，由医务处负责人终审签批。

公交车月票由财务主管院长终审签批。

女职工生育保险费由主管院长终审签批。

燃气初装费由主管院长终审签批。

职工发表文章版面费由主管院长终审签批。

二、预算外支出项目审批权限

纳入医院预算的项目，因归口管理处室预算编报的问题没有上报预算的，财务一律不予报销。

但因突发、不可抗力、国家政策性调整产生的以及对医院发展有重大影响的预算外支出，必须填制院长基金审批单，按预算内支出相关规定审批。

另外，本院目前尚未纳入预算的支出项目有差旅费、会议费、培训费、招待费、讲课费、劳务费（不包括含在科研专项经费内的）。上述项目支出无论金额大小均需院长终审签批。

三、经济合同的审批

经招标且单笔合同金额在 10 万元以下（含 10 万元）的经济合同由院长授权主管院长签批。

单笔金额在 10 万元以上的经济合同由院长签批。

单笔金额 30 万元以上的经济合同属于重大支出项目，执行医院三重一大审批制度（经院长办公会、院党委会集体讨论通过的会议纪要）。

涉及科研、教学专项经费收支的协议和合同由主管院长签批。

医院签署的经济合同必须注明合同有效期限。凡不注明合同有效期的，根据《中华人民共和国合同法》的规定，当次采购行为结束后合同效力即终止。

采购业务部门没有对外合同的终极签署权。医院不得以任何处室和个人名义对外签订经济合同，否则财务处拒绝付款。

上述经济行为必须在有预算的前提下进行，如无预算项目不得对外签订经济合同（院长基金除外）。

四、审批责任

（一）审批人对所审批经费使用的真实性、合法性、合规性负责，并承担相应的行政、经济、法律责任。

（二）审批人在国家和医院规定的开支标准和范围内审批，不得越级越权审批。

五、本规定从 2018 年 2 月 1 日起执行，由财务处负责解释

差旅费管理办法

第一章　总则

第一条　为加强财务管理工作，完善医院差旅费报销制度，贯彻“厉行节约，勤俭办院”的方针，根据《秦皇岛市市直机关和事业单位差旅费管理办法》（秦财行〔2007〕1008 号）、《秦皇岛市市级机关差旅费管理办法》（秦财行〔2014〕1321 号）、《关于调整市级机关差旅住宿费标准和常驻地范围等有关问题的通知》（秦财行〔2016〕59 号）、《国家外国专家局、财政部关于调整中长期出国（境）培训人员费用开支标准的通知》（外专发〔2012〕126 号）、《关于职工探亲路费的规定》（〔81〕财事字第 113 号）等文件精神，结合医院实际，对《秦皇岛市第一医院差旅费管理办法》进行重新修订。

第二条　差旅费是指工作人员临时到常驻地以外地区公务出差所发生的城市间交通费、住宿费、伙食补助费和市内交通费。

第三条　凡本院因公出差人员，执行人力资源处、党委办公室制定的《秦皇岛市第一医院关于职工请假制度的暂行规定》《中共秦皇岛市第一医院委员会关于进一步加强领导干部外出报备工作的通知》中关于职工外出请假的规定。严禁无实质内容、无明确公务目的的差旅活动，严禁以任何名义和方式变相旅游，严禁异地部门间无实质内容的学习交流和考察调研。

第二章　城市间交通费

第四条　城市间交通费是指工作人员因公到常驻地以外地区出差乘坐火车、轮船、飞机等交通工具所发生的城市间交通费用。

第五条　出差人员要按照规定等级乘坐交通工具。出差人员乘坐交通工具的等级见下表。

交通工具 级别	火车（含高铁、动车、全列软席列车）	轮船（不包括旅游船）	飞机	其他交通工具（不包括出租小汽车）
市（厅）级及相当职务人员	软席（软座、软卧），高铁／动车一等座，全列软席列车一等座	二等舱	经济舱	凭据报销
其他人员	硬席（硬座、硬卧），高铁／动车二等座，全列软席列车二等座	三等舱	经济舱	凭据报销

因故未按规定等级乘坐交通工具的，超支部分由个人自理。出差人员乘坐飞机的，需打印《航空运输电子客票行程单》，财务处将据此予以报销。

第六条　出差人员乘坐火车，从当日晚 8 时至次日晨 7 时乘车 6 小时以上的，或连续乘车超过 12 小时的，可购同席卧铺票；出差人员原则上乘坐全列席列车软座，但在当日晚 8 时至次日晨 7 时乘车 6 小时以上的，或连续乘车超过 12 小时的，经主管院长批准，可以乘坐软卧，按照软卧车票报销。

第七条　因出差发生的订（退）票手续费、交通意外保险费（限每人次一份）和乘坐飞机发生的民航机场管理建设费、燃油附加费，凭据报销。出差人员往返驻地和机场的交通费在按规定发放的市内交通费内统筹解决，不再另外报销。

第八条　到出差目的地有多种交通工具可选择时，出差人员在不影响公务、确保安全的前提下，应选乘相对经济便捷的交通工具。

第三章　住宿费

第九条　住宿费是指工作人员因公出差期间入住宾馆（包括饭店、招待所，下同）发生的房租费用。

第十条　住宿费按照分职级、分地区限额标准执行。

第十一条　出差人员应当在职务级别对应的出差目的地住宿费标准限额内，选择安全、经济、便捷的宾馆住宿。在规定标准之内出差人员可以自行选择与其级别相适应的房间类型。院级行政管理人员、正高级二级的专业技术职称人员可在规定标准内选择单人住宿，其他人员在规定标准内同性 2 人住宿，异性或单人出差时可在规定标准内选择单人住宿。

第四章 伙食补助费

第十二条 伙食补助费是指对工作人员因公出差给予的伙食补助费。

第十三条 伙食补助费按出差自然（日历）天数计算，每人每天补助 100 元。

医院工作人员到常驻地以外、本市范围内参加各种活动，当日往返不住宿的，伙食补助费按每人每天 25 元补助。

第十四条 出差人员应当自行用餐。凡接待单位统一安排用餐的，不再发放伙食补助费。

第五章 市内交通费

第十五条 市内交通费是指工作人员因公出差期间发生的市内交通费。

第十六条 市内交通费按出差自然（日历）天数计算，每人每天 80 元，按规定包干使用。

第十七条 出差人员由接待单位或其他单位提供交通工具的，不再发放交通补助费。

第六章 参加会议、培训的差旅费

第十八条 参加会议、培训的差旅费指工作人员临时（不超过半个月）到市外参加会议、培训所发生的会议费、培训费、城市间交通费、住宿费、伙食补助费和市内交通费等相关费用。

第十九条 工作人员外出参加会议、培训的，在途期间的差旅费按照上述相关规定报销。

第二十条 会议、培训期间的伙食补助费，如接待单位统一安排用餐，不再发放伙食补助费。接待单位是否统一安排用餐，应以会议通知或相关通知为准。若无相关通知或有相关通知但通知中未注明，且接待单位确未安排统一用餐的，需由经办人写出说明并经主管院长批准后，方能发放伙食补助费。

第二十一条　会议、培训期间的个人公杂费按每人每天10元定额包干。

第二十二条　会议、培训期间主办单位统一安排住宿的，不再予以报销住宿费。

第七章　进修学习的差旅费

第二十三条　进修学习的差旅费是指医院工作人员长时间（超过半个月以上）到市外进修学习所发生的进修费、城市间交通费、住宿费、伙食补助费和市内交通费等相关费用。医院工作人员到市外出差，参加会议、培训时间超过半个月的按照进修学习的差旅费规定予以报销。

第二十四条　进修学习一年的，学习期间报销两次往返换季交通费，进修学习半年的，学习期间报销一次往返换季交通费。

第二十五条　进修学习在途期间的差旅费按照上述相关规定报销。

第二十六条　进修学习期间的伙食补助费和公杂费实行定额包干，标准见下表。

进修学习培训期间	公杂费	伙食补助
半年以内	5元/人/天	20元/人/天
半年以上	5元/人/天	10元/人/天

进修学习期间的住宿费按每人每天50元标准凭据报销，超标部分由个人负担。

非由医院派遣、自主进行学历教育性质的学习、进修、培训，不执行本章规定。

第八章　中长期出国（境）培训人员费用

第二十七条　中长期出国（境）培训是指90天以上（含90天）的出

国（境）培训。中长期出国（境）培训人员费用开支项目包括：伙食费、住宿费、交通费、通信费、书籍资料费、医疗保险费和零用费等（均指国外发生的）。

第二十八条　中长期出国（境）培训人员费用开支标准分为“高级职称”人员开支标准和“普通职称”人员开支标准两类。“高级职称”指副高级以上专业技术职称、正县（处）级行政职务。“普通职称”指中级及以下专业技术职称、副县（处）级及以下行政职务。

第二十九条　医院与中长期出国（境）培训人员有协议约定的，原则上按协议约定的报销标准执行，但协议约定的报销金额不得超过第二十八条规定的中长期出国（境）培训人员费用开支标准。低于规定的中长期出国（境）培训人员费用开支标准的，执行协议约定的报销标准。

第九章　职工探亲路费

第三十条　职工探亲往返城市间交通费按照上述第 2 章的规定凭据报销。职工探亲往返途中，限于交通条件，必须中途转车并在中转地点住宿的，每中转一次，住宿费按照上述第 3 章的规定凭据报销。

第三十一条　已婚职工探望配偶或未婚职工探望父母的往返路费每年报销一次。已婚职工探望父母的往返路费每四年报销一次。已婚职工探望父母的往返交通费，在本人标准工资 30% 以内，由本人自理，超过部分由医院承担。

第三十二条　职工探亲期间的伙食费、行李物品寄存费以及趁便参观、游览等项目开支，均由职工自理，不得报销。

第十章　报销结算

第三十三条　出差人员参加会议、培训的，应提供经主管院长审批的会议通知单、发票等原始票据；医护工作人员外出进修的，应提供《秦皇岛市第一医院外出进修人员情况通报单》、发票等原始票据；职工探亲的应提供人力资源处《秦皇岛市第一医院职工请销假审批表》、发票等原始票据；中长期出国（境）培训的，应提供政府部门的相关批文或医院与本人签署的协议、合同、文字批件、发票等原始票据。

第三十四条　出差人员返回单位后应在三个月内到财务处办理报销手续。超过规定时间的，原则上不再予以报销。如有特殊情况，需写出说明并由主管院长审批后方可报销。出差人员返回单位时间以车票、机票等原始票据的返回日期为准。

第十一章　附则

第三十五条　医院工作人员到常驻地以外地区参加会议、培训，举办单位统一安排食宿的，会议、培训期间的食宿费和市内交通费由会议、举办培训单位按规定统一开支。往返会议、培训地点的差旅费按上述相关规定报销。

第三十六条　医院工作人员到常驻地以外地区公务出差、参加会议、培训、进修的，在途期间伙食补助和市内交通费按往返各1天计发，当天往返的按1天计发。

第三十七条　医院工作人员到常驻地以外地区实（见）习、工作锻炼、支援工作以及参加各种工作队的，在途期间的差旅费按照上述相关规定执行。在外地工作期间每天的伙食补助费，市外按每人每天50元、市内按每人每天25元补助，不再报销住宿费及市内交通费。援藏、援疆、援坝干部的生活待遇按照有关规定执行。

第三十八条　本办法由财务处负责解释。

专项资金使用的管理规定

为进一步加强和规范医院专项资金管理，提高专项资金使用效益，强化医院专项资金预算的严肃性，保障医院各项事业的经费投入，结合医院实际，特制定本规定。

第一条　专项资金是指医院为实现某一事业发展目标或完成特定工作任务而安排的、在一定时期内有效并具有专门用途的资金。

第二条　根据不同的资金来源，医院专项资金可分为财政专项资金和科教专项资金。

财政专项资金主要是指中央、省、市级等主管部门为支持医院建设和发展而下达的关于特定项目具有特定用途的资金。

科教专项资金主要是指医院为完成科研教学任务而取得的相关科研部门、院校、厂商等单位，用于特定项目具有特定用途的资金（包括重点学科、特色学科、实验室建设等）。

第三条　专项资金实行项目管理，专款专用。

第四条　医院对项目实行项目管理责任制。业务主管部门负责专项资金项目的实施管理，实行项目负责人责任制，项目负责人根据医院通过的项目建设总体规划和项目实施方案，具体组织项目实施。

第五条　业务主管部门每半年将该期间内立项批准后的项目清单及其相关文件资料上交至财务处。医院财务编入年度预算，作为预算执行的依据，财务处收到上级单位或协作单位拨入资金后，及时通知业务主管部门及项目负责人，并以项目为单位，单独建账核算。

第六条　项目负责单位必须严格按照批准的项目和用途使用专项资金，不得擅自改变项目和资金用途。因特殊原因确需新增、变更、撤销项目或改变资金用途的，须经分管业务、分管财务的院领导审批。

第七条　财务、监察部门要按照财务、预算管理制度、审计条例对专项资金项目的实施、付款等环节进行管理和监督。各职能部门对专项资金严格按照批复项目及预算执行，专款专用，专项管理，不得用于与项目无关的其他支出，对上级专项资金有特殊规定的按规定执行。

第八条　财务处设专人对专项资金的支出使用进行审核，报销审批流程执行《秦皇岛市第一医院财务报销审批程序的相关规定》。

第九条　财务处每半年向业务主管科室提供专项资金收、支、结余情况表，业务科室根据资金收、支、结余情况，通知项目负责人，并负责监督管理专项资金的使用。科教专项资金的项目负责人应于每半年末向业务主管科室提交项目中期报告及资金使用情况表，未按时提交的，医院有权扣除其资金的 1% ～ 5%，并在近 1 ～ 3 年内不予立项。

第十条　医院对项目实行追踪问效制度，即对专项资金的使用和管理情况进行跟踪检查，对专项资金项目目标效益进行评价，将评价结果作为确定以后年度专项和预算的重要依据。

第十一条　医院监察、审计、财务部门应充分发挥监督职能，加强对专项资金使用检查和审计。项目实施结束，审计部门对专项资金执行情况要进行审计并出具审计报告。

第十二条　对在专项申报中弄虚作假、擅自改变专项资金用途或截留、挪用、挤占专项资金的行为，医院将按有关规定核减当年或下年项目经费预算。情节严重者，将按相关法律法规追究法律责任。

第十三条　项目负责人应在规定时间内完成项目，逾期未完成的，医院有权根据国家相关文件规定，将资金收回。

对外投资项目管理规定

第一章 对外投资决策的管理

一、投资原则。

（一）必须符合国家政策，医院不得以国拨资金和科研经费等从事投资活动。

（二）严禁从事股票投资和非国有债券投资业务。

（三）医疗机构对外投资的资产，必须产权清晰，经过具有评估资质的机构评价评估，并按规定办理非经营性资产转经营性资产的报批手续。

（四）医疗机构及其所属不具备法人资质单位须严格遵守《中华人民共和国担保法》的有关规定，不得为任何单位或个人的经济活动提供担保。

（五）结合本单位实际情况，保证正常业务的开展。对投资项目必须进行可行性分析论证，领导集体决策。

（六）医疗机构的无形资产必须按照国有资产管理规定进行评估。

（七）必须经过主管部门或财政部门批准。

二、对外投资责任分工。

（一）医疗机构负责人对本单位的对外投资内部控制的建立健全和有效实施负责。

（二）医疗机构集体决策机构负责对投资决策进行讨论、审议。

（三）医疗机构对外投资集体决策报请主管部门或财政部门审批。

（四）归口管理部门提出对外投资项目的可行性报告，并对批准实施的对外投资进行跟踪管理。

（五）财务部门对医疗机构对外投资进行投资核算和效益分析。

三、对外投资审批程序。

（一）所有对外投资项目必须进行投资可行性论证分析。由财务、审计、监察、归口管理部门和有关专家对投资项目进行分析论证，必要时要由有资质的中介机构进行论证。

（二）投资可行性论证报告经由集体决策机构讨论审议决策，并按规定程序逐级上报批准后立项。

（三）决策过程应有完整的书面记录及决策人员签字。

（四）严禁个人或科室自行决定对外投资或者擅自改变集体决策机构决策意见。

（五）医疗机构以无形资产对外投资的，必须按照国家有关规定进行。

第二章　对外投资财务日常管理

一、加强对外投资会计核算管理。设置总账和明细账，及时、准确地对投资变动和收益明细核算和详细登记。

二、建立定期清查核对制度。财务部门定期或不定期的与相关管理部门和人员清点核对对外投资的相关凭证和有关权益书，进行总账和明细账核对，与被投资单位核对有关投资账目，保证对外投资的安全、完整。

三、加强投资收益的管理，对外投资获取的收益均应纳入单位收入统一管理，严禁设置账外账。

四、建立对外投资项目和人员的追踪管理制度，根据投资权益或投资额的大小，及时掌握或关注被投资单位的财务状况和经营情况。定期组织对外投资质量分析，对出现的问题和风险及时采取应对措施。发现异常情况，应及时向有关部门和领导报告。

五、加强对审批文件、投资合同或协议、投资方案书和对外投资处置决议等文件资料的管理，设置相应的记录或凭证，如实记载投资业务各环节的开展情况，明确各种文件资料的取得、归档、保管和调阅等各个环节和管理规定及相关人员的职责权限，便于监督和管理以及责任追究。

六、单位可根据需求和有关规定向被投资单位派出财务人员，对派出财务人员建立适时报告、业绩考评和轮岗制度。

七、投资管理的主管部门负责人、项目执行人、监督人或其他工作人员违反本规定、玩忽职守、滥用职权和徇私舞弊造成严重损失的，要追究相关责任人的行政及法律责任。

第三章 对外投资处置管理

一、加强对外投资处置环节的控制。明确规定投资收回、转让、核销等的决策和授权批准程序。首先由经办人员提出建议和意见，提交对外投资评估组织分析后，按程序逐级上报。

二、对外投资的收回、转让与核销，应当实行集体决策，并按照规定的审批程序履行相关审批手续。

（一）一切对外投资的收回须建立评估制度，履行评估、报批手续，经授权批准机构批准后方可办理。防范对外投资收回过程中资产的流失，保证对外投资资产的安全与完整。对应收回的对外投资资产，要及时足额收取。

（二）转让对外投资应合理确定转让价格，并报授权批准部门批准；必要时，可委托具有相应资质的专门机构进行评估。

（三）核销对外投资，应取得因被投资单位破产等原因不能收回投资的法律文书和证明文件。

三、医疗机构财务部门应当认真审核与对外投资处置有关的审批文件、会议记录和资产回收清单等相关资料，并按照规定及时进行对外投资的会计处理，确保资产处理真实合法。

接受社会捐赠资助管理办法

第一条　为规范本院接受社会捐赠资助的行为，保护捐赠资助人和医院的合法权益，进一步发挥社会捐赠资助在医院发展中的重要作用，根据《医疗卫生机构接受社会捐赠资助管理暂行办法》（卫规财发〔2007〕117号）以及《河北省卫生计生机构接受社会捐赠资助管理暂行办法实施细则》（冀卫发〔2014〕35号），结合本院实际情况，特制定本办法。

第二条　本办法所称社会捐赠资助，是指自然人、法人和其他组织（以下简称捐赠资助人）自愿无偿向医院提供资金或物资等形式的支持和帮助。

第三条　医院必须以法人名义接受社会捐赠资助，医院内各职能部门和个人一律不得接受捐赠资助。特殊情况下，捐赠资助人要求以个人名义接受捐赠资助的，应当按照规定逐级申报，最后交院长办公会议审核同意，并纳入医院财务部门统一管理。

第四条　医院接受社会捐赠资助必须遵守国家法律、法规，坚持自愿无偿的原则，符合公益目的。不得损害公共利益和公民的合法权益，严禁接受附有影响公平竞争条件的捐赠资助，严禁将接受捐赠资助与采购商品（服务）挂钩，不得以任何方式索要、摊派或者变相摊派。

第五条　医院接受社会捐赠资助，由医院监察部门会同财务、物资管理及业务部门对捐赠资助人的捐赠资助方案予以审核，根据捐赠资助项目是否属于公益非营利性质、是否涉嫌商业贿赂和不正当竞争等情况，提出是否接受捐赠意见，并报医院领导集体研究审核后及时答复并办理。

第六条　医院接受社会捐赠资助，应当与捐赠资助人签订书面协议，明确捐赠资助财物的种类、数量、质量、价值、用途以及双方的权利和义务。

第七条　捐赠资助人应当依法履行协议，按照协议将捐赠资助财物及时交付医院财务部门或物资管理部门。医院按照协议规定及时办理接受手续。

第八条　医院接受社会捐赠资助，必须向捐赠资助人出具加盖法人单位财务专用章的合法票据或证明。

第九条　医院接受境外捐赠资助，应当按照国家有关规定办理入境手续；实行许可管理的物品，由医院按照国家有关规定办理许可申领手续。医院不得接受不符合国家有关质量、环保等标准与要求的境外捐赠资助。

第十条　医院接受的社会捐赠资助财物及其增值均属于社会公共财产，任何单位和个人不得侵占、挪用或毁损。

第十一条　医院执行突发公共卫生事件处置等特殊任务期间接受社会捐赠资助的，或者接受匿名捐赠资助的，可根据情况适当简化程序或不签订捐赠资助书面协议。

第十二条　医院接受的社会捐赠资助财物，必须由医院财务部门统一管理。不得私存私放，不得在账外核算，不得设立“小金库”、逃避财务监督。

第十三条　医院财务部门根据捐赠资助财物性质分别入账核算：接受的非限定用途的捐赠资助财物，纳入单位“其他收入—捐赠资助”核算；接受的限定用途的捐赠资助财物，纳入单位“专用基金—捐赠资助基金”。捐赠资助财物要按捐赠项目分设明细核算。

第十四条　医院接受的社会捐赠资助物资、设备等实物资产，必须办理验收和入库手续，登记相关账目。领用时必须履行审批程序，并办理出库手续。达到固定资产规定标准的，要按照固定资产有关规定进行管理和核算。

第十五条　医院接受的社会捐赠资助财物，主要用于贫困患者救治、面向公众的健康教育、技术人员培训、医学交流、科学研究、医疗服务设施建设等公益非营利性活动。医院要明确捐赠资助财物使用审批程序，重大支出项目集体讨论决定。

第十六条　医院必须尊重捐赠资助人的意愿，严格按照协议约定开展公益非营利性活动。协议限定捐赠资助财务用途的，医院不得擅自改变捐赠资助财物的用途。如果确需改变用途的，需征得资助人同意。

第十七条　捐赠资助财物的使用要严格执行国家财经法律法规，遵守财经纪律和财务制度，不得擅自扩大开支范围、提高开支标准。捐赠资助资金不得用于发放职工奖金和津贴及其他个人支出，不得提取管理费。

第十八条　医院接受的社会捐赠资助财物一般不得转赠其他单位，不得随意变卖处理，对确属不易储存、运输或者超过实际需要的物资，在征得捐赠资助人同意后可以进行处置，所取得的收入仍用于原捐赠项目或者医院发展。

第十九条　捐赠项目完成后形成的资金及物资结余纳入单位经费结余及作为单位物资统一管理，用于医院发展。协议明确结余资金、物资用途的，按书面协议约定执行。

第二十条　捐赠资助项目完成后，医院应当及时主动地向捐赠资助人反馈捐赠资助财务的使用、管理情况，以及项目的实施结果。对于捐赠资助人的查询，医院应当如实答复。

第二十一条　医院要把接受捐赠资助的情况和受赠受助财产的使用、管理情况列为院务公开内容，接受职工和社会的监督。

第二十二条　医院要建立和完善接受捐赠资助项目档案制度，对接受捐赠资助项目的方案、审核、执行、完成情况进行档案管理。会计年度结束后，对本年度接受捐赠资助项目的资金、物资情况统一纳入年度财务报告予以反映。

第二十三条　违反本办法第三条、第四条规定，构成违法行为的，由有关部门依法处理。

第二十四条　本办法由秦皇岛市第一医院监察部门及财务部门负责解释。

第二十五条　本办法自发布之日起施行。

医疗收支结余制度

一、收支结余是指医院收入与支出相抵后的余额。包括：业务收支结余、财政项目补助收支结转（余）、科教项目收支结转（余）。

二、业务收支结余应于期末扣除按规定结转下年继续使用的资金后，结转至结余分配，为正数的，可以按照国家有关规定提取专用基金，转入事业基金；为负数的，应由事业基金弥补，不得进行其他分配，事业基金不足以弥补的，转入未弥补亏损。实行收入上缴的地区要根据本地实际，制定具体的业务收支结余率、次均费用等控制指标。超过规定控制指标的部分应上缴财政，由同级财政部门会同主管部门统筹专项用于卫生事业发展和绩效考核奖励。财政项目补助收支结转（余）、科教项目收支结转（余）结转下年继续使用。国家另有规定的，从其规定。

三、医院应加强结余资金的管理，按照国家规定正确计算与分配结余。医院结余资金应按规定纳入单位预算，在编制年度预算和执行中需追加预算时，按照财政部门的规定安排使用。医院动用财政项目补助收支结转（余），应严格执行财政部门有关规定和报批程序。

四、按照新《医院财务制度》和《医院会计制度》的实质和内涵，学习新制度关于加强医院收支结余管理的举措。依法组织收入，努力节约支出；加强经济活动的财务控制和监督，防范财务风险，提高医院结余管理水平。

五、加强预算约束，实行全面预算管理，医院所有收支应全部纳入预算管理，科学合理地编制预算，规范医院财务行为，促进结余管理。

六、加强医院成本核算，强化成本控制，挖掘内部结余潜力，建立定额管理制度、费用审核制度，采取有效措施纠正，限制不必要的成本费用支出差异，控制成本费用支出，提高医院结余水平。

七、清理往来款项，做到各项收支及时入账，能够正确完整地反映医院收支及结余真实情况。

八、按照财务制度的规定计算方法正确计算、提取结余，做到收支配比。按照规定的计算方法和计算内容，对全年的收支活动进行全面清查、核对、整理和结算。凡属本年的收支活动进行全面清查、核对、整理和结算；凡属本年的各项收入都要及时入账；凡属本年的各项支出，都要按规定的支出渠道列报，正确计算、如实反映医院全年收支结余情况。

严禁设置“小金库”的管理规定

《中华人民共和国会计法》释义：所谓“小金库”，是指单位将法律、行政法规和国家统一会计制度规定应当纳入统一会计核算的经济业务事项，不按照规定统一进行登记、核算，而是将私自转移的资金或者私下筹集的资金，在法定会计账簿之外另设会计账簿登记、核算或者不登记入账而私自存放的行为。这些行为是法律所禁止的。

一、凡违反国家财经法规及其他有关规定，侵占、截留国家和单位收入，未列入医疗机构财务部门账内或未纳入预算管理、私存私放的各项资金均属“小金库”。

二、各部门不得以任何理由将属于单位的各类收入采取侵占、截留等手段留在本部门内。如：

（一）各项收入。包括未经批准收取的收入、出租收入、处理报废固定资产变价收入和逾期押金收入等。

（二）各项服务和劳务收入。包括加工、维修、运输和代理业务收入、广告费收入、医疗手册及病历印刷工本费收入、病历复印费收入、技术转让费收入、技术咨询收入、技术服务收入和技术培训收入等。

（三）各项价外收入。包括投资收益、手续费、违约金、包装费、储备费和运输装卸费等。

（四）各种赞助、捐赠等收入。

（五）各种形式的回扣和佣金。

（六）各类协会、学会的会费收入等。

（七）其他应列入医疗机构财务部门账内或应交存财政专户的各项收入。

《中共中央办公厅国务院办公厅印发〈关于深入开展“小金库”治理工

作意见〉的通知》（中发办〔2009〕18 号）中，将“小金库”的主要表现形式概括为：

1. 违规收费、罚款及摊派设立“小金库”；

2. 用资产处置、出租收入设立“小金库”；

3. 以会议费、劳务费、培训费和咨询费等名义套取资金设立“小金库”；

4. 经营收入未纳入规定账簿核算设立“小金库”；

5. 虚列支出转出资金设立“小金库”；

6. 以假发票等非法票据骗取资金设立“小金库”；

7. 上下级单位之间相互转移资金设立“小金库”。

发生上述收入的一律交单位财务处列入单位收入统一管理。

三、各科室主要负责人是禁止设立“小金库”的第一责任人。若存在设立“小金库”问题的，要追究主要负责人的责任，并依据党纪政纪有关规定严肃处理。构成违法的要移交司法机关处理。

四、各科室要定期或不定期检查各项收入的收缴情况，对“小金库”进行自查，各科室负责人对自查结果负责并上报，审计监察部门和财务处要对自查、整改情况和相应的制度建设进行督查。

绩效考核奖励制度

为了加强医院的现代化管理，建设以服务和运行效率为核心的现代医院管理机制，根据本院的实际情况，以社会公益性为导向、以患者满意度为出发点，建立公平、公正、系统化、科学化的绩效评价体系，调动员工工作积极性和创造性，特制定秦皇岛市第一医院绩效考核奖励制度。

一、指导思想

以党的“十八大、十九大”精神为指导，结合国家卫计委出台的“九不准”规定，顺应医改，探索创新，破除逐利机制，建立维护公益性、调动积极性、保障可持续的运行新机制，建立符合医疗行业特点的人事薪酬制度。进一步发扬本院全体职工奋发向上、积极进取的精神，充分调动中层管理干部的主观能动性和工作热情，加强医疗质量和医疗安全管理，提升医院整体医疗水平和综合实力。

二、总则

（一）加强综合绩效考核，突出岗位数量、服务质量、职业道德，建立科学的激励约束机制，建立按岗取酬、按工作量取酬、按服务质量和工作绩效取酬的优劳优得分配机制。

（二）加强关键指标KPI、日常考核、单项奖励的管理与控制，促进医院建设与良性发展，提高医疗服务质量和技术水平；推进成本核算，倡导优质低耗，降低医疗成本，减轻病人负担，提高满意度。

（三）严禁科室承包，严禁医务人员收入分配与医疗服务收入直接挂钩。

（四）实行院科两级绩效分配体制，充分调动和发挥院科两级积极性和主动性。加强服务质量管理与控制，把医疗质量和服务满意度纳入绩效考核。最大限度地提高工作效率、工作质量、服务满意度。

（五）对全院不同类别人员进行绩效考核奖励，如医、护、技、药、行、后。

（六）鼓励科室在绩效考核基础上实行二次分配，制定临床医技科室二次分配指导意见。

（七）根据不同职务、不同职称给予不同系数的绩效奖励，充分调动中层管理干部的主观能动性和工作热情，并体现管理人员和专业技术人员的劳动价值。

三、遵循原则

（一）绩效考核导向要体现公益性。

（二）绩效薪酬结构体现公平性。

（三）绩效考核体系体现科学性。

1. 工作量核算要科学。

基于诊断相关分组（DRGs）工作量的核算。

基于标准化工作量的核算（门诊人次、住院人次、出院人次、手术台次等）。

2. 工作绩效评价方法要科学。

关键业绩指标（KPI）、平衡计分卡（BSC）。

四、绩效考核奖励办法

（一）临床科室绩效考核奖励办法。

根据医院目前发展现状，确定成本控制积分奖励和工作量奖励，分别占总奖励的不同比例。

科室绩效奖金总额 =（成本控制积分奖励 + 工作量积分奖励）× 综合质量目标考核得分率。

综合质量目标考核得分率 =（医疗组 + 护理组 + 院感组 + 科教信息医保物价组 + 安全保卫劳动纪律 + 医德医风组考核 + 临床药处组考核）÷ 标准分 ×100%。

（二）医技科室绩效考核奖励办法。

医技科室以成本控制积分作为考核指标，工作量和服务人次作为绩效考核测算指标，并结合综合质量考核指标。

科室绩效奖金总额 = 每检查人次或项次积分单值 × 本月工作量 × 成本控制率 × 综合质量目标考核得分率。

综合质量目标考核得分率 =（医疗组 + 护理组 + 院感组 + 科教信息医保物价组 + 安全保卫劳动纪律 + 医德医风组考核 + 临床药处组考核）÷ 标准分 ×100%。

（三）药师绩效考核奖励办法。

通过对药事部绩效考核管理，推动药事管理体系变革与创新，促使药师角色转型，充分发挥药师的职能，调动人员工作积极性。

1. 药学部绩效考核。

以入出库单数、处方数量作为绩效测算指标，根据实际工作的性质不同区分奖励分值。测算出不同处方的单值如：门诊、急诊、麻醉第一类精神药品处方量、住院工作量。

科室月奖金总额算 =（入出库单数 × 入出库单数单值）+（各处方量 × 各处方量单值）± 医疗质量综合考核分值。

2. 临床药学处绩效考核奖励办法。

以处方点评数量、上传审核病历数为基础作为绩效测算指标，根据实际工作的性质不同区分奖励分值。

科室月奖金总额 =（处方点评数 × 处方点评单值）+（上传审核病历数 × 上传审核病历单值）±KPI 考核奖励 ± 医疗质量综合考核分值。处方点评数量、上传审核病历数为基础，根据实际工作的性质不同区分奖励分值。

住院结算管理制度

一、住院收费管理制度

住院结算科收费员严格遵守各项财务规章制度，认真履行财务手续，做到日清日结，确保住院收入安全、及时的上交。

（一）每天入院窗口负责办理患者入院手续和住院期间的续费。收费员下班时必须将当天所收的预交金汇总，打印住院收入日报表，报表数与收款金额一致，填写银行存款进账单，做到日清日结。

（二）每天出院窗口结算员负责办理出院结算。收费结算员由入院窗口借款，办理出院退费并收取出院补交款项，下班时，进行汇总打印日报表，将余款交存银行，汇总单上必须写明所交款项的来源和金额，做到日清日结。

（三）周一至周五下午，银行有专人来住院结算科收款。住院结算科指定专人负责，将当天的住院汇总表与收费员个人的住院日报表核对、与所交的款项核对，在报表的附表上进行登记并签字；周末节假日指定日期银行来专人收款，由值班的收费员负责交款。

（四）住院结算科每天汇总全部收费员的收退款日报表，并与每个收费员的汇总日报表核对一致后，上报财务处。住院结算科每日全部款项全额上交，做到日清日结。

（五）财务处派出纳于第二天将前一天每人的住院收入日报表一式三联与每人的银行存款回单核对一致后签字，并将每个收费结算员已用过的票据存根联一并取走，由财务处做账务处理。住院结算科留存一联财务已经签收的住院收入日报表以备存查。

（六）规范预交金收据、出院结算票据的管理。所有收据从财务处统一领取、统一核销。收费员每天下班时，根据当天所用的票据填写住院收据使用情况日报表，注明已用和作废收据号的号码和张数等，连同票据存根联一并附在住院收入汇总表上，上交财务处入账存档。

（七）严格执行医院的住院费用退费管理规定，凡退费金额在50元以下的，由科主任、护士长签字；退费金额在50元以上的，由退费科室填写统一格式的退费单并由科主任、护士长签字后，再逐级审批。金额在50元以上500元以下的，经住院结算科审核，由医务处主任签字并盖医务处章；500元以上5000元以下的，经住院结算科审核、医务处主任签字并盖医务处章后，由主管院长签字批准。住院结算科严格把关，认真审核每一笔退费项目和退费的详细原因。

二、住院结算管理制度

（一）住院收入是指医疗机构在开展业务活动时，向住院患者提供医疗服务和药品所取得的收入，是医疗机构收入的主要组成部分。

（二）住院结算工作由住院结算科人员来完成，由监督部门进行监督检查。

（三）结算人员依据医院HIS结算系统中显示的出院标志为患者办理住院费用结算，涉及中途结算的，由住院病区书面通知住院结算科办理病人费用中途结算手续。

（四）办理结算时，住院患者必须出示并交回住院期间全部预交金收据，若预交金收据遗失，按相关规定办理。

（五）住院患者账目结清后，未经财务主管批准任何人不得进行账目调整。如确属正当理由申请更正的，应履行登记、审批手续，说明更正理由，经核查部门审核无误签字和医院主管领导批准认可后，由住院结算科科长批准，结算人员方可进行账目更正。

（六）每月末住院结算科要与财务处核对应收在院病人费用余额、预收医疗款，以保证账账、账实相符。

（七）住院结算岗位实行三级审核控制，即结算员、住院结算科审核人和财务处审核人三个层次。

1. 结算员负责准确收取住院押金、按时结账，并按照结算系统内显示的金额以及开具的票据存根和记账联上的金额核对一致后，打印收入日报表，填制银行进账单，及时上交。

2. 结算科审核人依据总报表与每人的收入日报表、银行进账单核对一致后，将银行进账单、出院结算票据及预交金收据的存根连同日报表一并整理完毕，由财务科出纳人员核对无误后拿走。

3. 财务处审核人负责将银行进账单与收入日报表以及出院票据和预交金收据的存根联的数据核对一致后交给收入核算会计及时入账确认收入。

4. 财务处负责每月核对住院收入月报表与当月所有日报表的收入总和是否一致。发现不一致的，需及时查明原因，予以纠正。

5. 各环节经办人及审核人均应签字确认。

（八）财务和审计监察部门应对结算人员库存现金进行不定期盘查，防止截留、挪用、侵占。

三、住院病人退费制度

对于住院病人的退费按以下办法管理。

（一）出院患者办理退费，需由各住院病区主管医生填写住院及出院退费登记表，由科主任、护士长签字，经住院结算科主任审核签字后，报医务处审核，再按审批权限报院长签批，方能冲销退费。

（二）由于计算机程序控制的原因而非人为因素，造成护理级别更改而产生的退费不作为责任人责任内登记的内容。

（三）由于医嘱的原因而导致退费，医生应当开具退费医嘱。上述原因包括医生错误开具医嘱、医生没有及时停止医嘱、由于病人或病情的原因没有能执行正常的医嘱。

（四）无论何种原因的退费，每次科室均需填写《住院病人退费登记表》，详细写明退费原因、退费金额，科室主任及护士长双签字并注明退费发生人。《住院病人退费登记表》由科室保存，每月院医疗费用管理小组将对登记表进行核查。要求各科室《住院病人退费登记表》的记载与病人的病历、微机中心提供的数据相吻合。如有不符，经调查核实确为科室隐瞒的，将按实际发生的额度扣除科室奖金。

（五）由于各种原因需要退药品的，沿用以往科室正主任签字、药学部主任签字后方可退药的制度，要求在 24 小时内完成。

（六）由于其他原因包括医疗纠纷的解决，需要在住院结算科进行退费的，科室要填写《住院病人住院结算科退费登记表》，详细写明退费原因、退费金额，科室主任及护士长双签字，并按以下规定办理。

1. 退费金额在 500 元以内的，先报住院结算科由住院结算科主任审核签字，再报医务处主任签字并加盖医务处章后方可退费。

2. 退费金额在 500 ～ 5000 元的，先报住院结算科由住院结算科主任审核签字，再报医务处由医务处主任签字并加盖医务处章后报主管院长核准签字，方可退费，主管院长不在时由医务处主任代签。

3. 退费金额超过 5000 元的，还需由院长签字后方可退费。

4. 由住院结算科取消院结算后，相关科室自行退费。住院病人退费登记表一联留存医务处备查，一联作为冲销账务的附件转交财务。

固定资产管理制度

一、《医院财务制度》规定，固定资产是指单位价值在1000元及以上（其中，专业设备单位价值在1500元及以上），使用期限在1年以上（不含1年），并在使用过程中基本保持原有物质形态的资产。单位价值虽未达到规定标准，但耐用时间在一年以上的大批同类物资，应作为固定资产管理。

医院固定资产分四类：房屋及建筑物、专业设备、一般设备、其他固定资产。

图书参照固定资产管理办法，加强实物管理，不计提折旧。

二、固定资产计提折旧。医院根据固定资产性质，在预计使用年限内，采用平均年限法计提折旧。当月增加的固定资产，当月不提折旧，从下月起计提折旧；当月减少的固定资产，当月仍计提折旧，从下月起不提折旧，已提足折旧仍继续使用的固定资产，不再计提折旧。

三、固定资产实行三级账卡制，财务处设置固定资产总账，物资供应处、医疗设备管理处、信息管理处、图书馆的财产物资会计分门别类地设置固定资产明细账，使用科室建立台账。各科室密切配合，定期或不定期清点实物，核对账目，要求账物相符，防止物资挤压、损坏、变质、被盗等情况发生，积极指导协助有关人员管好、用好固定资产。

四、各科室领用的各种固定资产，不准随意变动，如确因工作需要，各科室之间进行调配时，须经主管院长批准，到资产管理科室办理转账手续。

五、固定资产报废，需经使用科室主任提出申请，达到或超过使用年限，经工程技术人员及专家组鉴定后，报请院领导，同意后报市财政局审批，批复后做资产账目核销。

六、每年年度终了对固定资产进行清查盘点，资产管理部门与使用部门进行核对，盘点固定资产的实有数与账面结存数是否相符，固定资产的保管、使用、维修等情况是否正常等。

七、固定资产的管理和使用应纳入科室工作的重要范畴，做到合理使用、管理完善，因玩忽职守或违反规定造成财产损失者，当事人或科室必须立即写出书面报告，述明原因，根据情节按有关规定加以处理，对隐瞒不报者应严加处罚。

内部审计工作规定

为进一步加强医院内部审计工作，建立健全医院内部审计工作制度，完善医院内部监督制约机制，提高服务效率，促进医院事业健康发展，根据《中华人民共和国审计法》《审计署关于内部审计工作的规定》《卫生计生系统内部审计工作规定》及有关法律法规，结合实际，制定本规定。

一、审计处主要职责

制定工作办法和流程；编制年度工作计划；重大政策执行、事业发展目标完成情况审计；预算执行和财务收支、工程建设、采购、国有资产管理及其他所有经济活动事项审计；重要岗位中层干部离任审计；内部控制评价及风险管理审计；其他审计。

二、审计处主要权限

查阅经济活动相关资料及电子数据；参加或者列席与重要经济活动有关的会议；对有关业务活动进行现场观察、调查和记录；向有关单位和个人开展调查和询问；对可能转移、隐匿、篡改、毁弃的货币资金、会计凭证、会计账簿、财务会计报告及与经济活动有关的资料，经本单位主要负责人批准，予以暂时封存；对违法违规的行为及时予以揭示；提出问题整改要求和管理改进建议。

三、审计实施

审计处按照医院领导办公会或者党组（党委）会审批后的年度审计工作计划实施，临时增加的专项审计工作按照规定程序审批后实施。

审计处实施审计应当遵循内部审计准则及相关规定明确的程序，主要包括：制订工作方案、组建审计项目工作组、下达审计通知书、组织现场审计、制作工作底稿、沟通审计结果、出具审计报告、督促问题整改等。

审计处根据审计业务的需要，除涉密项目外，可以向社会购买审计服务。应当按照法律法规履行程序，委托具有相应资质的社会中介机构开展内部审计工作，并监督检查审计业务质量。审计处应当采取督导检查、分级复核、质量评估等方式强化审计工作质量控制。审计处应当建立健全审计档案管理制度，并按照有关规定保管档案资料。审计处人员与被审计处室主要负责人或者审计事项存在利害关系的，应当回避。

四、审计整改

被审计处室是审计整改的主体。处室主要负责人作为第一责任人，应当组织处室人员研究部署审计整改工作，建立职责明确、分工合作的审计整改工作机制，明确整改任务与职责。对审计处提出的问题和建议，被审计处室应当立行立改、全面整改，落实自查自纠，完善内部管理。被审计处室应当在规定时间内逐项完成审计报告反映问题的整改落实，并按时报送审计整改报告。审计处应当对审计整改工作进展、长效机制建设等情况实施指导监督和跟踪检查。

五、审计结果运用

审计结果及其整改落实情况作为开展以下工作的重要参考依据：党风廉政建设；干部年度考核；处室负责人的考核、任免、奖惩；审计事项相关责任人的个人年度考核；有关政策规章和制度机制的完善。

六、责任追究

被审计处室有下列情形之一的，责令改正，并对直接负责的主管人员和其他直接责任人员根据国家、行业及部门规定予以处理。

拒绝接受或者不配合内部审计工作的；拒绝、拖延提供与内部审计事项有关的资料，或者提供资料不真实、不完整的；拒不纠正审计发现问题的；整改不力、屡审屡犯的；违反国家规定或者医院内部规定的其他情形。

信息安全管理制度

一、信息安全管理包括：数据库安全管理、网络设备设施安全管理和计算机及其相关的设备、网络进行采集、加工存储、传输和检测等处理得到信息的管理。

二、信息管理处负责人及信息管理处工程技术人员必须采取有效的方法和技术，防止网络系统数据或信息的丢失、破坏或失密。

三、利用用户名对其他用户进行使用模块的访问控制，以加强用户访问网上资源权限的管理和维护。

四、计算机系统管理员应熟悉并严格监督数据库使用权限、用户密码使用情况，定期更换用户口令密码。

五、信息管理处工程技术人员要主动对网络系统实行查询、监控，及时对故障进行有效的隔离、排除和恢复工作。

六、信息系统所有设备的配置、安装、调试必须由信息管理处工程技术人员负责，其他人员不得随意拆卸和移动。

七、所有上网操作人员必须严格遵守计算机以及其他相关设备的操作规程，禁止其他人员在工作时间进行与系统操作无关的工作。

八、计算机数据涉密信息应严格保密，具备较高安全等级的操作密码，任何人不准泄露操作密码。操作密码必须定期更改。如果发现失密、泄密现象应及时向有关部门报告。

九、各科室对网络数据有提取、加工的需求时，涉及本科室内部数据的由科室领导提出申请，报信息管理处批准后进行；涉及本科室外其他科室的应由主管部门的院领导批准；涉密等敏感信息的提取加工，必须由负责全面工作的院领导批准。

十、信息管理处数据维护人员负责网络系统数据的维护、整理、加工工作。

十一、在数据采集、传递、加工和发布中违反保密规定，给国家和社会造成危害的，对直接责任人要给予行政处分，情节严重的，要追究刑事责任。

十二、保持机房的清洁卫生，并做好防尘、防火、防水、防静电、防高压磁场、防低磁辐射等安全工作。

十三、信息管理处工程技术人员有权监督和制止一切违反安全管理的行为。

网络管理制度

一、为了保护秦皇岛市第一医院网络系统（以下简称网络系统）的安全，促进计算机网络的应用和发展，保证网络的正常运行和网络用户的使用权益，制定本管理制度。

二、本管理制度所称的网络系统，是指由医院 HIS、办公自动化系统、网站及其他应用系统以及网络主节点设备，配套的网络线缆设施，所有的软、硬件组成的集成系统。

三、网络系统的安全运行和系统设备管理维护工作由信息管理处负责，任何单位和个人，未经信息管理处同意，不得擅自安装、拆卸或改变网络设备。

四、任何单位和个人，不得利用联网计算机从事危害局域网服务器、工作站的活动，不得危害或侵入未授权的服务器（包括其他互联网）、工作站。

五、除信息管理处，其他单位或个人不得以任何方式试图登录 HIS 网络的主、辅节点及对服务器等设备进行修改、设置、删除等操作。任何单位和个人不得以任何借口盗窃、破坏网络设施，这些行为被视为对网络安全运行的破坏行为。

六、网络公布的信息必须符合国家相关的法律、法规，并须经相关领导审核，由主管院领导签署意见、党办审核后，由信息管理处发布。

七、网络及各类服务器开设的账户和口令为个人用户所拥有，信息管理处对用户口令保密，不得向任何单位和个人提供这些信息。

八、严禁在局域网上使用来历不明、可能引发病毒传染的软件，对这些软件使用之前，应使用相应的杀毒软件进行检查和杀毒。

九、任何科室和个人不得在网络系统及其联网计算机上传送危害国家安全的信息（包括多媒体信息），传送淫秽、色情资料。

十、不得制造或故意传播计算机病毒，不得扫描端口，不得发送邮件炸弹，导致网络系统或联网计算机系统发生诸如阻塞、溢出、处理机忙、资源异常消耗、死锁、瘫痪等运行异常。未经有关管理人员批准，不得切断他人的网络连接。

十一、信息管理处必须落实各项管理制度和技术规范，监控、封堵、清除网上有害信息。为了有效地防范网上非法活动，网络系统要统一出口管理，统一用户管理。

十二、服务器、客户端机器应及时下载相应病毒升级包和系统补丁文件。

十三、个人用计算机严禁下载与工作无关的软件，出现问题应及时向信息管理处报告。

安全生产管理责任制度

一、医院实行安全生产逐级负责制。按照“纵到底，横到边”属地管理、人人有责、失职追责的原则，医院担负全院整体场所（包括临床教学区、社区服务、体检中心、培训基地、外包单位等）安全生产主体责任，医院每两年与各科室签订安全生产责任书，各科室与所属各班组及个人（包括职工、合同工）签订安全生产责任书，每年年底进行责任制考核兑现。对外包单位进行管辖的处室应与所管辖外包单位签订安全生产协议书。

二、医院安全生产委员会是本单位安全生产管理的决策机构，负责研究、协调、解决安全生产的重大问题。医院安全消防处每月、每季度、每年度对科室安全生产目标责任落实进行考核。

三、根据“党政同责”“一岗双责制”，医院院长及党委书记是安全生产第一责任人，对本单位的安全生产工作和安全生产目标负全面责任，各党支部书记及科室主任为科室安全生产第一责任人，对本科室的安全生产工作和安全生产目标负全面责任。

四、按照“管行业必须管安全、管业务必须管安全、管生产经营单位必须管安全”的原则，各院级党委、行政副职为分管工作范围内的安全管理责任人，对分管工作范围内的安全生产工作负直接领导责任。

五、分管安全工作领导是医院的安全管理责任人，对医院的安全技术管理工作负领导责任。

六、所有岗位都要实行安全生产“党政同责”“一岗双责制”，即院长因事不在岗时，其安全生产工作由党委书记代行其责，前两职不在岗时，由主管安全生产副院长代行其职；科室主任不在岗时，由副主任代行其责，班组长、护士长或具体岗位从业人员不在岗时，由科室主任指定专人代行其责。

安全生产风险评估、隐患排查管控、排查、上报、整改治理制度

一、风险评估与管控管理制度

（一）科室应履行风险管控职责。

1. 已建立的包括辨识部位、存在风险、风险分级、事故类型、主要管控措施、责任部门和责任人等内容的风险管控信息台账（清单）；

2. 根据生产组织、工艺等行业特点，逐级编制并发布风险分布图；

3. 根据生产工艺、设备、设计等环节变化情况，及时修改完善相应的安全操作规程；

4. 建立危险作业、动能隔离上锁挂牌、风险岗位应急处置等管理制度；

5. 在安全生产教育培训中安排专门课时对风险辨识方法和风险管控措施进行培训；

6. 定期评估分析和改进有关管理制度，并告知从业人员；

7. 其他风险管控职责。

（二）安全消防处履行风险管控职责。

1. 负责每三年组织开展一次全面风险辨识；

2. 负责安全生产风险分级管控体系建设工作，并对体系建设情况进行全程监督管理；

3. 负责组织安全基础管理、特种设备、放射设备、危险化学品管理方面风险点的排查、风险点统计、确定风险等级、明确管控措施和管控手册的编制；

4. 分析存在的问题，监督治理方案以及相应的实施工作；

5. 监督隐患的整改、防范措施，资金、期限的落实和组织应急预案的制订；负责职业危害的防控和风险公告警示工作；

6. 负责“两个体系建设”管控手册的审核和上报；负责“两个体系建设”的组织、开展、协调、监督、考核、总结；

7. 工作根据生产工艺、设备、设计等环节变化情况，及时修改完善相应的安全操作规程；

8. 对风险辨识方法和风险管控措施进行培训。

（三）各重点科室：总务处及下属重点班组、设备管理处、基建处、信息管理处、生活处及其下属重点班组、保卫处、放射线设备使用科室、检验一科、检验二科（输血科）、消毒供应室、皮肤科门诊、药学部、内科ICU、外科ICU、胃镜室、呼吸实验室、耳鼻喉科病区、儿科二病区、产科、急诊手术室、骨科四病区、血液透析室、手术部、消化内科二病区、消化内科一病区、临床药学室、病理科、中心实验室、药检室、中心实验室履行风险管控职责。

1. 每次新建、维修；设备的维修保养；设备安装之前须进行风险评估并在醒目位置分别设置安全风险公告栏，制作岗位安全风险告知卡，标明主要的安全风险，可能引发的事故隐患类别、事故后果、管控措施、应急措施。确保管理层和每名员工都掌握安全风险的基本情况及防范应急措施；

2. 操作特种设备、放射辐射仪器的相关从业人员，应熟知岗位风险及可能发生的风险，掌握发生危险后的应急措施及扑灭初期火灾的能力；

3. 处（科）室下属存在外包的单位，应贯彻落实医院下发的《外包单位安全管理规定》，按照“谁主管、谁负责”“管行业必须管安全”“管业务必须管安全”“管生产经营必须管安全”和“分级负责，属地为主”的原则，外包单位或个人的安全生产管理、风险评估由联系及管理处（科）室负责；

4. 存放危险化学品的相关科室，应严格执行医院实行的《危险化学品安全管理制度》，落实科室主体责任，贯彻“谁使用，谁管理”“谁主管，谁负责”“管行业必须管安全”“管业务必须管安全”“管生产经营必须管安全”的安全工作责任制。

（四）临床及后勤行政科室对排查出的风险点处置。

对排查出的风险点必须严密监控，确定风险等级，明确管控措施，编制管控手册，并上报相关责任领导。相关负责人确保每名员工都掌握风险点的基本情况及防范应急措施。

二、隐患排查与治理管理制度

（一）对单位和个人通过各种途径上报的事故隐患，应及时按规定进行查实，并认真协调、督促相关科室进行彻底整改。

（二）科室要在各自职责范围内，每周组织一次安全生产情况的监督检查，及时发现和消除各类事故隐患，尤其要加强对重大事故隐患排查监管。

（三）各科室对重大隐患或一时难以解决的隐患，要及时采取必要的临时安全措施，并立即上报主管领导，由主管领导负责协调解决；主管领导不能解决的重大事故隐患，应随时上报院长，召开安委会研究解决措施。

（四）各科室要建立健全事故隐患，将群众举报、检查发现、上报等各类事故隐患的发现、隐患具体情况、采取的措施、监管责任人、整改结果、复查时间等一一进行详细记录；建立健全重大危险源档案，将分管领域危险源数量、类型、所在科室、具体位置和部位、危险程度、可能发生的事故类型、监控措施、管理责任人、监控责任人、检查时间、检查情况等详细登记造册。

（五）安全消防处每月进行一次安全生产检查，在检查过程中发现隐患的，向科室下达隐患整改通知书，一式四份需由主管安全的院领导、隐患整改科室的主管院领导、安全消防处主任、隐患科室主任签字，并在整改完成后通知安全消防处进行复查。

（六）安全消防处每季度在主管院领导的带领下进行一次对事故隐患的排查，提出整改意见，并将结果汇总向安委会及卫生局汇报，并对事故隐患整改情况进行督查。

（七）加强应急管理。各科室在隐患排查的基础上，编制本科室应急预案，每月组织 1 次应急演练，经常性开展从业人员岗位应急知识教育和自救互救、避险逃生技能培训，并定期组织考核。

（八）防控职业危害。企业要依法为从业人员配备符合国家或行业标准的劳动防护用品用具，并监督从业人员正确佩戴和使用，切实保障职工安全健康权益。

（九）落实监管责任。

1. 安全消防处负责安全生产隐患排查管控体系建设工作，并对体系建设情况进行全程监督管理。

（1）负责组织安全基础管理、特种设备、放射设备、危险化学品管理方面隐患点的排查、隐患点统计、确定隐患等级、明确管控措施和管控手册的编制；

（2）分析存在的问题，监督治理方案以及相应的实施工作；监督隐患的整改、防范措施，资金、期限的落实和组织应急预案的制订；负责职业危害的防控和风险公告警示工作；

（3）负责“两个体系建设”管控手册的审核和上报；负责“两个体系建设”的组织、开展、协调、监督、考核、总结工作。

2. 确定重点责任科室（如总务处及下属科室、基建处、设备管理处、生活处、保卫处、信息管理处等）。

（1）每次新建、维修；设备的维修保养；设备安装之前须进行风险评估并在醒目位置分别设置安全风险公告栏，制作岗位安全风险告知卡，标明主要的安全风险、可能引发事故隐患类别、事故后果、管控措施、应急措施。确保管理层和每名员工都掌握安全风险的基本情况及防范应急措施。

（2）开展隐患排查，及时发现并消除事故隐患，如实记录事故隐患治理情况；分析存在的隐患，负责隐患治理方案的实施工作并上报安全处。

（3）各临床、医技、门诊以及行政职能科室负责隐患的排查、登记、报告，实施整改，并根据职责分工，按要求向安全消防处报送“两个体系建设”工作信息。

（4）强化督导检查。小组成员要开展不定期检查，按照“全覆盖、零容忍、严执法、重实效”的原则严格实施，认真做好隐患检查和督促整改。活动过程中，真实、及时地填写相关表格，做到检查留痕留印。对检查中发现的问题，严格落实各项要求，对重大安全隐患问题，要严格执行督办制度。对整改不力、拒不整改的要采取强制措施。

（十）有下列情形之一的，必须开展专项排查。

1. 与医院安全生产相关的法律、法规、规章、标准以及规程制定、修改或者废止的；

2. 设备设施、工艺、技术、生产经营条件、周边环境发生重大变化的；

3. 停工停产后需要复工复产的；

4. 发生生产安全事故或者险情的；

5. 县级以上人民政府负有安全生产监督管理职责的部门组织开展安全生产专项整治活动的；

6. 气候条件发生重大变化或者预报可能发生重大自然灾害，对安全生产构成威胁的。

（十一）形式及内容。

1. 形式。

（1）日常检查由岗位职工、兼职安全员、科室负责人执行，职工上岗前必须认真履行岗位安全责任制，进行交接班检查和班中巡回检查，科室负责人应在分管范围内进行检查。

（2）专业性检查分别由各部门主管院长带领科室主任进行，每季度至少1次，内容主要是对重要部位、设备、设施、消防器材的完好性进行检查。

（3）季节性检查：根据季节不同，分别进行防冻、防火、防雷、防暑降温、防爆等重点检查。

（4）综合性检查分为院、科、班组三级，主要以查思想、查纪律、查制度、查隐患为中心内容，院级（包括节假日）每年不得少于4次，科室每月不得少于4次，班组每周1次。

2. 内容。

（1）安全生产三项制度落实执行情况、安全生产规章制度是否健全、完善。

（2）设备、设施特别是安全设施、消防设施、特种设备是否处于正常的安全运行状态。

（3）有毒、有害、有放射性等危险作业场所安全生产状况。

（4）从业人员是否具备相应的安全知识和操作技能，特种作业人员是否持证上岗。

（5）从业人员在工作中是否严格遵守安全生产规章制度和操作规程。

（6）发放配备的劳动防护用品是否符合国家标准或者行业标准，从业人员是否正确佩戴。

（7）安全生产管理、指挥人员有无违章指挥、强令从业人员冒险作业行为。

（8）安全生产管理、指挥人员对从业人员的违章违纪行为是否及时发现和制止。

（9）危险源的检测情况。

（10）各类事故隐患。

（11）其他应当检查的安全生产事项。

3. 整改。

（1）安全消防处根据相关标准需将隐患等级确定为一般隐患和重大隐患。

（2）对安全生产检查发现的事故隐患，应当制订隐患整改方案并组织实施，消除隐患。整改方案应当包括以下内容：

A. 治理的隐患清单；

B. 治理的标准要求；

C. 治理的方法和措施；

D. 经费和物资的落实；

E 负责治理的机构、人员和工时安排；

F. 治理的时限要求；

G. 安全措施和应急预案；

H. 复查工作要求和安排；

I. 其他需要明确的事项。

（3）重大隐患整改方案实施前应当由安全生产领导小组组织相关负责人、管理人员、技术人员和具体负责整改人员进行论证，必要时可以聘请专家参加。

外包单位安全生产管理制度

一、按照“谁主管、谁负责”“管行业必须管安全”“管业务必须管安全”“管生产经营必须管安全”和“分级负责，属地为主”的原则，外包单位或个人的安全生产管理由联系及管理科室负责，并认真做好外来人员的思想政治、法律法规、安全生产的教育，及时处理有关事务。保卫部门协助公安机关具体实施对外来人员的治安管理。

二、依据《中华人民共和国安全生产法》第二章第四十六条规定，医院安全消防处负责对全院外包单位或个人进行监督管理，按照《中华人民共和国安全生产法》《河北省安全生产条例》等安全生产的法律法规对安全生产管理不善、存在安全隐患整改不及时、发生安全事故等现象对外包单位或个人以及联系管理科室进行相应处罚。

三、医院所有科室对所有外用工科室所招施工单位的资质等级证照、施工单位法人资格证书、安全生产许可证书、特种作业人员操作证等进行初次审查，并协助安全消防处进行再次审查。在外包单位手续齐全且经消防安全处同意后，方可招用。

四、每项施工作业前外包单位及人员必须到安全消防处办理相关手续，并确保作业人员接受安全消防处安全培训，按照“谁主管，谁负责”的原则，主管部门必须确定专人负责对外来人员的教育及管理，并签订《外来施工、安装、承包等单位安全协议书》，了解医院有关外来施工单位的安全施工、安装要求、制度。

五、医院用工科室负责人必须同外来施工单位到医院安全消防处进行备案，并办理相关登记手续。长期（一年以上）外包单位每年必须到安全消防处进行备案，以便医院将外来施工单位纳入医院正常安全管理体系。

六、外包单位人员在进入医院后，必须遵守本规定和医院其他安全管理制度，如安全作业、消防安全、清洁文明、治安管理、外来车辆管理等制度和规定，确保生命安全、环境卫生和生产秩序稳定。

七、外包单位必须按规定建立安全生产管理机构，设立安全员，建立健全安全生产责任制度、安全生产管理制度、安全生产操作规程；建立安全生产台账，做好员工安全生产培训，每月必须召开一次安全生产会议并留存会议记录，部署安全生产工作，认真做好安全生产风险管控及隐患排查、整改工作，制订切合本项目实际的相关安全生产应急预案并定期组织员工进行演练，相关制度内容要上墙。

八、外包单位涉及登高、临时用电、动火、受限空间作业时，必须严格按照医院相关规定办理各种安全票证如临时用电接线证（到总务科办理）、动火许可证（安全消防处办理）等，自带符合规范的灭火器材，人员要佩戴好相应的安全防护用品（如安全带、安全帽、绝缘鞋、防护口罩等），并派专人进行作业监护。

九、涉及特种作业的外来人员必须持有效的特殊工种作业资格证，方可进行作业。

十、外包单位在医院各个区域进行作业时，施行属地管理，必须服从所辖科室管理人员、该区域员工和医院安全管理人员的监督和管控，相应外包单位管理科室必须指定专人对作业现场进行安全管理。

十一、在项目作业过程中，外包单位应尽量确保施工场地周边环境的清洁卫生和安全，必要时进行围栏、降尘、隔音、警示、监护、消防等措施。

十二、外包单位在作业过程中如果需要运输、使用、储存危险化学品（易燃易爆品、有毒品、腐蚀品、放射物等）和危险设备的，必须提前告知医院安全消防处和科室安全管理人员，进行备案，以便接受检查和监督。

十三、每日项目完毕后，外包必须清理作业现场，做到“工完、料净、场地清”，施工垃圾和包装材料必须及时自行清理、收集并运输出院区，严禁将施工垃圾随意堆放、抛洒、倾倒、填埋在医院院区内。

十四、外包单位和人员必须爱护医院财物及各种基础设施，不得擅自破拆、损坏；如有擅自破拆、损毁，医院安全消防处有权对其按有关规定进行处罚，并要求其按价赔偿。

十五、严禁擅自动用我医院的设备设施，如果需要用电、用水等时，必须联系区域安全或者设备管理科室进行申请，经同意后方可使用，严禁私搭乱接。

十六、医院安全消防处定期在医院 OA 网站公布已经备案的外来施工单位名单，各科室安全管理人员必须根据医院安全消防处公示名单对外包单位进行现场日常安全检查。

十七、在外包单位作业期间，如果与医院日常工作产生交叉作业情况，外来施工单位应做好监护，并与被施工单位做好交接，指定专职安管人员进行现场统一协调、管理。

十八、外包单位作业期间，医院检查出安全隐患，外包单位应当立即整改，不能及时整改者，停止施工作业，直至整改完毕并验收合格后方可继续施工（由此引起的工期延误，后果由外来施工单位自行承担）。

十九、外包单位的项目结款单必须有安全消防处负责人签字，方能结款。

二十、考核与处罚制度。

（一）提供虚假证件、材料，5000 元 / 件。

（二）无安全生产责任制度、管理制度，500 元 / 项。

（三）无安全操作规程，500 元。

（四）无应急预案，500 元。

（五）未在施工现场张贴安全风险标识，100 元 / 件。

（六）无培训记录，100 元 / 人。

（七）工作人员不知道现场安全要求，100 元 / 人。

（八）无证人员进行需证岗位操作，300 元 / 人。

（九）违章作业（未发生事故），500 元 / 次。

（十）违章作业（发生事故），50000 元 / 次。

（十一）带进施工安装现场的设备器材不符合安全要求，300 元 / 件。

（十二）临时线路铺设不符合要求，超负荷用电，5000 元 / 次。

（十三）现场未放置灭火器材，灭火器材失效，带进场内的危爆物品未设警示标识，500 元 / 项。

（十四）物品、垃圾乱堆乱放违反文明施工要求，1000 元 / 项。

（十五）未经甲方同意私自拆除安全设施、标识，现场无安全围挡，5000 元 / 项。

（十六）工作人员不穿防护服、不戴安全帽、不系安全带等违规现象，50 元 / 人。

（十七）工作人员在现场吸烟，现场有烟头，500 元 / 支。

（十八）未按甲方要求对隐患进行整改，500 元 / 次。

（十九）未经同意，擅自遮挡、圈占、破拆、挪用、损害消防器材设备，2000 元 / 项。

（二十）根据《河北省安全生产条例》第五十二条规定，对发生安全生产事故构成犯罪的，依法追究刑事责任；尚不构成犯罪的，对生产经营单位的主要负责人给予撤职处分，并可对其所在生产经营单位进行罚款。所罚款项在施工款中扣除。

对违反相关规定且屡教不改者，取消招标资格。

安全生产奖励和责任追究制度

一、奖励

（一）对符合下列条件之一的单位或个人，根据其成绩或贡献大小，授予荣誉奖，并给予物质奖励：（1）坚持原则，敢于同违章指挥、违章作业、违反劳动纪律等不良现象作斗争，成绩显著的；（2）发现重大隐患立即报告领导，并及时采取有效措施，避免重大事故或减轻事故程度的；（3）在发生人身伤害、生产、设备、交通、火灾、爆炸等事故时，积极抢救，减轻损失，成绩突出的；（4）热心安全工作，关心安全生产，在安全管理上积极推广先进的安全管理技术，改善劳动条件，认真整改事故隐患，取得显著成绩的。

（二）医院根据有关文件精神，对长期保持安全生产无事故的单位给予安全奖励。奖励费用列入生产成本。

二、处罚

（一）发生以下事故，对事故科室进行一次性处罚。

1. 发生重大伤亡事故（一次死亡 3 人及 3 人以上），罚款 3 万至 5 万元；

2. 发生死亡事故（一次死亡 1 至 2 人），罚款 2 万至 3 万元；

3. 发生重伤事故或中毒事故（1 人 / 次），罚款 5000 元；

4. 道路交通造成的伤亡事故，负主要责任的按上述罚款标准处理，负对等责任的按上述标准减半处理；

5. 发生无人员伤亡的火灾、爆炸、设备、操作等事故，根据事故性质，对造成直接经济损失 1000 元以下的，按损失资金的 50% 罚款；1000 元至 1

万元的，按损失资金的 40% 罚款；超过 1 万元以上的，按损失资金的 30% 罚款；

6. 三年内发生重复事故的，按上述标准 2 倍罚款。

（二）有下列情况之一，根据情节轻重对肇事者及有关人员给予通报批评、严重警告、记过、记大过、降级、撤职、留院察看的处分并罚款 300 至 500 元。

1. 违反《医院安全生产管理制度》，违章指挥、违章作业、违反劳动纪律造成事故的；

2. 进行施工、维修、检修时，没有安全措施或安全措施不力造成事故的；

3. 擅自拆除或破坏消防设施、安全防护装置及安全标志的；

4. 发现有发生危险事故的紧急情况，不报告、不积极采取措施，因而未能避免事故或减轻伤亡的；

5. 发生事故隐瞒不报、虚报，或隐瞒事故真相，弄虚作假，以各种借口干扰事故正常调查，干扰现场安全教育，甚至嫁祸于人或有意破坏现场的；

6. 违反劳动保护用品发放标准，或以货币及其他物品发放的；

7. 由于劳动保护用品不合格，使职工受到伤害的。

（三）因下列情况之一而造成事故的或三次接到限期整改通知无动于衷的，根据情节轻重，对相关科室、班组负责人及职工给予警告、严重警告、记过、记大过、降级、撤职的行政处分并扣除个人当月奖金的 20% ～ 50%，扣除科室当月奖金总额的 20% ～ 50%，并责令限期整改。

1. 由于不贯彻执行医院安全生产“三项制度”，科室安全规章制度不健全，职工无章可循，或因管理不善，造成习惯性违章得不到纠正的；

2. 不按规定对职工按医院指定安全培训内容及要求进行安全教育，新职工未经培训考核而分配上岗独立操作的；

3. 不按医院有关要求进行安全生产检查或检查敷衍了事未及时发现隐患的；

4. 安全管理不善，事故隐患严重，或有意违反国家有关安全法规，擅自行事的；

5. 发生事故不按“四不放过”原则及时组织调查处理或对事故不按规定逐级上报的；

6. 未按有关法律法规规定对患者及放射诊疗工作人员进行放射安全防护的；

7. 违反《特种设备安全监察条例》和《压力容器安全监察规程》等规定，未经批准擅自使用压力容器的。

（四）对科室、班组和个人的处罚，由医院安全消防处按制度规定签发“处罚通知单”，上报安全生产委员会审批，主管院长批准后，行政处罚由医院办公室红头文件下发各科室公示，经济处罚通知医院财务部门在科室当月奖金中扣除。

（五）对在各类重大事故中构成刑事责任的，不属于本制度范围。

消防安全管理制度

一、实行逐级防火责任制，做到层层有专人负责。

二、实行各科室（部门）岗位防火责任制，做到所有科室（部门）的消防工作，明确有人负责管理，各科室（部门）均要签订《防火责任书》。

三、安全消防处设立防火档案、紧急灭火计划、消防培训、消防演习报告、各种消防宣传教育的资料备案，全面负责医院的消防管理、培训工作。各科室（部门）则须积极配合安全消防处工作。

四、医院内要张贴各种消防标志，组建义务消防队，配备完备的消防器材与设施，做到有能力迅速扑灭初起火灾和有效地进行人员财产的疏散转移。

五、设立和健全各项消防安全制度，包括巡逻、逐级防火检查，用火、用电安全管理，消防器材维护保养，以及火灾事故报告、调查、处理等制度。

六、进行消防知识的普及，进行专门的消防训练和考核，做到经常化、制度化。所有员工要做到“三会”：会使用灭火器材灭火；会电话报火警；会组织人员疏散。

七、医院内所有区域全部禁止吸烟、动用明火，消防安全重点部位须设置明显的禁止烟火标志。

八、医院内消防器材、消防栓必须按消防管理部门指定的明显位置放置。

九、禁止私接电源插座、乱拉临时电线、私自拆修开关和更换灯管、灯泡、保险丝等。如需要，必须由电工班组人员进行操作，所有临时电线都必须在现场有明确记录，并在限期内改装。

十、对于非 24 小时值守的部门和房间，要进行电源关闭检查，保证各种电器不带电过夜，各种该关闭的开关处于关闭状态。

十一、各种电器设备、专用设备的运行和操作，必须按规定进行操作，实行上岗证作业。

十二、库房内货架物品存放要与照明灯、整流器、射灯、装饰灯、火警报警器、消防喷淋头、监视头保持一定间隔（消防规定垂直距离不少于50cm）。

十三、使用易燃易爆物品、药品时，只能适量存放，便于通风，发现泄漏、挥发或溢出的现象要立即采取措施。

十四、医院内所有仓库的消防必须符合要求，包括照明、喷淋系统、消防器材设施、通风、通道等设置。

职业健康管理制度

一、建立、健全职业卫生管理制度、操作规程，制订职业病危害事故应急救援预案。

二、各相关科室安全员兼职职业卫生管理人员，负责本科室的职业病防护工作。

三、落实工作场所后，由相关科室提出配备防护设备计划，交安全消防处，由安全消防处负责协调基本建设处、总务处、医疗设备管理处配备有关职业病防护设备、应急救援设施和个人使用的职业病防护用品，并保证其正常使用、维护。

四、对有职业性危害的科室病理科、检验科、放射诊疗科室实行环境监测，每年一次，记录备案。监测合格方可使用，由安全消防处具体负责。

五、定期对有职业性危害的工作人员实行健康体检。如经复检仍不合格者，应暂时脱离原工作岗位，待体检合格后方可上岗。由安全消防处具体负责，各科室职业卫生管理员协助管理。体检报告由安全消防处审查留档。

六、职业放射辐射危害。

（一）如遇职业放射辐射危害突发事件，由该科主任或护士长立即报告安全消防处（电话 8119）和保卫处，应在 7 分钟内派人到现场调查处理（遇节、假日及夜间报院总值班，电话 8110），保卫处协助指挥有关人员撤离，并立即报环境保护行政主管部门。具体处理按上级要求解决。事故处理后要有书面报告呈院级主管领导。

（二）如遇职业性危害突发事件，由该科主任或护士长立即报告预防保健科（电话 8340），应在 7 分钟内派人到现场调查处理（遇节、假日及夜间报院总值班，电话 8110）。事故处理后填写《职业暴露登记表》，经科主任或护士长签字后报预防保健处存档备案。

（三）综合维修人员、特种设备（器械）操作人员及其他非临床工作岗位人员如遇到职业性危害突发事件，由该班（小）组班（组）长或成员立即上报本班（小）组所在科室主管领导，科室主管领导应立即上报相关主管院长（遇节、假日及夜间报院总值班，电话 8110）。

七、各科室防护用品应规范使用，如有损毁立即修复，确保医院医务人员的安全。

八、凡各科室开展新技术时，有涉及放射、粉尘、有毒、有害物质的，需向安全消防处申报，否则引起不良后果，由该科室负责。

九、劳动者在职业病防治方面应尽的义务。

（一）履行劳动合同的义务。

（二）遵守职业病防治法律法规的义务。

（三）遵守用人科室职业的义务。

（四）接受职业卫生培训的义务。

（五）按规定使用职业卫生防护设施及个人防护用品的义务。

（六）遵守操作规程的义务。

安全保卫管理制度

、保卫人员要加强日常巡视，维护正常医疗秩序及医院财产安全。

二、人员及车辆如携带公物外出的，需接受门卫的检查并出示有关科室出具的证明方可离去。

三、押运款必须两人以上，押款人要时刻保持警惕并携带必要装备，确保安全。

四、重点科室、要害部位要随时接受保卫部门的安全检查，并对查出的隐患及时进行整改。

五、财务部门尤其是现金存放点要严格遵守现金管理的有关规定。

六、保卫处定期对视频监控系统和红外线报警系统进行检查、维护，保证设备运行处于良好状态。

七、保证安全保卫所需设备设施配备齐全、完好，满足安全保卫工作需求。

八、定期组织安全保卫应急预案的演练，做到能及时有效处置各类突发事件。

九、进入医院的机动车要在管理人员的指挥下有序停放，保障急救通道畅通。

视频监控资源使用管理制度

为加强医院安全管理，落实治安防范措施，为医患人身财产安全提供保障，规范视频监控资源的使用，特制定本使用制度。

一、对需要储存的视频资料，监控值班人员要及时完整地将视频资料进行转存备份，防止发生视频资料丢失。

二、监控人员不得擅自复制、传播或私自为他人提供视频监控资源。

三、监控室实行不间断录像，录像资料保存时间不得少于 30 天。监控人员不得擅自删改、剪切、破坏图像信息资料的原始数据记录。

四、单位或个人申请调取、查看、复制监控视频资料的，应出具相关证件及单位介绍信。由保卫处值班人员详细填写调取监控录像审批表，经保卫处长签字同意后方可提供。

五、监控人员不得为申请人提供超出审批表中所列时段、范围的视频监控资源。

六、对涉及单位秘密和个人隐私的图像信息予以保密。

档案收集归档制度

应当归档的文件材料，必须由各部门兼职档案员收集齐全，分类整理，编制移交清单，按规定时间移交医院综合档案室集中管理，任何个人或部门都不得据为己有或拒绝移交。

一、日常工作中形成的应归档的文件材料，各部门一律在工作结束后及时整理并向档案室移交。文书档案应在第二年的三月底以前完成归档工作。

二、基建工程、设备仪器在项目完成后或告一段落时，经办部门应将归档材料组成保管单位，经负责人审定后向档案室移交。

三、每次专题会议、活动结束后，应及时将归档文件材料向档案室移交。

四、会计文件材料，一般次年的第一季度由财会人员完成整理立卷，在财务部门保存一年后向档案室移交。

五、声像材料要用文字标出摄像、录音、摄影的对象、时间、地点、内容和作者，应及时向档案室移交。

档案借阅制度

一、档案室管理的档案，主要提供给上级主管部门和本单位相关人员使用，科室人员借阅档案时必须办理登记手续方可查阅。

二、机密档案查阅，需经主管领导批准，就地查阅，不得带出档案室。必须外借的，须经所借科室的主管领导批准，同时需要主管档案的主管领导批准，方可借出。

三、借阅档案资料人员负责保管、保密、爱护所借档案，不得拆卷涂改、叠页和勾画、污损档案整洁，发现遗失及时报告。对遗失情况进行追查处理，全院通报，并报告主管领导，追究借阅人责任，将与绩效挂钩。

四、未经批准的档案，不得随意抄录、拍照原文。

五、所借阅的档案，不得任意转借他人，如需要转借时，必须到档案室办理手续。借出档案材料的时间不得超过一周，过期由档案管理员催还，需要长期借出的，须经各分管领导批准。

六、借阅人员所还回的档案，档案管理员必须检查是否齐全。

七、负责借阅人员如有调动工作时，在离职前必须将所借档案归还档案室。

八、本院工作人员因工作需要查阅档案时，一般应在档案室阅看，如特殊情况需外借时，须经分管领导批准，办理登记批准手续，约定归还日期。借阅者不得将档案转借他人。

九、秘密级档案须经领导批准后方可查阅，阅者对所借档案负有保密和安全责任，并须在档案室阅办，阅后及时归还，不得擅自转借、损坏、拍照或复印。

十、外单位人员查阅档案资料，必须持单位介绍信，经医院分管领导批准后，方可借阅。

档案利用制度

一、档案人员熟悉室藏档案情况，主动了解医院各项工作对利用档案的需要，积极主动地做好提供利用工作。

二、档案室必须编制《归档文件目录》《案卷目录》《全引目录》，并根据工作需要编制专题文件目录等检索工具。

三、建立计算机文件级目录数据库，实现计算机管理和检索档案，做到调卷迅速、准确。

四、档案室利用档案资源，开展档案的编研工作，编写全宗介绍、组织沿革、大事记、基础数字汇编、发文汇集、专题文件汇集等汇编资料。

五、外单位来档案室借阅档案，应按规定必须持单位介绍信，经单位分管领导批准后，方可借阅，办理借阅手续。在档案室阅览室或指定地点阅档，不得外借。查阅档案时，不允许在案卷上圈划、批注、污损、涂改、剪裁、撕页、折卷。

六、本院工作人员因工作需要查阅档案时，一般应在档案室内阅看，如特殊情况需外借时，须经分管领导批准，办理登记批准手续，约定归还日期。借阅者不得将案卷转借他人。

七、秘密级档案须经领导批准后方可查阅，阅者对所借档案负有保密和安全责任，并须在档案室阅办，阅后及时归还，不得擅自转借、损坏、拍照或复印。

八、凡经批准查阅的档案，如需摘抄、复制（印），须经档案专管干部审核，确认无误后加盖证明章才能生效。

九、档案利用反馈工作，由利用者或档案人员填写《档案利用效果登记簿》。

档案保密制度

一、加强保密教育，认真学习贯彻《保密法》，充分认识档案工作的重要性、机要性，自觉保守党和国家的机密。

二、健全保密制度，严格遵守接待、保管、安全、保卫等有关保密规定，杜绝工作差错。

三、开展保密检查，定期对室藏档案资料进行检查，发现泄密事件及时追查，并报告领导及有关部门。

四、严格调阅制度，健全借阅手续。凡外地、外来单位来查阅档案者，须持单位介绍信，严禁将档案带出阅档室。

五、不得让无关人员随意进入档案库房。

六、无保存价值的档案资料及文件材料，严格办理销毁审批手续。

七、凡违反保密规定造成损失的，根据情节轻重给予相应处罚，构成犯罪的依法追究刑事责任。

图书馆管理制度

一、图书馆开放时间，除周一至周五每日办公时间外，周一至周五的12：00—14：00（夏季14：30）、18：00—21：00开放。

二、凡院内职工、研究生借书，必须遵守图书馆一切规定，凭胸卡和就餐卡（一卡通）到图书馆办理借阅手续。离院时，必须办理好还书手续。

三、医院职工每人最多借阅图书3册，借期30天，之后可（网上也可）续借1次，研究生人员借阅图书1册。所借图书应按期归还或办理续借手续，逾期不还者，不得再借。每超过1天电脑系统自动从就餐卡（一卡通）扣罚10元。对于规定限于在图书馆内阅览的现刊和报纸等其他资料，一般不得拿出馆外。

四、借阅人必须妥善保管图书，不得在书刊上批划、撕剪、涂写，不得损坏或丢失，否则应按规定赔偿。

五、图书馆布局合理，有应有的照度，保持图书馆环境的清洁、安静。图书阅览室的布局应方便读者阅览书刊和管理。

六、密切配合医疗、预防、教学、科研等各项任务，主动提供有关文献资料，定期介绍新书刊内容。

七、建设中外文文献数据库，为员工提供文献检索、电子书刊、网络及院外资料查阅、馆际互借、打印等服务。

图书馆信息服务制度

为了使图书馆能够为医院的临床、科研、教学、管理等工作提供高质量的信息服务，发挥图书馆的信息服务职能，特制定相关制度如下。

一、图书馆的中外文数据库、图书资源、服务项目、管理规定等要及时向院内读者公布。

二、图书馆数据需定时备份，并且要把数据进行异地存储。

三、图书馆的计算机设备实行专人负责管理，责任到人。

四、院图书馆提供网络下载服务，不得利用本网络系统制作、传播、复制黄色、反动等有害信息。

五、读者如需要馆内数据库数据的检索结果和下载数据，请自备存储设备。

六、读者使用外接设备前（如 U 盘、光盘、移动硬盘等）要进行杀毒处理。

书刊遗失赔偿制度

一、中外文图书1990年（包括1990年）以前出版的，按估价的10倍赔偿，1991年至2000年（包括2000年）出版的，按原价的8倍赔偿，2001年以后出版的，按原价的5倍赔偿。

二、遗失整套图书1册，又不能零购单本时，按整套书价的5～8倍赔偿。

三、中外文期刊单本遗失的，按该刊全年定价的5～8倍赔偿，合订本遗失的按全年定价的10倍赔偿。

四、凡遗失、损坏书刊，自声明之日起，应于1周内办理赔偿手续。

五、遇特殊情况所借书刊丢失者，经所在科室主任书面证明，情况属实，可报请主管院长批准酌情处理。

六、污损、圈点、勾抹、批注图书，视情况按原价的3～5倍赔偿。

七、撕毁图书按丢失或窃书情况处理，偷窃图书按原价的20倍罚款，写出书面检查，同时给予批评教育并进行院内通报。

八、借阅书刊逾期不还者，按1本书刊每超期1天罚款10元计算（电脑系统从就餐卡或一卡通上自动扣除），上不封顶，并取消借阅书刊资格6～12个月。

第三部分

党务管理制度

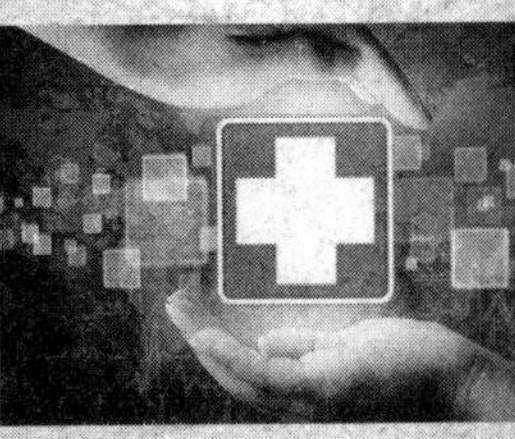

机要文件管理与使用制度

为贯彻党的十九大精神，落实党要管党、全面从严治党的要求，根据市委办公厅对机要文件管理的相关规定，制定此办法。

一、文件收发制度

（一）文件管理人员，每周一、三、五到市委文件交换站取、换文件，做到送取文件清点无误。

（二）来文来信均由文件管理人员签收、拆封并登记送阅。

文件取回后，由机要员认真做好文件的分类、编号，登记时须对文件的发文日期、发文范围、文号、密级、份数和文件级别逐一进行准确记录。根据文件分类，于收文当天分别送至党委办公室主任、院长办公室主任处提出拟办意见。

（三）绝密文件严格管理，单独存放。秘密等级以上文件，按照保密规定阅处，严格收发登记手续，及时催办入档。

（四）发放书籍、资料、材料、表格等要签名登记。

（五）凡以院党委名义发文，由党委办公室统一编号，打印上报下发。

（六）文件一般要求在办公室阅读，不准带出。确因工作需要必须把文件带出时，需经领导批准，并办理借用手续，用后及时退回。

（七）年终做好文件的清缴工作。所有收到的上级党委文件、行政文件、保密资料等，必须按照市委办公厅和政府办公厅的相关要求及有关保密规定进行统一的回收清退，对留存文件分类装订入卷，以备查用。

二、文件批示传阅制度

（一）传阅：党委文件送交顺序按照书记、院长兼副书记、专职副书记、其他主管院领导进行批阅。院党委委员集中阅文时间定于每月初第一周的周五下午两点半至三点半，文件不得带出阅文室。

（二）有时限要求的文件，需在文件要求时限内批阅；非保密类文件需在一周内批阅；保密类文件有时限要求的，需在文件要求时限内批阅；其他保密文件在院党委委员集中阅文时间批阅。

（三）因故不能按时批阅者，需说明情况或交由机要员收回归档。机要员须掌握文件传阅速度和文件去向，按时送收文件，防止文件积压、丢失、泄密等现象的发生。

（四）机要文件应使用专门的文件传阅夹进行传阅，传阅结束后由机要员进行清点，并放在指定文件保险柜保存。任何人不得在机要文件上随意勾画、批注，不得在文件传阅过程中擅自抽走、留存、复制或损毁文件。

（五）文件传阅应由文件管理员逐人递交，不得在传阅人间互相转交，以免文件丢失，分清责任。

（六）凡传阅文件、信函要按规定范围传阅，注意保密。

（七）注意督促检查领导批示的落实情况。

党委会议事（三重一大）规则

为认真贯彻落实党的十九大精神，认真贯彻落实习近平总书记新时代中国特色社会主义思想，认真贯彻市委《关于进一步加强全市各级党委（党组）民主集中制建设的若干意见》，坚持和运用好党内政治生活“四大法宝”（即坚持贯彻执行民主集中制、坚持用好批评和自我批评武器、坚持严格党内生活、坚持党性原则基础上的团结），提高党委的管理能力和管理水平，结合卫计委党的工作实际，制定本规则。

一、总则

第一条　党委要抓好对本单位工作的政治、思想和组织领导，把方向、管大局、保落实。

把方向，主要是自觉在思想上、政治上、行动上同以习近平同志为核心的党中央保持高度一致，全面贯彻执行党的理论路线方针政策，引导监督医院遵守国家法律法规，维护各方合法权益，确保本单位改革发展正确方向。

管大局，主要是坚持在大局下行动，谋全局、议大事、抓重点，统筹推进本单位改革发展等各项重点工作。

保落实，主要是管干部聚人才、建班子带队伍、抓基层打基础，讨论决定本单位内部组织机构的设置及其负责人的选拔任用，领导精神文明建设和思想政治工作，领导群团组织和职工代表大会，做好知识分子工作和统一战线工作，加强党风廉政建设，确保党的卫生与健康工作方针和政策部署在本单位不折不扣落到实处。

第二条　党委会是单位党的组织和建设决策、发展决策的基本形式。

党委会按照民主集中制原则，讨论和决定本单位党的组织和建设、单位发展规划、“三重一大”等重大事项，以及涉及工作人员切身利益的重要问题，保证党组织意图在决策中得到充分体现。党委成员要从讲政治的高度，自觉遵守党的组织纪律，严格执行党的组织原则。

第三条　党委会由党委成员、党委办公室主任参加。党委办公室主任负责记录，会议记录应归档。根据需要，可要求有关人员列席。

二、议事程序及原则

第四条　党委会原则上每月召开一至两次。特殊情况可随时召开。

第五条　党委书记负责主持党委会。

第六条　议事程序。

（一）提出动议，启动程序。由党委成员提出或由有关处室报经党委委员审核后提出的事项，须经党委书记同意后进入决策程序。党委书记提出的事项，直接进入决策程序。会前，党委办公室负责收集需要研究的事项，上报党委书记后统一安排。

（二）调研分析，提出建议。进入决策程序的事项，应附带事先由有关处室做出的调研分析报告或说明。紧急情况下进入决策程序的事项，应事后补充由有关处室做出的调研分析报告或说明。

（三）咨询论证，听证公示。需要进行论证的事项，需要进行听证的事项，应事先履行好相关程序和需要进行公示的事项。

（四）内部酝酿，充分沟通。事项在进入决策程序前，应根据事项的内容，在党委成员的一定范围内进行酝酿沟通，充分交换意见。

（五）会议研究，做出决议。研究一般事项时，参会的党委成员应达到半数以上。研究干部任免事项时，参会的党委成员应不低于三分之二。

坚持一事一议的议事原则。

1. 由提出事项的党委成员对事项做简要说明，或由列席会议的有关处室负责人对事项做必要的汇报。

2. 党委成员要逐人、逐项明确表示同意、不同意、保留的意见，并说明理由。表决时按末位倒序进行。

3. 党委书记最后发表意见。

4. 需要表决的事项，可采取口头、举手、无记名投票或其他方式，赞成票超过参会的党委成员的半数以上为通过。未到会的党委成员的书面意见不计入票数。

5. 对意见分歧较大的事项或有重要内容不清楚的事项，除在紧急情况下遵循“少数服从多数”的原则作出决定外，一般应暂缓决定。

（六）全程纪实，督办问效。建立决策全程纪实制度。

1. 决策过程中党委成员的发言内容、表决意见要全部由党委办公室如实记录，形成会议纪要。

2. 党委成员要按照分工负责的原则对决策通过的事项进行组织实施。

3. 党委书记要及时了解掌握决策通过的事项实施过程中出现的新问题、新情况，必要时可以按照程序对有关具体事项进行调整和完善，确保决策通过的事项顺利实施。

4. 党委书记和具体负责的党委成员可以采取调研、督导、听取汇报等方式掌握工作进度，促进决策通过的事项落实。

第七条　特殊情况下的议事原则。

（一）因事态紧急（如地震等大的自然灾害），来不及召开党委会研究的事项，党委委员可临机处置，事后向党委会报告。

（二）两次党委会未通过的事项，不得再按原方案提出。

（三）已经通过的决策事项，在决策依据和条件发生重大变化时，应重新进行调研分析、咨询论证、酝酿沟通、会议研究，不得以个别征求意见的方式替代。

三、议事范围

第八条　党委会主要研究的范围。

（一）本单位贯彻落实上级党委各项决定的具体措施。

（二）事关本单位改革、发展、稳定的重大事项。

（三）本单位党建和思想政治工作。

（四）纪律检查、反腐倡廉、行风建设工作。

（五）精神文明建设工作。

（六）领导班子建设工作。

（七）干部任免、考核、晋职晋级、奖励惩处工作。

（八）其他工作。

第九条　不能提交党委会讨论的事项。

（一）未列入党委会议题的事项（紧急情况除外）。

（二）未经会前充分酝酿沟通的事项。

（三）需要进行专家论证、风险评估、合法性审查的事项未进行，或合法性审查未通过的事项。

（四）需要进行听证和公示的事项未进行，或听证和公示后意见分歧较大、反对意见较多的事项。

四、纪律

第十条　按照“集体领导、民主集中、个别酝酿、会议决定”的原则，正确处理集体领导和个人分工负责的关系。对集体研究做出的决策，党委成员必须无条件服从并坚决执行，有不同意见可以保留或向上级反映，但不得公开发表不同意见。

第十一条　党委成员彼此间是平等关系。党委书记要带头坚持集体领导原则，带头发扬党内民主，带头实行正确集中，带头维护班子团结，带头执行各项规章制度。其他党委成员要尊重和支持党委书记的工作，接受集体领导和监督。对全局工作和中心任务要积极调查研究、主动出谋划策、自觉维护党委决策。严格执行和落实好党委决策部署和分管工作。

第十二条　坚决做到“四个服从”，即党员个人服从党的组织、少数服从多数、下级组织服从上级组织、全党各个组织和全体党员服从党的全国代表大会和中央委员会。党委成员要严格遵守党的政治纪律，决不允许上有政策、下有对策，决不允许有令不行、有禁不止，决不允许对党委决策的事项打折扣、搞变通。

第十三条　党委会讨论干部任免等有保密要求的事项时，在形成决议并正式执行之前，要严格遵守保密纪律，不得以任何形式对外泄露。

五、附则

第十四条　本规则由党委办公室制定。根据工作需要，每年度可进行修订。

第十五条　本规则自通过之日起实施。

党委民主生活会制度

为进一步加强领导班子的思想政治建设，贯彻民主集中制，提高党员领导干部民主生活会的质量，结合秦皇岛市卫生计生系统实际情况，制定党委民主生活会制度。

第一条　民主生活会召开的次数按上级党组织的有关规定，领导干部民主生活会每年必须召开一次，召开时间安排在每年年底，上级另有规定时，按上级有关规定执行。根据工作需要，也可随时召开。

第二条　民主生活会前的准备工作。

（一）要按照上级每次民主生活会应着重解决一两个突出问题的要求，确定好民主生活会的议题，上级党组织对民主生活会议题有明确要求的，应严格按要求执行。上级党委对民主生活会议题没有专门要求的，由党委确定议题并报告上级党组织，同时提前三天通知有关人员。

（二）民主生活会召开前，党委要采取多种形式，广泛征求、收集党内外群众对领导班子的意见，并如实反馈给每个领导成员，以便有针对性地开展批评和自我批评。

（三）领导班子成员之间会前必须开展谈心活动，交换意见，沟通思想。特别是主要负责同志应主动同其他班子成员进行谈心。

（四）领导班子成员必须按照确定的议题，结合自己的思想和工作实际，认真准备发言提纲。因故不能到会的领导成员应事先请假，并提交书面发言提纲，委托他人在会上代为宣读。领导班子成员一年参加民主生活会的请假次数不能超过一次（一年一次的专题民主生活会，领导班子成员不能请假）。

第三条　民主生活会的内容及要求。

（一）民主生活会除了明确的议题外，其基本内容应围绕贯彻执行党的路线、方针、政策和决议、决定的情况；加强班子自身建设，实行民主集中制情况；执行党风廉政建设责任制和艰苦奋斗、清正廉洁、遵纪守法的情况；坚持群众路线、改进领导作风、密切联系群众的情况及其他重要问题，进行检查、总结、统一认识。

（二）开好民主生活会，必须运用批评和自我批评的武器，开展积极的党内思想斗争，这是提高民主生活会的质量、搞好党内监督的关键。每个班子成员都要以对党的事业、对同志高度负责的态度，积极主动地开展批评和自我批评，分清是非，团结同志，坚持真理，修正错误。

（三）自我批评必须联系具体事例进行分析，不能只谈工作情况不接触思想实际，只讲成绩不讲问题，要正视自己的缺点、不足和错误。实事求是地反映真实情况，暴露真实思想。批评同志要从团结的愿望出发，开诚布公，以理服人。总结工作中的经验教训，要联系实际，不能就事论事。要防止和克服把民主生活会开成汇报总结工作会议的现象。同时要力戒“集体按摩”的形式。

（四）主要负责同志要代表整个班子进行对照检查，对领导班子的基本状况及存在的主要问题要有正确的评价。

（五）党委书记在会上要坚持党性原则，带头开展批评和自我批评。要引导和鼓励班子成员对自己提出批评意见和开展相互批评，对其他成员的发言要正确引导，发现偏离主题或缺少思想性的，应及时指出。对有某些缺点错误，自己又不能正确对待的领导成员，应帮助其提高认识。

（六）领导班子成员发言结束后，党委书记要对民主生活会的情况进行评价和小结，指出不足，提出要求。

第四条　整改措施的制定和落实。

（一）每次民主生活会后，党委就群众反映的突出问题和会上检查出来的主要问题，召开专题会议，研究制定相应的整改措施。

（二）整改措施要明确具体，切实可行。各项整改措施要有专人负责，落到实处。

（三）民主生活会后适宜向本单位通报的情况，应予通报。对整改措施，视情况用适当方式公布，以便接受监督。

（四）每次民主生活会都要检查上次生活会后整改措施的落实情况，问题解决得不好或没有解决的，要分清责任，提出批评，限期改正。

第五条　民主生活会的指导和监督。

（一）党委要加强对民主生活会的协调、指导和监督检查。

（二）把能否坚持定期召开民主生活会的制度，作为考核领导班子成员的一项重要内容。

（三）党委对无故缺席、未按规定上报有关材料等情况，要进行通报批评。

第六条　民主生活会材料的报送和民主生活会记录。

（一）每次民主生活会召开的时间、地点、议题，应提前 10 天报告上级党组织，并请上级派人参加。

（二）民主生活会的原始记录、发言提纲、会议情况报告等材料，应在会后 10 天内报送上级党组织。

（三）民主生活会必须使用专用记录本，指定专人记录、保管。

中心组学习制度

为了提高医院班子成员的政治理论素质和文化知识水平，加强对各基层党组织理论学习的指导、协调和监督检查，根据中央组织部、宣传部《关于加强和改进党委（党组）中心组学习的意见》和省市委、卫计委关于加强领导干部理论学习的有关要求，制定本制度。

一、院党委中心组由医院领导班子成员组成，并可根据学习需要适当扩大到本单位中层以上人员。党委书记任组长，副书记任副组长。

二、中心组组长负责确定学习专题，提出学习要求，主持集中学习研讨活动，确保各项学习任务落到实处。副组长协助组长做好组织学习准备工作。

三、中心组设学习秘书 1 人，由党办主任兼任，其职责是做好学习的各项服务工作。年初，要制订年度学习计划，每季度制订阶段性的学习安排；负责学习考勤登记、学习资料准备和学习记录；负责安排辅导讲座；负责中心组学习信息反馈、年度总结，并通报有关情况。

四、中心组学习内容主要有：马列主义、毛泽东思想、邓小平理论、“三个代表”重要思想、科学发展观、习近平新时代中国特色社会主义思想和习近平总书记系列重要讲话等党的基础理论；党的路线方针政策；重要的法律、法规；中央领导同志的重要讲话及党报的重要理论；中央、省、市委重要会议精神；社会主义市场经济和现代科学技术知识；其他有关内容。

五、坚持“统一安排，自学为主，集中活动，注重实效”的学习方法。中心组每两月至少组织一次集中学习活动，全年累计组织集中学习不少于 6 次，主要用于讨论交流或专题辅导。

六、党委中心组坚持学习考勤、考核制度。每次集中学习都应认真做好考勤考核和学习记录（使用统一的笔记本），确因事因病不能参学的须向组长请假。每年每人至少撰写 2 篇学习心得及有深度、有分量、有见解的理论文章或调研报告。

“三会一课”制度

一、支部党员大会

（一）支部党员大会至少每季度召开一次。如遇有紧迫问题需要讨论，可随时召开。

（二）支部党员大会由支部书记或副书记主持，全体党员参加。

（三）支部党员大会的任务。

1. 传达学习党的路线、方针、政策和上级党组织的决议、指示，研究制订贯彻、落实的具体计划和措施。

2. 听取支部委员会的工作报告，对支部委员会的工作进行审查和监督。

3. 讨论接收新党员和预备党员转正，讨论决定对党员的表彰和处分。

4. 选举支部委员会和出席上级党代会的代表。

5. 讨论决定其他需要支部党员大会讨论决定的重要问题。

（四）支部党员大会必须有半数以上有表决权的正式党员出席。出席人数未超过有表决权的正式党员的半数，不得通过决议。决议经过到会正式党员的半数以上通过方为有效。

二、支部委员会会议

（一）支部委员会会议一般每月召开一次。如有特殊情况和因工作需要可随时召开。

（二）支部委员会会议由支部书记或副书记主持，支委会全体成员参加。

（三）支部委员会会议讨论和研究的主要问题。

1. 传达、学习党的路线方针政策和上级党组织的决议、指示精神。

2. 研究制订党支部的年度工作计划和重点活动安排，和其他需要支部委员会讨论的重要事项。

3. 党员、群众的思想、工作和学习情况。

4. 对党员的教育、奖励和处分。

5. 工会、共青团等群众组织的工作情况。

6. 发展党员及其他问题。

（四）支部委员会讨论决定问题时，到会的委员必须超过半数，所做出的决议方能有效。如遇重大问题需要做出决定，能够到会的委员又不超过半数时，必须召开支部大会讨论决定。

（五）不设支部委员会的支部决定重大问题时，必须召开支部党员大会。如有个别问题不宜在支部大会上讨论，可由正、副书记提出意见，报上级党组织决定。

（六）必要时可以召开支部委员会扩大会议。吸收党小组长或其他党员列席，听取他们意见。但在决定时，被扩大参加会议的同志无表决权。支委扩大会支委必须超过半数才能召开。

三、党小组会

（一）党小组会一般每月召开一次，如有特殊情况和因工作需要可随时召开。

（二）党小组会的主要内容。

1. 学习马列主义、毛泽东思想、邓小平理论、“三个代表”重要思想、科学发展观、习近平新时代中国特色社会主义思想。学习党的基本知识和党的路线方针、政策，学习科学、文化和业务知识。

2. 讨论贯彻支部决议的基本措施。

3. 检查党员的学习、思想和工作。

4. 开展批评与自我批评。

5. 改选小组长、酝酿支委候选人和出席上级党代会的代表候选人。

6. 研究非党积极分子的培养和教育情况。

7. 评选优秀党员，讨论对党员的处分及党务方面的工作。

四、党课

党课至少每季度讲一次，可与党员大会统筹安排，如遇特殊情况也可适当提前或顺延。讲党课的主题和内容，由支委会根据上级党组织部署和工作需要确定。

党委委员联系点制度

为推动全院“两学一做”活动深入开展，充分发挥各级领导干部的带头示范作用，现制定党委委员联系点制度。

一、联系点的确立

根据工作分工，党委领导班子成员每人要明确1个党支部作为工作联系点。

二、联系内容

1. 深入调研。党委领导班子成员要将联系点工作与日常工作统筹兼顾，通过调查，了解民情民意，认真开展联系工作。

2. 宣传服务。党委领导班子成员要积极发挥自身优势，认真、及时、准确地做好党的路线、方针、政策和党委重大决策的宣传教育，为职工答疑解难。

3. 具体指导。党委领导班子成员要根据各自联系点支部实际，经常深入联系点指导工作。

4. 解决难题。党委领导班子成员要把为基层办实事作为联系点工作的根本出发点，重点抓好为职工办实事、办好事，尤其是做好热点难点问题的解决处理。

5. 督促检查。党委领导班子成员对联系点的工作负有督促的责任，对照工作目标定期对联系点进行检查，确保联系点工作领导到位、责任到位、落实到位。

三、联系形式

1. 参加联系点所在党支部的活动。党委领导班子成员以普通党员身份，参加联系点所在党支部的活动。

2. 开展谈心活动。党委领导班子成员在联系点适当开展谈心活动，虚心倾听职工的意见和呼声。

3. 参加组织生活会。党委领导班子成员要参加联系点党支部的组织生活会，听取意见和建议，不断改进工作。

4. 走访座谈。党委领导班子成员通过走访座谈等形式，了解民情民意，发现存在的困难和问题，提出改正的办法和要求。

党委成员“双重组织生活会”制度

双重组织生活会制度是指党员领导干部既要参加党委的民主生活会，又要参加所在党支部或党小组的组织生活会制度。双重组织生活会制度的具体内容包括以下方面。

1. 党委成员要严格执行双重组织生活会制度，既要按时参加党委内部的民主生活会，又要以普通党员身份，参加所在党支部或党小组的组织生活会，自觉地接受党组织和党员群众的监督。

2. 党委民主生活会或党支部、党小组的组织生活会在召开之前，都应提前通知党委成员，以便党委成员能够妥善安排工作和活动，按时参加双重组织生活会。

3. 党委成员因故不能参加民主生活会或组织生活会的时候，应向党委或党支部、党小组请假。无正当理由不得无故缺席。因公外出时间较长，应在出行前告知所在党支部或党小组，回来后要及时汇报。

4. 党委成员在民主生活会和组织生活会中，都要坚持发扬民主，认真开展批评和自我批评，充分体现党内生活的思想性、原则性。特别是在组织生活中，领导干部要发挥表率作用，开展自我批评，自觉接受党员群众的监督，以实际行动带动组织生活会的开展。

5. 要如实记录记载领导干部参加民主生活会和组织生活会的情况，作为考核党委成员的重要依据。

党费收缴制度

一、缴纳党费，是每个共产党员对党应尽的义务，每个共产党员应主动自觉地按时缴纳党费。

二、党费缴纳标准。

（一）在职党员，按上级党组织规定的工资基数，按比例缴纳党费。

（二）离休、退休党员，按离、退休后的工资基数，按比例缴纳党费。

（三）原是共青团员的预备党员，从党组织批准为预备党员之日起缴纳党费，在预备期间，只交党费，不交团费。

三、党费收缴时间。

党费每月缴纳一次，由各党小组长收齐后交支部组织委员，再由各支部组织委员及时上缴院党委办公室。

四、具体要求。

（一）党费缴纳标准是党员应缴党费的最低限额，多缴不限。

（二）党费应由党员本人亲自缴纳，临时外出或因病等特殊情况，可委托他人代缴。

（三）支部每半年、党委每年应对党费收缴情况公布一次，有条件的支部可张榜公布，以便接受党员同志的监督。

（四）对于没有正当理由不按期缴纳党费的党员，要及时批评教育，对连续六个月无故不缴纳党费的，按自行脱党处理，支部大会应当决定把这样的党员除名，并报院党委批准。

（五）各支部的党费收缴情况，作为年终评比先进党支部的条件之一。

党风廉政建设制度

为全面贯彻落实中央《八项规定》，进一步强化党风廉政建设，提高全院党员干部廉政意识，转变工作作风，从根源上遏止腐败行为，制定本制度。

一、职责

党委承担全面从严治党主体责任，负责党风廉政建设分解落实、监督检查工作。纪委承担党风廉政建设监督责任。

二、党风廉政建设制度工作程序

（一）加强党风党纪教育

1. 把反腐倡廉理论作为党委理论中心学习组的重要内容，每年至少安排一次专题学习。

2. 加强对中层及以上干部的廉政教育培训，每年举办两次廉政及反腐败教育讲座。

3. 对新任中层领导干部进行廉政谈话。

4. 采取演讲会、报告会、观看影视录像、警示（法制）教育展览和参观学习等形式，对职工进行反腐倡廉教育。

5. 利用网站、广播、报纸、宣传橱窗等宣传工具，展示廉政文化建设。

6. 各党支部每年要自行组织一次反腐倡廉主题教育活动。

（二）加强党风党纪制度建设

1. 完善招投标、物资采购、内部审计的有关制度。

2. 完善民主集中制制度，建立和进一步完善党内情况通报、情况反映、党务及政务公开制度、职代会提案、重大决策审议等制度。

3. 规范干部人事制度，严格执行和规范干部选拔任用中民主推荐、民主测评、任前公示、公开选拔、竞争上岗、任职试用期等制度。

4. 完善科级领导干部廉洁自律制度，进一步完善领导干部收入申报、重大事项报告、民主生活会、述职述廉、廉政（诫勉）谈话、责任追究等制度。

5. 完善财务预算、大额资金和固定资产安全使用的监管制度。

6. 规范基建监督管理制度，继续完善建设项目立项、工程质量、安全保障、竣工验收、资金的支出和审批、财务竣工决算、竣工审计等制度。

7. 严格招聘考试制度。坚持和完善考试巡视制度，全面实行招聘工作的“六公开”规定。规范录用、聘用人员的选拔程序。

8. 加强和改进党内监督，认真贯彻落实《党内监督条例》，严格执行各项监督制度。

9. 强化对重要环节和重要部位的监督。重点是对工程招投标、物资采购、录用、聘用人员、干部选拔环节的监督核查，并开展对重要部门、重要项目、专项资金和领导经济责任的审计监督工作。查处违法违纪案件，综合运用纪律、经济处罚、组织处理等方式和手段惩治腐败，不断加大依法依纪惩治腐败的力度，达到处理一案、教育一方的目的。

三、相关文件

1.《中国共产党党内监督条例》

2.《党政领导干部选拔任用工作条例》

3.《医院贯彻〈建立健全教育、制度、监督并重的惩治和预防腐败体系的实施纲要〉的实施意见》

4.《医院招投标管理办法（试行）》

5.《医院招投标管理办法（试行）的实施细则》

6.《医院纪检监察信访工作细则》

7.《医院党委关于党风廉政建设责任制的规定》

8.《医院关于领导干部实行廉政谈话的规定》

9.《医院预算执行情况审计办法（试行）》

10.《医院基建、修缮工程项目审计办法（试行）》

11.《医院固定资产审计办法（试行）》

12.《中国共产党纪律处分条例》

13.《中国中央纪委关于严格禁止利用职务上的便利谋取不正当利益的若干规定》

14.《医院关于执行“三重一大”制度的暂行办法》

15.《医院关于对中层领导班子和领导干部违反党风廉政建设责任制行为实施责任追究的办法》

四、相关记录

1.《招投标申请表》

2.《院务公开审批表》

3.《信访记录表》

4.《审计结论》

5.《科级领导干部收入申报表》

6.《廉政谈话记录表》

基层党组织换届选举制度

为健全党的民主集中制，完善党内选举制度，根据《中国共产党基层组织选举工作条例》，制定本制度。

一、基层党组织的任期

1. 党的基层组织设立的委员会任期届满应按期进行换届选举（党委每届任期 5 年，党支部每届任期 3 年）。如需延期或提前进行换届选举，应报上级党组织批准。延长期限一般不超过一年。

2. 党的基层委员会在任期届满前（党委三个月，支部两个月）向上级党组织书面请示报告。

3. 委员会委员在任期内出缺，应召开党员大会或党员代表大会补选。上级党组织认为有必要时，也可以调动或者指派下级党组织的负责人。

二、换届选举

1. 党的基层组织设立的委员会由党员大会选举产生。党员人数在 500 名以上或所辖党组织驻地分散的，经上级党组织批准，可以召开党员代表大会进行选举。代表的名额一般为 100 名至 200 名，最多不超过 300 名。

2. 党的基层组织设立的委员会委员候选人，由上届委员会根据多数党员的意见确定，在党员大会上进行选举。委员候选人的差额为应选人数的 20%。向上级党组织报告，经批复后，方可召开选举大会进行正式选举。

3. 选举前，应将候选人的简历、工作实绩和主要优缺点向选举人作出实事求是的介绍，对选举人提出的询问应作出负责的答复。

4. 党的基层组织设立的委员会的书记、副书记的产生，由上届委员会提出候选人，报上级党组织审查同意后，在委员会全体会议上进行选举。

5. 正式党员有表决权、选举权、被选举权。受留党察看处分的党员在留党察看期间没有表决权、选举权和被选举权；预备党员没有表决权、选举权和被选举权。

6. 进行选举时，有选举权的到会人数超过应到会人数的五分之四，会议有效。被选举人获得的赞成票超过实到会有选举权人数的一半，方能当选。

7. 由上届党组织书记作本届委员会工作报告。

8. 向上一级党组织提交选举结果和委员分工的书面报告。

9. 选举工作资料装订成卷存档。

组织工作制度

一、做好全院党员干部个人事项管理，如《护照》《工作日志》和《个人事项上报》管理。

二、协助党委落实党风廉政建设主体责任。

三、协助领导做好中层干部的选拔、培养和考核工作，保管干部考核档案。

四、负责全院发展党员工作，按《党章》规定和中组部发展党员细则对发展对象进行定期考核。

五、指导基层党组织进行换届选举，指导支部建设包括组织生活和民主生活会，随时对基层党支部进行检查指导，做好党的积极分子培养和组织发展预备党员考核工作。

六、开展全院党员干部的教育和学习，每年进行一期党的基础知识、基础理论的培训。

七、每季度向院党委汇报及请示工作，遇有中心工作随时请示、随时汇报。

民主评议党员制度

一、评议目的

通过民主评议和组织考察，检查和评价每个党员在坚持党的基本路线的实践中发挥先锋模范作用的情况，表彰优秀党员，推动清除腐败分子和处置不合格党员的工作，提高党员素质，增强党组织凝聚力和战斗力。

二、评议内容

（一）是否具有坚定的共产主义信念，能否坚持四项基本原则，坚持改革开放，把实现现阶段的共同理想同脚踏实地地做好本职工作结合起来，全心全意为人民服务。

（二）是否坚决贯彻执行党在社会主义初级阶段的基本路线和各项方针、政策，在政治上同党中央保持一致，为推动生产力的发展和社会主义精神文明建设做出贡献。

（三）是否站在改革的前列，维护改革的大局，正确处理国家、集体、个人利益之间的关系，做到个人利益服从党和人民的利益、局部利益服从整体利益。

（四）是否切实地执行党的决议，严守党纪、政纪、国法，坚决做到令行禁止。

（五）是否密切联系群众，关心群众疾苦，艰苦奋斗，廉洁奉公。在个人利益同党和人民的利益发生矛盾时，自觉地牺牲个人利益。

三、基本方法

民主评议党员工作，在党委的领导下，以支部为单位有步骤地进行。

（一）学习教育。对党员普遍进行在新形势下坚持党员标准的教育，并同形势教育相结合。学习内容以《党章》《准则》及有关材料为主。

（二）自我评价。在学习讨论的基础上，对照党员标准，总结个人在思想、工作、学习等方面的情况，特别要检查对深化改革、保持廉洁、加强纪律的认识、态度和行动，肯定成绩，找出差距，明确努力方向。

（三）民主评议。召开党小组会进行民主评议，评议中要是非分明，敢于触及矛盾，认真而非敷衍地开展批评和自我批评，并采取适当方式，听取非党群众的意见。

（四）组织考察。支委会对党内外评议的意见进行实事求是的分析、综合，形成组织意见，转告本人，并向支部大会报告。

（五）表彰和处理。对民主评议的好党员，由党组织通过一定的形式给予表彰；对评议中揭露出来的违法乱纪等问题，认真查明，严肃处理；经评议认为是不合格的，支委会提出妥善处理意见，提交支部大会进行表决。对党员进行组织处理应十分慎重，原则要坚持，方法要妥当。对被劝退和除名的同志，党组织要做好思想工作。在他们出党后，仍要继续关心和团结他们，在工作中继续发挥他们的作用。

党员干部谈话制度

第一章 总则

第一条 为加强党员干部日常教育、指导、监督和管理，切实促进党员干部勤奋工作、廉洁从业，根据《中国共产党党内监督条例》《关于新形势下党内政治生活的若干准则》及有关要求，结合医院工作实际，制定本制度。

第二条 本制度所称党员干部，是指医院中层及以上人员。

第二章 谈话形式及内容

第三条 谈话形式主要有：任职谈话、廉政谈话、交流谈话、日常谈话、诫勉谈话、信访谈话。

第四条 谈话内容。

（一）任前谈话是对提任的党员干部要进行任职谈话，提出希望、要求及需要注意的事项。

（二）廉政谈话是对新提任的党员干部进行谈话，要求新任党员干部加强廉洁从业各项规定的学习，遵守廉政规定，做到清正廉洁；适时对现任党员干部进行廉政谈话，提出廉洁自律具体要求。

（三）交流谈话是对因工作需要轮岗交流的党员干部，要进行谈话，做好思想工作，介绍新的工作岗位情况，提出新的要求。

（四）日常谈话是对出现思想波动或在工作、家庭、生活中遇到困难的人员要及时进行日常谈话，为他们排忧解难，鼓励其振奋精神、积极进取。

（五）诫勉谈话是对未能正确履行党风廉政责任制规定职责的；述职述廉考评中称职率、廉洁率较低，以及隐瞒、回避重要问题，存在突出问题不认真改正的；不认真履行职责，给工作造成一定损失的；在政治思想、工作作风、团结协作、廉洁从业等方面存在苗头性、倾向性的问题，经初步核实，违纪事实情节轻微，可不追究党纪政纪责任的进行谈话。谈话要认真听取谈话对象陈述，并对其劝解提醒，明确提出需要注意的问题，批评帮助其认清问题并及时改正。

纪检监察科听到反映、接到举报、信访等，经核实发现党员干部有问题时，报请党委批准及时进行诫勉谈话。

（六）信访谈话是对来信来访有举报和反映问题的党员干部要进行信访谈话，了解核实情况，听取谈话对象的申辩和陈述，及时进行必要的提醒教育，使本人引以为戒，有则改之，无则加勉。

第三章　谈话方式

第五条　谈话方式。

（一）处室正职党员干部的任职、交流、日常谈话，由党委书记或委托党委副书记主谈，党委指定专人参加做好谈话记录。

（二）处室副职党员干部的任职、交流、日常谈话，可由党委副书记或主管领导主谈，党委指定专人参加并做好谈话记录。

（三）党员干部的廉政、信访、诫勉谈话，由医院纪委书记主谈，纪检监察科主任参加并做好记录，存入党员干部廉政档案。

（四）党员干部谈话，一般以个别谈话方式进行，必要时可采取集体谈话方式进行；信访谈话、诫勉谈话以个别谈话方式进行。

第四章　谈话的组织与协调

第六条　党员干部谈话工作由党委总体安排，党委办公室组织实施，纪检监察科根据需要配合开展。

第七条　在与党员干部谈话前，党委办公室应确定谈话对象和谈话形式及内容，提出谈话提纲送主谈人审定，并提前将经主谈人审定的时间、地点、主谈人及相关要求，通知谈话对象。

第八条　主谈人可根据谈话内容的需要，指定其他人员参加。

第五章　谈话要求

第九条　主谈人要认真听取党员干部的汇报和陈述，与其交换意见，进行帮助，给予提醒或警示，并提出改进意见。

第十条　谈话的党员干部须按要求认真报告情况，就主谈人提出的问题进行实事求是的汇报陈述，并对主谈人提出的提醒或警示以及改进工作的要求等做出明确的表态。

第十一条　主谈人及其他参加谈话的人员，必须保守工作秘密，不得泄露谈话内容，凡发现有违反组织纪律的，视情节情况给予相应处理。

第十二条　涉及举报问题的谈话，主谈人不得向谈话对象泄露举报人的姓名，更不得将举报信件直接交谈话对象阅看，否则将按有关规定追责。

第十三条　涉及举报问题的谈话，谈话对象要积极配合组织进行澄清，不准歪曲事实、欺骗组织，不准追查、打击报复举报人。凡发现违反者，将按有关规定严肃追究其责任。

个人重大事项报告制度

第一条 为进一步加强对全院各级领导干部人员的监督管理，促进领导干部廉洁自律，根据中共中央办公厅、国务院办公厅《领导干部报告个人有关事项规定》《领导干部个人有关事项报告查核结果处理办法》精神和市委、市政府、市纪委相关要求，结合医院工作实际，制定本规定。

第二条 本规定所称领导干部是指全院正科级以上人员。上述人员退出现职，但尚未办理退休手续的报告个人有关事项，适用本规定。

第三条 个人报告的重大事项，根据内容分为事前需请示的事项和事后应报告的事项两类。

第四条 事前需请示的重大事项范围。

（一）拟加入民主党派、社会团体；

（二）拟因私出国（境）考察、探亲、旅游、培训等；

（三）离开本市外出的；

（四）组织或本人认为其他需要事前向院党委请示的事项。

第五条 事后需报告的个人重大事项范围。

（一）本人婚姻发生变化的情况；

（二）本人因私出国（境）后的情况；

（三）配偶、子女移居国（境）外的情况；

（四）本人、子女与外国人、港澳台人士通婚的情况；

（五）本人的工资及各类奖金、津贴、补贴等；

（六）本人从事讲学、写作、咨询、审稿、书画等劳务所得；

（七）本人、配偶、共同生活的子女的房产情况；

（八）本人、配偶、共同生活的子女投资或者以其他方式持有有价证券、股票（包括股权激励）、期货、基金、投资型保险以及其他金融理财产品的情况；

（九）配偶、共同生活的子女投资非上市公司、企业的情况；

（十）无法拒收的礼金、有价证券、贵重物品的处理情况；

（十一）本人、配偶、共同生活的子女涉及重大民事纠纷的情况；

（十二）本人、配偶、子女及直系亲属受到执纪执法机关查处或涉嫌违法犯罪的情况；

（十三）近亲属（配偶、父母、子女及其配偶和本人的同胞兄弟姐妹）调入本院或在本院管理范围内提拔任用的情况；

（十四）组织或本人认为需向院党委报告的其他重大事项。

第六条 领导干部须如实报告个人重大事项，按照一事一报方式由本人填写。报告发生事项以及时间、地点、简要过程、涉及人员、财务情况等内容，报院党委备案。

按照规定需要事前请示的事项应提前七个工作日报告；事后报告事项应于事后七个工作日内报告。因外出、疾病等特殊原因不能按时报告的，应在特殊原因消失后的七个工作日内补报，并在报告中说明。

第七条 纳入提拔考察范围的干部应当在组织考察期间按照本规定报告个人有关事项。

领导干部辞去公职的，在提出辞职申请时，应当一并报告个人有关事项。

第八条 领导干部报告的重大事项材料，院党委明确专人保管。对于领导干部报告的重大事项内容，一般应予以保密，但组织认为应予公开或本人要求公开的，经履行必要程序后可采取适当方式在一定范围内公开。

第九条 院党委将领导干部贯彻执行本规定的情况纳入民主生活会以及述职述廉的一项重要内容，作为干部考察、考核的重要内容和依据。

第十条 院党委、院纪委应加强对本规定执行情况的监督检查，对检查中发现的问题或接到的群众举报，按照管理权限，经履行相关审批程序后进行调查核实。

第十一条 领导干部应按照客观、准确、及时的要求，实事求是地向院党委报告个人重大事项，主动接受组织和群众的监督。凡有下列情形之一的，根据情节轻重，给予批评教育、限期改正、责令作出检查、诫勉谈话、通报批评或者调整工作岗位、降级、免职等处理；构成违纪的，依照有关规定给予纪律处分。

（一）无正当理由不按时报告的；

（二）不如实报告的；

（三）瞒报、漏报的；

（四）不按照组织答复意见办理的。

第十二条　本规定所称“移居国（境）外”，是指领导干部的配偶、子女获得外国国籍，或者获得国（境）外永久居留权、长期居留许可。

本规定所称“共同生活的子女”，是指领导干部的未成年子女和由其抚养的不能独立生活的成年子女。

本规定所称“房产”，是指领导干部本人、配偶、共同生活的子女为所有权人或者共有人的房屋。

第十三条　本规定自印发之日起执行。

宣传工作制度

为进一步做好医院宣传工作，让社会和广大干部职工及时了解医院动态、新技术、新项目、服务举措等信息，弘扬广大医护人员爱岗敬业、救死扶伤、团结奋进的正能量，实现宣传工作的制度化、科学化、规范化，营造良好的舆论环境，使宣传工作更好地为医院科学发展和文化建设服务，树立医院品牌，结合医院实际，特制定本制度。

一、编辑制度

1. 严格遵守法律法规。宣传工作要严格遵守国家的法律法规和医院的规章制度，坚持正确的舆论导向，坚持实事求是的原则和以正面宣传为主的方针，不断提高宣传工作水平。

2. 三级审稿制。党委办公室对稿件实行三级审稿制，即编辑初审，党委办主任复审，重要稿件由主管领导终审。

二、信息发布制度

1. 党委办公室是医院宣传主管部门。党委办公室对全院宣传工作进行督导协调，负责提供对内（医院党建网、官网、院报、微信公众平台、宣传栏等）、对外（与各级媒体联络沟通）宣传工作平台。

2. 科主任作为本科室工作及业务的宣传负责人。各科室必须做好宣传信息的采集工作，将本科室工作动态、管理举措、新技术、新服务等新闻信息及时报送党委办。党委办公室根据稿件性质及新闻时效性，在最适宜的宣传平台予以发布。

3. 科主任负责监管本科室职工自媒体动态。维护医院形象，人人有责。任何职工不得在自媒体发布反党、反社会、反人民、反社会主义，曲解政策违背正确导向，无中生有散布虚假信息，颠倒是非歪曲党史国史，格调低俗突破道德底线，炫富享乐宣扬扭曲价值观以及挑战公序良俗等内容，如有以上情况发生并引起不良影响，除追究当事人责任外，还要追究科主任的责任。凡是涉及医院技术、管理、服务等与医院工作相关内容，职工在新媒体发布信息之前须由科主任审核把关，如果出现问题由科主任负责。

4. 统一宣传口径。为增强信息发布和媒体采访工作的严谨性、时效性，提高舆论引导能力，本院实施“统一宣传口径”制度。医院重大、重要信息必须由官网、微信平台、院报等载体统一发布，或由医院新闻发言人统一接受媒体采访，严禁各处室、职工自己私发微信、微博，严禁擅自接受媒体采访。

三、校对制度

1. 文字校对工作需由两个人以上进行，保证文字差错率在万分之三以下。

2. 重点检查有无错别字、标点符号使用是否得当、句子有无语病等语法错误，政治思想方面的提法务必与党中央保持一致。

3. 杜绝标题、时间、人名、地名、文章作者、常识发生差错。

（1）涉及省、市级领导职务及姓名时，与院长办公室核对，或登录省、市政府官网进行核实。

（2）涉及市卫计委领导职务及姓名时，与卫计委党办进行核实。

4. 解决和消除任何疑点。

四、杜绝虚假宣传制度

1. 严格遵守《中华人民共和国广告法》及《互联网广告管理暂行办法》，不做医疗广告。针对临床科室提供稿件中所涉及新技术、新项目，特别是“首例”“省内领先”“市内领先”“填补空白”等表述时，必须由文章作者同时提供电子版、纸质版，纸质版需经过科主任签字后，再出具医务处签署审核意见、主管院领导签署审核意见或出具网上查新检索证明（至少一种证明材料），以确保稿件内容客观真实。

2. 各处室上报至党委办的信息，凡是涉及科室管理、科室新闻的稿件，必须由作者同时提供电子版、纸质版，且需所在科室主任签字，确保稿件内容真实。科室微信公众号、职工朋友圈发布的医疗信息，科主任要严格把关，确保信息内容的真实性、合法性。

3. 医疗信息中不得使用国家级、最高级、最佳等绝对用语。

4. 对发布虚假宣传的科室，一经发现，党委办（医院）将对责任科室按综合质量管理考核标准进行处罚，且相关法律责任由科室主要负责人承担。

五、保护患者隐私权制度

医疗信息中，如涉及患者姓名、年龄、职业、肖像、病情等个人信息，编辑人员必须提醒作者与当事人沟通，杜绝发生侵犯患者隐私权情况。

新闻发言人制度

一、新闻发言工作遵循的原则

1. 坚持党的基本路线，维护医院的工作大局，促进社会稳定和医院发展。

2. 对外发布新闻须具有新闻价值，体现医院的权威性、指导性、公开性、时效性。

3. 新闻发布的内容要准确、及时、公正、严肃。

二、新闻发布的主要内容

1. 医院的发展战略、工作思路和政策措施。

2. 医院当前的中心工作和重大决策。

3. 医院管理、医疗、教学、科研、医院文化、民主法制、廉政建设等方面的重大情况。

4. 当前广大群众普遍关心的重大事项。

5. 有一定社会影响的重要活动、安全生产责任事故、公共卫生事件等事件。

6. 其他需要发布的事项。

三、新闻发言稿的制审程序

1. 起草。新闻发言初稿一般由新闻发言人起草，业务性较强的由有关处、科室起草。

2. 修改审定。起草的新闻发言稿需要由院长、党委书记进行批示修改、审定。

3. 归档。使用后的新闻发言稿，由医院相关部门（党办）立卷保管。

四、新闻发布的时间、方式与范围

1. 发布范围。一般邀请省、市各主要新闻单位参加。必要时，可邀请中央媒体驻秦皇岛市记者参加。

2. 发布时间。可根据需要不定期举行新闻发布会。

3. 发布方式。

（1）召开新闻发布会。

（2）由新闻发言人接受记者采访、答记者问和召开新闻单位“通气会”等方式进行发布。

（3）对社会影响特别重大的事件，上报上级主管部门，并协助上级主管部门举行发布会。

五、经费

新闻发布会所需经费，由医院列支。

门户网管理规定

总则

第一条　秦皇岛市第一医院门户网（以下简称“门户网”）是医院对外宣传的重要平台，也是医院信息化建设的重要组成部分。为了进一步规范医院门户网的使用与管理，进一步扩大医院影响，加强对外宣传和交流，根据《中华人民共和国计算机信息网络国家联网管理暂行规定》《中华人民共和国广告法》《互联网信息服务管理办法》《中华人民共和国保密法》等相关法律要求，结合本院实际情况，特制定以下管理办法。

第二条　门户网站实行管用结合的运行办法。由领导把关，统筹规划，分级管理，责任到人。网站组织管理的总体原则是统一管理、分工负责。

第一章　管理责任

第三条　为扎实做好医院门户网管理工作，经研究决定成立第一医院门户网管理领导小组。

第四条　党委办公室是门户网的牵头部门，负责门户网站运行的检查、协调督导和追责工作。各处室认真执行《中华人民共和国计算机信息网络国家联网管理暂行规定》《中华人民共和国广告法》《互联网信息服务管理办法》和《中华人民共和国保密法》等相关法律。

第五条　信息管理处负责网站的总体设计制作及门户网日常的维护和管理及网站建设的技术指导工作，协助做好网站技术维护和网络安全管理。如果出现网络瘫痪等紧急情况导致医院门户网不能正常运行的情况，由信息管理处处长负全部责任。

第六条 各责任科室负责各自模块的日常维护和管理，并承担模块栏目的信息上传及服务工作，落实专职管理员责任。

第七条 院长办公室、党委办公室、人力资源处、行风办公室、门诊办公室、医务处、体检中心、招标采购处有向门户网各自模块上传信息的权限，其他科室若有需要，可向党委办公室提交申请，党委办公室审核后，责成信息管理处开通权限并备案。

第八条 门户网信息发布实行审核制度，坚持“谁发布，谁负责”的原则。各科室负责对各自上传的资料负责。所有上网发布的信息内容须经本科室主要负责人审核签批后，交由各科门户网管理员发布；密级以上信息的发布须经主管领导审核批准后方能在门户网上发布，确保网站信息的真实性、时效性和合法性。

第九条 各科室对所发布内容负责，遵循“谁承诺，谁办理”的原则。各权限科室对信息发布的审核、发布、反馈、更新等工作，严格审查制度，定期维护信息，若发生对医院造成不良影响的情况，各权限科室负责人负全责。

第十条 各权限科室应该保证对模块内容的更新，至少每季度更新一次信息。

第二章 安全管理

第十一条 各权限科室责成管理员负责操作门户网的信息发布、上传、删除及更新维护的工作，管理员不得擅自转让账号，禁止将权限口令告知他人。

第十二条 任何人不得利用医院门户网散布含有危害国家安全和社会稳定的信息，不得宣扬暴力、色情等不健康内容，不得在门户网上发布侮辱、诽谤、损害他人、医院声誉的信息。

第十三条 各科室负责人以及网站管理员务必经常浏览、监测权限内模块的信息发布情况，发现有不恰当内容或其他问题应立即联系管理员删除。

第十四条 党委办公室将定期对医院门户网各权限科室信息更新情况进行督导检查，并在 OA 网公布结果。

具有下列情形之一的，将予以通报批评，追究科室负责人责任，并责令改正，必要时将追究相关人员法律责任。

（一）权限科室没有明确专门管理员的；

（二）经查所承担门户网站的模块信息审核、发布、反馈、更新等工作过于滞后的，超过一个季度没有更新的；

（三）上网信息缺乏真实性或失密，造成不良影响的；

（四）不能履行网上办公承诺或未能及时反馈相关信息的；

（五）影响医院及门户网站形象的。

第三章　附则

第十五条　本办法由党委办公室负责解释。

第十六条　本办法自发布之日起施行。

团委工作制度

一、团委例会制度

1. 每半年根据上级团委和院党委的工作意见研究团委的半年工作计划。每半年召开一次团委会，讨论研究工作。对团员青年的思想状况、工作表现进行一次全面系统的分析。

2. 同时针对重大活动和不同时期的中心工作等不定期地进行专题分析。每季度召开一次支部书记会议，安排布置工作。

二、团员教育评议制度

1. 团员教育评议活动每年年底或年初进行一次。

2. 团员教育评议一般为学习教育、民主评议、检查验收、总结处理四个阶段。

3. 学习教育要以加强团员队伍思想建设为中心，以加强医德医风教育为重点，形式多样、生动活泼地搞好教育。

4. 严格制定团员操行评议标准，按优秀、合格、不合格三个等级对团员进行评定，并填写《评议团员登记表》。

5. 对评选的优秀团员，院团委给予表彰，对经过帮助能够合格的团员进行教育，限期改正错误，对个别不合格团员，履行组织程序予以除名。

三、推荐优秀团员做党的发展对象制度

1. 推荐优秀团员做党的发展对象是基层团组织的一项经常性工作，以

团支部为单位，在院党委和上级团委、院团委的领导下进行。

2. 推荐优秀团员做党的发展对象，以团干部、青年医、护、技人员和其他专业技术骨干为重点。

3. 团支部负责做好积极分子的培养考察工作。

4. 推荐工作每年一次，或按党组织的要求随时推荐。

5. 院团委要对团支部的推荐工作加强指导，认真审核团支部的推荐意见，严格把关，随时和推荐对象所在的党支部取得联系，提出建议。及时把优秀团员、具备党员条件的青年吸收入党。

四、团费收缴、管理、使用制度

1. 缴纳团费是每个团员应尽的义务，团员必须自觉、按期、如数缴纳团费。

2. 有固定工资收入的团员，每月按工资比例缴纳团费。

3. 团支部应每月收缴一次团费并及时按比例上缴，做好团费收缴的记录，做到手续齐全。

4. 团委建立团费账簿，专人负责管理，按时按比例上缴，严格履行收支手续。

5. 团委留用的团费，主要用于团的活动和教育方面的开支，不得用于团员、团干部的福利，严禁用团费请客送礼。

志愿服务工作制度

一、指导思想

大力弘扬“奉献、友爱、互助、进步”的志愿者精神，以方便人民群众看病就医和提高健康素质为主要内容，贴近患者，贴近基层，贴近群众，大力弘扬志愿服务精神，形成机制健全、贴近实际、形式多样、广泛参与、真诚奉献的具有本院特色的志愿服务体系。努力构建和谐医患关系，推进医疗行业和全社会精神文明建设，促进医疗事业又好又快发展。

二、基本原则

1. 坚持以奉献爱心、服务患者、服务群众为主题，始终把公益性放在首位，充分体现志愿服务无偿、利他的基本要求。

2. 坚持全面动员、广泛参与。党团带头，充分调动全院志愿者力量，并积极吸纳高校学生、社会爱心人士等一切力量积极参与，健全激励机制，推动志愿服务活动深入持久开展。

3. 坚持服务医改大局，立足方便群众看病就医和提高群众健康素质，有针对性地设计项目、开展活动，长期短期相结合，体力脑力相结合，物质精神相结合，做到量力而行、务求实效。

4. 坚持“志愿服务在医院”与“志愿服务在基层”并重，改善医院医疗服务，加强服务基层社区、乡村医疗卫生机构的能力，同时，在城市社区和乡村为城乡居民提供健康咨询、健康教育服务。并根据工作发展，逐步将医院医务社工工作纳入志愿服务整体工作中来。

5. 坚持志愿医疗服务与实现医疗服务志愿者个人发展相统一，让广大医务人员和其他志愿者在奉献爱心过程中经受锻炼、增长才干。

6. 坚持自愿参与和社会倡导相结合，既尊重广大医务人员参与志愿医疗服务的意愿，又强调医务人员的社会责任，努力扩大活动的覆盖面，增强活动的影响力。

三、志愿者管理

（一）组织机构。

白衣天使志愿服务总队接受第一医院党委的领导，实行集体领导和个人分工相结合的原则，决定总队的主要工作，指导志愿者行动。设总队长 1 名，副队长 1 名，秘书 2 名；下设若干直属服务队，由总队统一管理；总队统一队旗，统一服务口号。

经费主要来源为医院拨款、社会捐助和其他合法收入。主要用途包括总队的活动费用、办公费用等。依照医院行政主管部门有关规定进行管理。只能用以促进有利于总队服务宗旨实现的各项事业，不得以营利为目的或以直接、间接的方式，支付、转移给任何单位和个人。

（二）志愿者招募。

凡是讲奉献、讲正气，热心志愿者工作和公益事业，有较强的责任感，承认医院白衣天使志愿服务总队章程，愿意参加总队活动的秦皇岛市第一医院在职适龄职工，填写志愿者注册登记表，均可成为白衣天使志愿服务总队志愿者。

凡是年龄在 18 周岁以上、65 周岁以下，身心健康，具有完全民事行为能力；思想品质优良，组织纪律性强，无不良嗜好，无违法乱纪行为；热心公益事业，具有奉献精神，不追求任何私利；具备从事志愿服务工作的时间和精力的社会人员，填写志愿者注册登记表，经医院白衣天使志愿服务总队审核和面试，均可成为白衣天使志愿服务总队志愿者。

（三）志愿者培训。

对志愿者进行定期或不定期培训。医院白衣天使志愿服务总队管理部门对新志愿者，特别是社会招募的志愿者进行岗前培训，培训志愿服务的基本知识、技巧和医院志愿服务的特殊性。对全部志愿者和参与服务活动项目的志愿者进行定期或不定期的专业培训，提高志愿者的整体素质和服务水平。

（四）档案管理。

医院白衣天使志愿服务总队对每位志愿者的资料进行建档备案，根据志愿者招募渠道和特长进行统一管理。志愿者个人档案包括编号、姓名、年龄、工作单位、政治面貌、技术特长、服务记录等。全部志愿者信息依托“燕赵志愿云”进行统一信息化管理。

四、志愿者的权利和义务

（一）志愿者的权利。

自愿加入或退出白衣天使志愿服务总队；选择合适自己的志愿服务活动项目；获得白衣天使志愿服务总队提供的各类信息、培训、认证；向白衣天使志愿服务总队提出意见和建议；获得志愿服务活动开展的必要条件和保障；有权要求保持自己的人格尊严和获得尊重；有权知悉参加志愿服务活动的有利影响和不利风险；享受相关法律、法规及第一医院所制定的相关规定赋予的其他权利。

（二）志愿者的义务。

遵守国家法律法规及医院相关规定；提供真实注册信息，遵守总队组织的志愿服务内容和范围，按照统一要求和规范参加活动，听从统一指挥和部署安排；自觉维护医院和志愿者的形象和声誉；参加总队和医院组织的志愿者培训，不断提高志愿者服务素质和水平；不得以志愿者身份从事任何以营利为目的或违背社会公德的活动；自觉维护服务对象的合法权益，尊重服务对象的意愿、人格和隐私。

五、志愿服务活动内容

为医院的各项重要活动、重大突发临时事件以及医疗卫生扶贫、抢险救灾、医学科普宣传以及其他社会活动、公益事业提供志愿服务。具体如下：

1. 组织志愿者利用非工作时间，为门急诊、住院患者提供志愿医疗服务。包括导医、导诊、预约诊疗、咨询、解释、护送、取药、陪同检查、取送检查检验报告单、费用查询、健康教育、投诉等服务。

2. 组织志愿者在高血压病日、爱眼日、爱耳日、爱牙日、无烟日、母乳喂养日、糖尿病和艾滋病日等健康日，“三八”“七一”“八一”“十一”、旅游旺季、春节等节假日开展主题活动，为群众提供健康教育、咨询、宣传、诊疗等志愿服务。

3. 组织志愿者进入城市社区、农村乡镇，走村串户，对广大城乡居民开展以培养健康生活方式为主要内容的宣传、教育、咨询等志愿服务活动。

4. 组织志愿者到重大活动、重要会议和大型赛事现场，提供秩序维护、健康保健咨询、现场医疗救援等志愿服务。

5. 组织志愿者在发生重大自然灾害、重大传染病和其他突发公共事件时，提供应急医疗救援和心理辅导服务。

6. 组织志愿者经常性地开展便民利民、敬老扶幼、优抚帮困、社会救助、环境保护、健康科普等服务活动。

7. 积极组织志愿者开展与院外志愿者组织和团体的交流。

六、考核与激励

建立志愿者考核制度。通过跟踪服务、信息反馈、时长统计等形式对全体志愿者统一管理考核。医院职工志愿者参加志愿服务的情况作为评先评优的重要依据；社会招募的志愿者考核优秀的实行奖励，考核不合格的将进行劝退。

建立志愿者激励制度。根据其从事志愿服务的时间、表现和成绩给予奖励，实行精神激励为主、物质鼓励为辅的激励制度。

离休干部管理制度

一、定期组织老干部学习党中央、省、市的方针、政策，通报医院的有关情况和新的动态。

二、负责协助有关科室落实好离休干部的政治、生活待遇。

三、负责离休干部的身体健康状况和医疗保健工作。

四、负责做好离休干部的文化娱乐工作，根据老年人的特点，不定期组织丰富多彩的文娱活动。

五、负责帮助离休干部解决生活等方面出现的困难，及时向院领导反馈他们对医院建设、管理等方面的建议和意见，使离休干部感受到组织的关怀和照顾。

纪检监察室工作制度

根据《党章》《宪法》《监察法》以及相关法律法规制定本制度。

一、维护党的章程和其他党内法规，检查党的路线、方针、政策和决议的执行情况。

二、协助党的委员会推进全面从严治党，加强党风建设和组织协调反腐败工作。

三、认真履行监督、执纪、问责职责，经常对党员进行遵守纪律的教育，作出关于维护党纪的决定。

四、依法依规对党的组织和党员领导干部履行职责、行使权力进行监督，受理处置党员群众检举举报，开展谈话提醒、约谈、函询。

五、依照权限检查和处理党的组织和党员违反党的章程和其他党内法规的案件，决定或取消对这些案件中的党员的处分。

六、依据党内法规进行问责或提出责任追究的建议。

七、依法受理党员的控告和申诉。

八、依法保障党员的权利。

行风建设管理办法

为进一步加强医院行风建设，全面推进制度创新和源头治理，规范诊疗服务行为、医疗服务收费和医疗质量管理，严肃行业纪律，实现行业形象从明显改变到根本转变，使行风建设制度进一步完善，行风建设工作更加系统化、细致化、规范化、合理化，特制定本办法。

一、在绩效考核中实行投诉处理连带责任制

为了体现医院的分级管理，发挥科室主任、护士长管业务必须管行风的职责，投诉处理将实行连带责任制。即工作人员受到投诉，科室主任、护士长负连带责任。

1. 对护理人员的有效投诉，1 起扣罚本人当月绩效考核分数 5 分，扣罚科室护士长绩效考核分数 3 分，扣罚大科护士长绩效考核分数 2 分，扣罚护理部主任 1 分。2 起及以上的以此类推。

2. 对医生的有效投诉，1 起扣罚本人当月绩效考核分数 5 分，扣罚科室主任绩效考核分数 3 分，扣罚医务处处长 1 分。2 起及以上的以此类推。

3. 对职能处室员工的有效投诉，1 起扣罚本人绩效考核分数 5 分，扣罚处长（主任）3 分。2 起及以上的以此类推。

4. 对临床、医技科室主任的有效投诉，扣罚本人当月绩效考核分数 5 分，扣罚医务处处长绩效考核分数 2 分。对护士长的有效投诉，扣罚本人当月绩效考核分数 5 分，扣罚大科护士长绩效考核分数 3 分，扣罚护理部主任 2 分。

5. 年度内个人受到 1 起有效投诉，取消本年度评先评优资格；3 起有效投诉，扣罚全年奖励性绩效；5 起有效投诉，扣罚精神文明奖。

6. 科室年度内受到 3 起有效投诉，取消本年度评先评优资格；6 起有效投诉，扣罚全科人员全年奖励性绩效；10 起有效投诉，扣罚全科人员精神文明奖。

7. 对于不执行首诉、首问、首诊负责制的科室和个人，按照 1 起有效投诉处理。

二、在医德医风考评中严格落实《医疗机构医务人员医德考评实施细则》

医德医风考评工作以河北省卫计委《医疗机构医务人员医德考评实施细则》（以下简称《细则》）为基础进行。考核只扣分，不加分。科室和个人设置基础分值为 200 分，依据《细则》的量化标准中的扣分项，结合医院工作实际予以扣分。具体扣分内容如下。

1. 无故不参加医院组织的职业道德教育、培训，每次扣 10 分。

2. 不遵守劳动纪律和岗位职责，无故迟到、早退、离岗、串岗，每次扣 5 分，旷工每次扣 10 分。

3. 日常工作或回访调查中被病人投诉，经核查属实的扣 10 分。

4. 未履行好告知义务，侵犯患者的知情权、选择权，造成不良后果的扣 10 分。

5. 与服务对象发生争执或有“生、冷、硬、顶、推、拖”现象，经核查属实，属首次的扣 10 分，屡教不改的扣 20 分。

6. 工作中发生的问题解决不及时或敷衍、回避造成严重后果的，扣 20 分。

7. 私自介绍病人外出体检、手术的，扣 10 分 。

8. 违反国家计划生育有关政策的，扣 10 分。

9. 过度检查、过度用药、无依据开具大处方，经核查属实的扣 10 分。

10. 不按时完成任务或不服从工作安排的扣 10 分。

11. 同志间不团结，影响工作的扣 10 分，因个人问题对医院造成不良影响的扣 20 分。

12. 学术上不尊重别人，故意诋毁他人名誉，造成不良影响的扣 10 分。

13. 受到市级媒体批评的扣10分；受到省级媒体批评的扣15分。

14. 有意捏造或歪曲事实，诬告陷害他人，严重损害单位形象的，一票否决。

15. 工作不负责任，造成群众上访，经核查属实的，一票否决。

16. 严重违反职业道德和医学伦理道德的，一票否决。

17. 医疗服务态度恶劣，造成恶劣影响或者严重后果的，一票否决。

18. 在医疗服务活动中索要患者及其亲友财物或者牟取其他不正当利益的，一票否决。

19. 在临床诊疗活动中，收受药品、医用设备、医用耗材等生产、经营企业或经销人员以各种名义给予的财物或提成的，一票否决。

20. 隐匿、伪造或擅自销毁医学文书及有关资料的，一票否决。

21. 出具虚假医学证明文件或参与虚假医疗广告宣传和药品医疗器械促销的，一票否决。

22. 违反医疗服务和药品价格政策，多计费、多收费或者私自收取费用，情节严重的，一票否决。

23. 不认真履行职责，导致发生医疗事故或严重医疗差错的，一票否决。

24. 受到国家级媒体批评的，一票否决。

年度内科室医德医风考评积分低于120分、个人积分低于170分的，取消评选医德医风先进科室和个人的资格。出现一票否决情形的，直接取消科室和个人评先评优资格，由主管领导进行诫勉谈话。

三、在院内实行合理化建议机制

为了鼓励广大职工积极参与医院管理，进一步畅通工作流程，提高工作效率，及时发现和处理隐患问题，把各项工作落到实处，医院实行合理化建议机制。合理化建议渠道包括日常反馈及每月的院内满意度调查。行风办公室负责收集汇总合理化建议。

院内满意度调查要求每个临床、医技科室每月必须对行政职能处室提出至少1条以上的意见及建议，行政职能处室相互之间每月至少提出2条以上的意见及建议。提出的意见和建议发送到行风办指定内网邮箱，由专人负责分析整理，并对所有内容保密。所有意见和建议不公示、不处罚，只作为问题线索用于医院工作改进的抓手。行风办将定期梳理、分类汇总，提交医院进行整改。各科室要本着认真负责的态度，实事求是地提出问题，严禁敷衍了事、当面不提、背后乱提。

四、在院内建立暗访机制

目前，医院部分工作流程不便捷、管理制度不完善；一部分工作人员还存在服务观念淡薄，服务质量不优，服务态度冰冷的现象。医院聘请院外行风监督员，每月进行暗访体验和检查，对医院的工作进行监督。暗访对象包括全院所有处室及外包公司的工作人员。暗访内容包括工作效率、就医流程、服务态度、行为规范、环境卫生、诊疗秩序等。

暗访发现的问题，属实的视同有效投诉，按照绩效考核连带责任制处理。

五、投诉案例曝光制

行风面前不讲情面，为了发挥警示作用，唤醒全院职工的责任意识，行风办将对日常、回访、暗访等有效投诉及发现的问题给予曝光。曝光方式为院内 OA 网及院周会。所有曝光的问题直接写明事由、处理结果、责任科室和责任人。让这部分人红脸出汗丢面子，让大多数人引以为戒受教育，起到用身边事警醒身边人的作用。

精神文明建设工作制度

一、医院精神文明建设要以习近平新时代中国特色社会主义思想为指导，坚持“两手抓，两手都要硬”的方针，切实加强对精神文明建设的领导。

二、医院成立精神文明建设委员会，负责医院精神文明建设的领导工作。由医院党委书记任主任，相关领导任副主任，医院有关职能部门负责人为委员。

三、精神文明建设委员会秘书处是精神文明建设委员会的常设办事机构，具体组织、协调精神文明建设活动。

四、各科室由主要负责人负责本科室的精神文明建设工作。

五、要把医院精神文明作为一项重要工作来抓，在党组织领导下，根据各自的特点，抓好职工的思想道德教育，积极开展精神文明建设的实践活动。

六、要积极开展创建“文明科室”“文明窗口”活动，要把创建工作与创先评优结合起来，提高医院的文明服务水平。

七、要坚持开展健康有益的文化、艺术、体育、娱乐活动，丰富职工业余文化生活。

投诉管理办法

为加强医院投诉管理，规范投诉处理程序，维护正常医疗秩序，保护医患双方合法权益，根据卫生部、国家中医药管理局制定的《医院投诉管理办法（试行）》，制定本办法。

一、本办法所称投诉，主要是指患者及其家属、本院员工等有关人员（以下统称投诉人）对医院提供的医疗、护理服务、环境设施及医院管理等不满意，以来信、来电、来访等方式向医院反映问题，提出意见和要求的行为。

二、医院投诉的接待、处理工作，贯彻“以病人为中心”的理念，遵循合法、公正、及时、便民的原则。医院全体工作人员牢固树立“以病人为中心”的服务理念，全心全意为患者服务，热情、耐心、细致地做好接待、解释、说明工作，把对病人的尊重、理解和关怀体现在医疗服务全过程中。

三、医院由行风办统一受理投诉，认真听取投诉人意见，核实相关信息，并如实填写《医院投诉登记表》，如实记录投诉人反映的情况，应由来访者签字（或盖章）确认。

四、院行风办接到投诉后，应当及时向当事部门、科室和相关人员了解、核实情况，在查清事实、分清责任的基础上提出处理意见，并反馈投诉人，当事部门、科室和相关人员应当积极予以配合。

五、院行风办要与各职能管理部门密切协作，共同做好投诉管理工作。主要包括：医疗、医技投诉由医务部分工负责；护理投诉由护理部分工负责；门诊投诉由门诊部分工负责；物价投诉由医保物价科分工负责；医院环境等后勤投诉由总务科、生活科分工负责；安全投诉由保卫科分工负责等。以提高医疗质量，保障医疗安全。

六、各投诉分工管理部门履行以下职责。

1. 受理分工投诉；

2. 调查、核实投诉事项，提出处理意见，及时答复投诉人；

3. 分析投诉信息，提出加强与改进工作的意见或建议，并督促落实。

七、医院投诉接待实行“首诉负责制”。投诉人向有关部门、科室投诉的，被投诉部门、科室的工作人员应当予以热情接待，对于能够当场协调处理的，应当尽量当场协调解决；对于无法当场协调处理的，接待的部门或科室应当主动引导投诉人到投诉管理部门投诉。

八、对于情况较复杂，需调查、核实的投诉事项，一般应当于5个工作日内向投诉人反馈相关处理情况或处理意见。对于涉及多个科室，需组织、协调相关部门共同研究的投诉事项，应当于10个工作日内向投诉人反馈处理情况或处理意见。

九、涉及医疗事故争议的，应当告知投诉人按照《医疗事故处理条例》等法规，通过医疗事故技术鉴定、调解、诉讼等途径解决，并做好解释疏导工作。

十、医院工作人员有权对医院管理、服务等各项工作进行内部投诉，提出意见、建议。医院及各相关投诉管理部门应当予以重视，并及时处理、反馈。临床一线工作人员，对于发现的药品、医疗器械、水、电、气等医疗质量安全保障方面的问题，有责任向各相关投诉管理部门反映，各相关投诉管理部门应当及时处理、反馈。

十一、医院将投诉管理纳入医院质量安全管理体系，投诉统计结果与年终考核、医师定期考核、医德考评、评优评先等结合。

十二、医院主要领导是医院投诉管理的第一责任人，各分管副职领导是各分管职能部门投诉管理的直接责任人，各分管职能部门负责做好分工投诉处理工作。

首诉负责制度

1. 投诉人是指患者及其家属、医院内部员工等有关人员。

2. 医院投诉接待实行“首诉负责制”。投诉人向有关部门、科室投诉的，首个接待投诉的部门、科室及工作人员应当予以热情接待，对于能够当场协调处理的，应当尽量当场协调解决。

3. 对于无法当场协调处理的，首个接待投诉的部门或科室应当主动引导投诉人到院行风办投诉。如人员允许，应派人将投诉人领到行风办，或打电话联系行风办，并告知投诉人行风办接待人及具体地点。

4. 严禁对投诉人不接待、不协调处理，或不引领、不联系到行风办的现象发生。

科室、职工内部投诉管理规定

为进一步加强科学化、规范化管理，进一步畅通工作流程，提高工作效率，把各项工作落到实处，特制定本规定。

一、行风办公室负责受理科室和职工的内部投诉。

二、对科室间工作的不配合、不作为或慢作为可随时进行投诉。

（一）被投诉科室在接到行风办公室整改通知后，应立即采取措施进行整改，不得拖延或敷衍。

（二）如被投诉科室认为投诉不准确、不合理、不符合相关规定要求，应以书面报告的形式说明理由，并提出相应的解决措施。书面报告经主管领导签字确认后报行风办公室。

（三）属于被投诉科室自身不能解决、需院领导层面协调的投诉问题，被投诉科室应以书面报告的形式上报主管院领导，主管院领导接报后应及时与相关院领导进行沟通协商，明确解决方案。解决方案由被投诉科室以书面报告的形式经主管领导签字确认后报行风办公室。

（四）重大问题、需领导班子集体研究决定的，主管院领导应及时向主要领导报告，召开党政联席会议进行研究，投诉科室和被投诉科室可列席会议。

三、行风办公室每月进行临床、医技科室和行政、后勤处室间的满意度调查，收集意见和建议，下发整改通知书。

四、各科室填写的满意度调查表，要广泛征求科室内部职工的意见认真填写，严禁敷衍了事、当面不提、背后乱提。

工休座谈会制度

工休座谈会是收集住院病人意见的一种方法。通过与住院病人或家属的交流，了解其对医院的评价、需求、建议，特制定医院工休座谈会制度。

一、座谈时间：一季度一次。

二、座谈类型：行风办组织、科室组织等两种类型。

三、座谈对象：住院病人或家属（要求住院 3 天及以上）。

四、参加人员：医务处、护理部、党委办公室、院长办公室、总务处等相关科室参加。

五、座谈主持：行风办、科护士长。

六、座谈内容：宣传医院的规章制度，征询患者对医疗技术、员工服务、就医流程、医疗价格、环境设施、医院饮食、医院管理及医德医风建设等方面的意见、建议。

七、座谈方式：提前一天请科室护士长发送邀请函给病人或家属，每个病区选择 1 ～ 2 位。召集各病区参会人员，集中进行座谈交流。

八、座谈会议记录：做好参会人员签到，详细记录参会人员的意见和建议。

九、行风办收集意见和建议，多部门问题提交院办室进行整改，个别问题反馈给有关科室进行整改，跟踪整改结果。

患者表扬及投诉的奖惩规定

为进一步加强医院行风建设，改进工作作风，提升服务水平，优化服务环境，为患者提供更加优质、高效的医疗服务。特制定医院关于患者投诉处理的有关规定。按照医院绩效管理考核的要求，新的奖惩规定按照缺陷管理执行，具体内容如下。

一、受到患者日常表扬的，每次给予医德医风考评加 0.25 分。受到患者回访表扬的，每次给予医德医风考评加 0.5 分，同时给予 20 元的奖励。

二、投诉管理范围包括全院所有在职职工及返聘专家。投诉来源包括日常来电来访、市长热线、门户网站、出院患者回访等。

三、年内第一次受到有效投诉的，依情节轻重扣罚科室或个人绩效考核分数 1 ～ 5 分。第二次受到有效投诉的，依情节轻重扣罚科室或个人 6～10分。第三次受到有效投诉的，依情节轻重扣罚科室或个人11～15分，同时取消该科室本年度所有评先评优资格。

四、个人年内受到三次及以上有效投诉的，取消本人本年度所有评先评优资格。

五、对于服务态度恶劣、患者投诉到市级及以上机构或媒体，给医院声誉造成严重不良影响的，依据情节及后果，作出如下处理。

（一）给予当事人扣发不少于一个月的奖励性绩效的处罚。构成违纪的，给予相应的党纪政纪处分。

（二）当事人所在科室扣罚当月绩效考核分数 15 分。

（三）取消当事人及所在科室本年度所有评先评优资格。

六、对所有来源的投诉、意见及建议，所在科室主任必须与患者沟通，属于误解的消除误解，属于有错误的赔礼道歉，需要解决问题的，给予指导解决，直到患者满意为止。对于不配合、不解决、不沟通的科室，1 次扣罚科室绩效考核分数 5 分，2 次扣 10 分，以此类推。

七、受到投诉和回访患者提出批评意见的科室，要分析原因，认真整改。

八、行政后勤处室受到临床医技科室或患者有效投诉的，第一次扣罚当月绩效考核分数 2 分，第二次扣罚 4 分，第三次全部扣罚，同时取消该处室本年度所有评先评优资格。

九、被投诉人或科（处）室对投诉有疑议的，应当在接到投诉后 5 个工作日内写出书面申诉报告，经科（处）室主任签字后上报行风办公室，由行风办公室与投诉人进行核对。行风办要依据核对的结果，再作出相应处理。

上交及收受"红包"、违规收费的奖惩规定

一、收受患者"红包"，一经查实，给予收受金额3倍经济处罚并停职检查。

二、索要患者"红包"，一经查实，给予索要金额10倍经济处罚并停职检查。

三、收受或索要患者有价证券、支付凭证和贵重礼品，视同于收受"红包"并进行处理。

四、收受厂家、商家或经销人员的各种"回扣"，一经查实，收缴"回扣"所得，给予收受金额10倍经济处罚并停职检查。

五、参加厂家、商家或经销人员组织或支付费用的营业场所的娱乐活动，视同于收受"回扣"进行处理。

六、在为患者诊治过程中，将材料费、检查费、治疗费以现金或代金券等形式收为己有，不上交医院收费系统的，一经查实，除收缴所得外，给予收受金额3倍处罚并给予待岗处理。

七、在为患者诊治过程中凡需免费的，需经所在科主任批准同意，凡擅自做人情检查，不收取材料费、检查费、治疗费的，一经查实，给予3倍经济处罚。

八、上述处罚规定，科室主任应传达到科室所有人员，如出现违规行为，调查发现科室主任未传达到当事人的，科主任承担处罚金额的80%，当事人承担20%；已传达到当事人的，当事人承担处罚金额的80%，科室主任承担20%。科室主任本人即为当事人的，立即停止职务并按上述规定进行处罚。

九、发生上述违规行为，当事人、责任人取消年度各种评先评优资格，不得晋升职称、职务，必要时停止执业资格。构成违纪的给予相应的党纪、

政纪处分。

十、累计收受“红包”“回扣”、私自收费金额达到刑罚标准的，移交司法机关处理。

十一、上交“红包”或把“红包”以患者住院押金的形式返还患者的，医院将对医务人员给予上交“红包”金额10%的奖励。

十二、院回访中心将对出院患者逐人询问医务人员收取红包情况，一经发现查实，将按上述条款处理。

患者回访工作制度

一、负责对在医院接受诊疗服务，并已出院的患者进行回访。

二、了解患者出院后，对医院工作人员的服务态度、服务质量、廉洁行医、医院环境、医疗收费、医院后勤服务及医院管理等方面的满意程度。

三、回访患者时要态度和蔼、语言亲切、热情耐心。

四、回访中心负责人，要负责回访信息导入、患者意见、建议的统计。

五、认真做好回访记录，整理归纳患者对医疗服务工作提出的意见、建议及表扬情况，形成反馈表格定期下发到相关科室。

出院随访工作制度

为提高患者服务管理质量，将医疗护理服务延伸至出院后，使住院病人的院外康复能得到专业、便捷的服务和指导，患者回访中心特制定出院病人随访制度。

一、随访范围：凡在本院住院的患者均需进行出院后随访。

二、随访时间与频次：原则上一般病人一周、慢性病人二周、肿瘤病人三周，可根据工作需要适当调整，但时限在三十日内。

三、随访方式：包括电话回访、短信、微信及接受咨询等。

四、随访内容：了解患者出院后的治疗效果、病情变化和恢复情况、如何康复、何时回医院复诊等。随访后应做好登记。

五、随访时，应仔细听取患者或家属意见，诚恳接受批评，采纳合理化建议，做好随访记录。

六、随访中，对患者的询问，如不能当即答复，应告知相关科室的电话号码或帮忙联系、预约专家及微信随访等，及时给予解决处理。

七、随访后对患者再次提出的意见、建议、投诉及时逐条整理汇总，向相关部门进行反馈，并有处理意见和处理结果。

特定患者定期随访制度

一、特定患者的范围由科室内部讨论决定并上报患者回访中心，主要包括以下几方面。

（1）根据科研需要开展新技术、新项目的病人；

（2）重点专科、重点学科有临床需要的病人；

（3）需长期治疗的慢性病人或疾病恢复慢的病人；

（4）其他需要开展定期随访的特定患者。

二、随访方式：包括电话随访、短信、微信及接受咨询等。

三、随访内容：包括根据疾病随访问卷，了解病人出院后的治疗效果、主诉、体征变化和恢复情况，指导病人如何康复、何时复诊等。

四、随访时间应根据病人病情和治疗需要及临床科研要求而定，一般需长期治疗的慢性病人或疾病恢复慢的病人出院 2 ～ 4 周内应随访一次，此后至少 3 ～ 6 个月再随访一次，特殊患者年内 3 个月一次、6 个月随访一次，此后每年随访一次，并做好随访记录。

五、及时将随访数据进行统计分析。

职工代表大会制度

每年举行一次，由工会筹备，听取院长一年来医院的工作汇报，听取工会主席一年来医院工会的工作汇报，审议并通过下一年的医院工作计划和工会工作计划，讨论通过有关的重要议案。

第一条　根据《中国工会法》《中国工会章程》和《河北省企业代表大会条例》，结合医院民主管理工作的实际，特制定本制度。

第二条　职工代表大会每年召开 1 ～ 2 次。职工代表大会召开时应明确中心议题，中心议题由党政工联席会议和基层工会主席会议提出意向，工会广泛征求职工代表和职工群众的意见，提请院党委讨论通过。院工会在职工代表大会召开七日前向职工代表公开会议议程。

第三条　职工代表大会提案，应围绕职工代表大会中心议题来征集。在职代会召开前十五日，由工会下发《职工代表大会提案征集表》，发至各代表组，由职工代表一人提议、二人以上附议，填写提案征集表，提案工作小组整理立案，送行政分管领导批转有关部门处理，并形成书面材料，在下次职代会上作专题报告。

第四条　院工会召开主席团扩大会议，研究制订代表名额分配和职代会候选人推荐方案，报院党委征求意见，经院党委同意后，由党委转发各支部和各基层工会。

第五条　全院工会自下而上民主选举职工代表。

第六条　召开主席团扩大会，讨论代表候选人名单、大会主席团成员及大会执行主席、秘书长、代表资格审查小组成员、大会总监票人、监票人、总计票人、计票人的建议名单、大会议程等，报院党委审批。

第七条　召开预备大会。1. 通过大会主席团成员及大会执行主席建议名单。2. 通过大会秘书长建议名单。3. 通过代表资格审查小组成员建议名单。

4. 通过大会议程。5. 通过总监票人、监票人、总计票人、计票人建议名单。6. 代表资格审查小组组长作代表资格审查报告。

第八条 召开正式大会。1. 执行主席宣布大会开幕。2. 院党委领导讲话。3. 上级工会领导讲话。4. 听取和审议院长行政工作报告。5. 听取和审议上届工会、职代会工作报告。6. 听取和审议上届工会经费审查委员会工作报告。7. 听取和审议单项文件的说明。8. 总监票人宣布填写选票注意事项。9. 代表填写选票、投票。10. 院行政领导讲话。11. 通过上届工会、职代会工作报告和经费审查工作报告的决议。12. 总监票人向大会报告选举情况。13. 执行主席宣布选举结果。14. 院工会领导讲话。15. 宣布大会闭幕。

第九条 将大会产生的所有原始记录整理成卷宗，按要求归档。

第十条 职工代表大会进行选举和审议通过重大事项，采取无记名投票表决方式，一般事项也可采用其他表决方式，但必须经全体职工代表过半数通过。

第十一条 职工代表大会闭幕后，各部门（科室）应及时组织传达职代会精神，研究制订贯彻实施计划，动员职工完成职代会提出的各项任务。工会适时组织传达职工代表开展其他形式的民主管理活动。

职工代表大会实施细则

第一章　总则

第一条　为认真贯彻党的全心全意依靠工人阶级的指导方针，依法保障医院职工参与民主管理和监督，维护职工合法权益，充分调动和发挥全院职工群众的积极性、智慧和创造力，促进医院的改革、发展和稳定。根据《中国工会法》《中国工会章程》和《河北省企业职工代表大会条例》，结合医院民主管理工作的实际，特制定本实施细则。

第二条　职工代表大会是医院实行民主管理、监督和协调劳动关系的基本形式，是职工依法行使民主管理权力的机构，是基层民主政治建设的基本制度。医院在建立和实行院长负责制的同时，要坚持和完善职工代表大会制度和其他民主管理制度，依法保证和发挥职工代表在审议医院重大决策、监督行政领导、维护职工合法权益等方面的权利和作用。

第三条　职工代表大会在医院党委的领导下，在法律规定的范围内行使职权。要认真贯彻执行党的路线、方针、政策和国家的法律法规，正确处理国家、集体和职工个人三者利益关系，充分发挥职工的社会主义积极性和创造性，加强社会主义物质文明和精神文明建设，提高医疗质量、教学和科研水平，为把医院建成服务优良、技术领先的医院而奋斗。

第四条　医院工会委员会是医院职工代表大会的工作机构，负责职工代表大会的日常工作，检查、监督职工代表大会决议的执行，有权代表和组织职工进行民主管理和民主监督，依法独立自主地开展工作。

第五条　职工代表大会的组织原则是民主集中制。

第二章 职权

第六条 秦皇岛市第一医院职代会行使下列职权。

（一）听取讨论院长、工会主席的工作报告，对医院的发展规划、重大改革方案、财务工作报告、工会工作报告及其他有关医院发展的重大问题，提出意见和建议。

（二）讨论通过医院提出的院内职工聘任、奖惩、分配、改革的原则、办法及其他与职工权益有关的重要规章制度，院长颁布实施这些规章制度，要充分考虑职工代表提出的意见。

（三）审议有关职工的集体福利基金使用方案和其他有关生活福利的重大事项，讨论与职工切身利益有关的基本规章制度，将相关意见报告院长，院长做出必要的答复，经院长办公会决定并颁布实施。

（四）根据中共中央《党政领导干部选拔任用工作条例》的规定，评议、监督医院各级领导干部，职代会可以提出民主推荐各级领导干部的建议人选。

（五）其他需要经职工代表大会审议或决定的事项。

第七条 院长要定期（至少每年一次）向职代会通报情况或报告工作，听取意见。医院领导和职能部门应认真对待职代会的决议和提案，尊重和支持职代会行使民主管理和监督的职权，根据需要邀请职代会代表参加医院有关工作和问题的讨论研究，必要时，职代会可根据职工的要求，邀请有关职能部门负责人汇报情况、听取意见。

第八条 职代会要尊重和支持院长及行政系统行使指挥权，教育职工严格遵守医院各项规章制度，以主人翁的责任感努力完成各项工作任务。

第三章 职代会代表

第九条 医院实行职工代表大会同工会会员代表大会合一制度。因此，必须是按照法律规定享有政治权利并加入了工会组织的医院职工方可选为职工代表。根据有关规定，职工代表数额占全院职工总数的10%左右。代表以支部、基层工会为单位，由职工直接选举产生。代表的构成要照顾到医院各方面人员，要充分体现医院医疗、教学和科研三个方面，其中医务和科技人员代表不少于全体代表人数的60%。女职工、青年职工和具有高级职称的代表，应占适当比例。医院党政领导、现任工会领导，从工作需要出发，应是职代会代表，选举时，由于代表名额所限，可将他们的名额分配到基层工会参加选举。

代表实行常任制，任期三年，到期改选，可以连选连任。代表受原选举科室职工的监督，必要时原选举科室可以依照规定的程序撤销、更换或补选本单位的代表。

第十条　职代会代表的权利。

按照规定程序，有权提出提案和议案；有权就大会的各项议程充分发表意见，提出建议，参加表决；有权对职代会的工作提出批评和建议；有权对医院和各职能部门提出询问，因行使正当民主权利而遭受打击报复时，有权向有关部门申诉、控告。

第十一条　职代会代表的义务。

努力学习并模范执行党的方针、政策和国家法律法规，不断提高政治觉悟、业务水平和管理能力；模范地遵守职业道德和社会公德，自觉遵守各项规章制度，认真做好本职工作；积极参加职代会的活动，认真贯彻职代会的决议，做好职代会工作；密切联系群众，广泛听取和反映群众意见及要求，代表广大群众利益，做好群众工作，发挥桥梁作用。

第十二条　根据需要，职工代表大会可邀请列席代表、特邀代表出席会议。列席代表、特邀代表有发表意见和建议的权利，无表决权和选举权。

第十三条　在开职工代表大会时，选举大会主席团主持会议。主席团成员在代表中产生，并在职代会预备会议上通过。主席团成员应由医院各方面人员代表组成，其中包括院党政工团主要领导干部。主席团的主要职责是：主持召开大会；领导大会期间的各项活动；听取和综合各代表团对各项议案审议的意见；审议提交职代会讨论、通过和决定的事项；起草大会决议；主持大会选举；处理大会期间其他重大问题。

第十四条　职工代表大会每三年一届，定期开会。职代会每年至少召开一次全体代表大会，也可与工会会员代表大会同时召开。代表大会到会人数必须超过代表的三分之二方可召开。大会的表决，必须经与会代表半数以上通过方为有效。遇有重大事项，经医院党、政、工领导研究或根据三分之一以上代表提议，可以提前召开大会或召开临时代表会议。

第十五条 职代会的议题，应根据医院的中心工作和群众迫切关心的问题，在广泛听取职工意见的基础上，由院党政领导或新一届职代会筹备委员会提出，经院党委讨论批准后，提请大会审议、通过。

第十六条 职代会代表一般以基层工会为单位组建代表团，各代表团选举团长一人、副团长一至二人，实行常任制，任期三年。代表团团长的职责是：会议期间组织代表团讨论，收集代表提案，做好其他有关工作；闭会期间主动联系代表和广大职工群众，随时反映各种意见和建议；参与医院或本部门的民主管理和民主监督。

第十七条 职代会根据需要设立专门工作委员会，完成职代会交办的有关工作。如提案工作委员会、生活福利工作委员会、女职工工作委员会等。专门工作委员会人选，一般在职工代表中产生，由工会或职代会筹备委员会（领导小组）提出，提交职工代表团团长会议通过。职代会专门工作委员会一般由 3 ～ 7 人组成，设主任委员 1 人。专门工作委员会对职代会负责，在院党委领导下开展工作。

第十八条 在职工代表大会闭会期间，根据工作需要或遇急需解决的重大问题，可由院工会召集由各职工代表团团长、专门工作委员会负责人、工会委员会委员参加的联席会议协商处理。联席会议可根据研究内容邀请有关领导和人员参加。联席会议讨论和临时处理的问题，应形成书面处理意见，向下一次职工代表大会报告，予以确认。

第四章 工作机构

第十九条 院工会委员会作为职代会的工作机构，在院党委的领导下，会同有关部门做好下列工作。

（一）职代会的筹备工作和会务工作，组织选举职工代表，征集和整理提案，提出会议方案和主席团建议人选，报院党委批准。

（二）职代会闭会期间，组织传达贯彻大会精神，督促检查大会决议和提案的落实，组织各代表团及专门工作委员会的活动，召集职工代表团团长、专门工作委员会负责人联席会议。

（三）代表职工参与医院有关重大事项的讨论，参与民主评议领导干部工作，积极推进医院的民主管理和民主监督。

（四）协同有关职能部门组织职工代表的学习和培训，努力提高职工代表的素质。

（五）向职工代表和群众进行宣传教育，维护和保障职工合法权益和民主权利，受理职工代表的意见、建议和申诉。

（六）负责大会召开前向上级有关部门拟写请示报告和大会结束后的有关大会情况的汇报。

（七）完成职代会委托的其他任务。

第五章　附则

第二十条　本细则经医院职工代表大会通过后实施。

第二十一条　本细则由院工会委员会负责解释。

群众工作室制度

1. 关心关注职工群众的生产生活，特别是一线职工的生活，着力解决生活中的难点。

2. 从职工群众需要出发，积极协助院党委和院行政为职工办实事，提高职工的福利待遇。

3. 广泛开展便民利民服务，组织慰问困难职工和因病住院职工，定期组织送温暖、送文化、送服务活动。

4. 为职工群众提供政策咨询、心理疏导、权益维护等方面的服务。

5. 将群众工作室打造成为服务职工群众的窗口。

6. 群众工作室在正常工作时间全天开放。

7. 全院职工只要有需要诉求的事情，可随时到工作室面对面交流、反映和咨询，也可以打电话，真正做到及时了解社情民意，增强工作的预见性。

领导接访制度

1. 在院党委、院行政的统一协调下，做好党、政、工领导干部接访约访事宜，每周轮换安排一名院领导公开接访一天，与职工面对面交流，解答职工关心的热点难点问题。

2. 在公开接访的基础上，筛选问题复杂、涉及人数较多、职工特别关心关注的重要信访事项进行约访，主动与职工群众沟通，避免积累发酵、激化升级。

3. 院领导接访安排情况，在“群众工作室”内长年公示。

4. 建立部门协调会议制度，对群众反映的事项共同研究，协调解决。

第四部分

业务管理制度

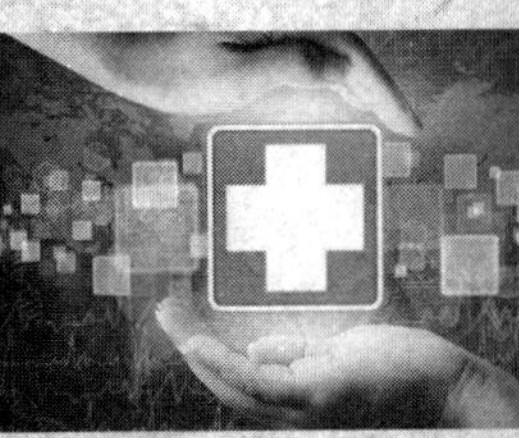

关于举办继续医学教育项目经费使用的管理规定

一、医院主办的各类继续医学教育项目经费要坚持“以项目养项目”的原则，医院给予一定的“继续教育培训费”资助。国家级继续教育项目给予 2 万元 / 项；省级继续教育项目给予 1 万元 / 项；市级继续教育项目 3000 元 / 项（一年资助总额不超过 6000 元）。

二、经费支出范围：专家授课费、食宿、交通等费用；参会代表伙食费；场地、设备租赁费；资料费：包括文具、纸张、文件印刷等；其他费用：包括通信费用、邮递、论文审编等；项目申报审批时的相关费用及会议筹备期间发生的费用。

三、由秦皇岛市第一医院主办或承办的各学科、各专业相关的“京津冀一体化会议”，如有现（候补）国家级主委或院士参加，医院按照国家级继续教育项目的标准给予“继续教育培训费”资助。

四、由秦皇岛市第一医院主办或承办的各学科、各专业相关的“京津冀一体化会议”，如有现（候补）省级主委参加，医院按照省级继续教育项目的标准给予“继续教育培训费”资助。

五、举办会议需提交相关材料给教育处，由主管院长、院长审批后给予资助。

本院职工参加专科医师规范化培训管理规定

一、参加专科医师规范化培训条件

1. 具有相关专业中级或中级以上职称的医务人员。未晋升中级职称的医务人员，原则上不允许参加专科医师规范化培训。

2. 医院优先推荐各学科（专业）的后备带头人、主要业务技术骨干参加培训。

3. 如报名人数较多，则由医院统一组织考试，优先推荐成绩优秀的人员参加培训。

4. 各学科（专业）同一周期内只允许一人参加培训，须前一人结业后才允许下一人报名。

二、参加专科医师规范化培训程序

1. 参加培训的本院职工需在报名前向教育处提交申请书，须本科室主任、教育处主任、院领导审批同意后方可报名。

2. 凡参加专科医师规范化培训的人员，须提前一周到教育处办理培训相关手续，由教育处存档。

三、参加专科医师规范化培训相关要求

1. 参加规范化培训的人员在培训期间享受的待遇按照个人所签合同执行。

2. 参加规范化培训的人员必须遵守培训单位的各项规章制度，认真履

行岗位职责，参加培训期间如遇特殊情况需请假，须取得双方单位同意，否则按旷工处理。由于个人原因违反培训单位的各项规章制度，导致的医疗差错、事故等，后果由个人承担。

3. 参加规范化培训的人员须根据本专业要求按期结业，如未能按期结业，则延期期间停发其工资、各种保险及福利费用等。

4. 参加规范化培训期间获得的博士同等学力不享受医院对获取博士学位人员的工作补助等待遇。

5. 培训结业后 10 年内，无论以何种理由申请调离医院，都应将学习期间医院为其支付的工资、各种保险、福利费用及培训费、食宿费、交通费、差旅费等一切费用退还给医院，并向医院支付 5 万元违约金，方可办理调离手续，否则医院不予办理。

在职人员读取硕士学位的管理规定

一、攻读硕士人员在拿到录取通知书后一月内，持通知书到教育处办理相关手续，包括经科主任、教育处主任、主管院长和院长批准的书面申请及签订协议书等。

二、脱产学习期间，医院停发奖金。毕业回院工作后，持学位证书、发票等相关材料，到教育处备案。医院给予报销学费 6000 元。

三、以毕业之日算起，该研究生须继续为医院工作累计达 5 年以上（外出进修学习时间不计算在其中），以便能更好地发挥所学专长为医院服务。如在此期间以任何理由申请调离医院，都应将医院为其支付的工资、学费以及在此期间外出进修、学习的各种费用等退还医院，并向医院支付 5 万元违约金方可离开。

在职人员读取硕士学历的管理规定

一、攻读硕士研究生的在职人员在拿到录取通知书后一月内，持通知书到教育处办理相关手续，包括经科主任、教育处主任、主管院长和院长批准的书面申请及签订协议书等。

二、上学前与医院签订协议书者毕业后方可回院工作，回院工作后所学专业与从事专业不符者须服从医院安排。

三、脱产学习期间，医院停发工资和奖金，医院为其保留公职者，个人须一次性缴纳五险一金，包括医院和个人负担部分。

四、毕业回院工作后，学费报销如下：获取硕士毕业证和学位证后，脱产在编人员，医院给予报销100%学费，并发还五险一金；脱产非在编人员按国家有关政策执行。不脱产在职人员，不论是否在编，均给予报销100%学费。报销时持相关证书原件及复印件、发票原件及复印件等相关材料，到教育处备案。

五、以毕业之日算起，该研究生须继续为医院工作累计达5年以上（外出进修学习时间不计算在其中），以便能更好地发挥所学专长为医院服务。如在此期间以任何理由申请调离医院，都应将医院为其支付的学费以及在此期间外出进修、学习的各种费用等退还医院，并向医院支付5万元违约金方可离开。

六、攻读硕士研究生的在职人员所学专业应与从事的工作相符，如研究生所学专业与从事的工作不相符，医院不予报销学费。

七、攻读硕士研究生的在职人员所学专业是否与从事的工作相符，由人力资源处负责认定。

在职人员读取博士学位的管理规定

一、攻读博士人员在拿到录取通知书后一月内，持通知书到教育处办理相关手续，包括经科主任、教育处主任、主管院长和院长批准的书面申请及签订协议书等。

二、脱产学习期间，医院停发所有工资、奖金、取暖费、暑期补助等费用，要求医院为其保留公职者还须一次性缴纳五险一金，包括医院和个人负担部分。

三、毕业回院工作后，相关费用及待遇如下：只获得博士学位证者，给予报销全部学费，并享受市政府对博士专家的相关待遇；获取博士毕业证和学位证者，除发还脱产期间全部工资外（包括取暖费、暑期补助、五险一金的医院负担部分等），还给予报销学费、住宿费（最高不超过 1800 元 / 年）、交通费（一年 4 次火车硬座），医院根据市政府对博士专家的相关待遇，结合医院实际情况以及对博士的需求情况给予一定的经济补助。

四、以毕业之日算起，博士研究生工作累计达 10 年以上，以便能更好地发挥所学专长为医院服务。如在此期间以任何理由申请调离本院，都应将医院为其支付的工资、各项福利费用、各种保险金以及在此期间外出进修、学习的各项费用等退还给医院，并向医院支付 5 万元违约金方可离开。

五、定向培养博士研究生的人事、粮户关系在本院，毕业后回到本院工作。

六、定向培养博士研究生脱产学习期间停发奖励性绩效及其他福利待遇，每月以借贷方式预支岗位、薪级及基础绩效，用于缴纳脱产学习期间五险一金（个人负担部分）及日常生活支出，五险一金缴纳数额按照定向培养博士研究生 2016 年 8 月工资水平为计算标准，期间不随医院职工工资变化再做调整（除特殊政策性调整外），医院继续缴纳定向培养博士研究生五险一金（单位负担部分)，学习期间住宿由所在学校负责安排，食宿费自理。

七、定向培养期间医院以每年一次借贷方式，为定向培养博士研究生支付博士研究生定向培养费用（以下简称培养费)。毕业后取得博士研究生毕业证书、学位证书后办理报销手续、还款，抵借款，医院补发剩余工资及取暖费、精神文明奖等（按实际出勤发放绩效奖)，给予报销住宿费（最高不超过 1800 元 / 年)、交通费（一年两次往返火车票，按照医院交通报销标准执行)。

八、定向培养博士研究生在学期间患病，医疗费用按照国家医保政策执行。定向培养博士研究生在学习期间发生意外，如有第三方责任人，由第三方责任人首先负担，其余费用按国家有关规定执行。因定向培养博士研究生个人原因需延长培养时间的，延长时间增加的培养费由其承担，获得博士学位后其他费用仍按本协议履行。

九、因定向培养博士研究生本人原因退学、被开除学籍或其他原因中止学习不能获得博士学位的，须退还医院所交培养费、预支岗位、薪级和基础绩效及医院负担的五险一金。

十、若定向培养博士研究生取得博士研究生毕业证书、博士学位证书毕业后不回本院工作的，须赔偿本院 15 万元。

教学奖惩制度

一、教学奖励办法

教师获“优秀教学成果奖”“青年教师授课优秀奖”“优秀教研室主任奖”“优秀教学管理者”“优秀教师”等奖项，可作为晋升的重要参考条件。除享受上级颁发的荣誉证书和奖金外，本院按下列办法对主要完成人进行奖励。

1. 获“省级优秀教学成果奖”按院内省级成果奖奖励标准执行。

2. 获“河北医科大学优秀教学成果奖”按院内市级成果奖奖励标准执行。

3. 获“校级青年教师授课优秀奖”一等奖奖励现金 1000 元；二等奖奖励现金 800 元；三等奖奖励现金 500 元。

4. 获“院级青年教师授课优秀奖”一等奖奖励现金 500 元；二等奖奖励现金 300 元；三等级奖励现金 200 元。

5. 获“校级优秀教研室”奖励现金 2000 元，获“院级优秀教研室”奖励现金 1000 元。

6. 获“校级优秀教研室主任”奖励现金 800 元，获“院级优秀教研室主任”奖励现金 500 元。

7. 获“校级优秀教师”奖励 500 元，获“院级优秀教师”奖励 300 元。

8. 对在公开刊物上发表的教学研究论文给予奖励，奖励标准按照本院论文奖励标准执行。

9. 积极承担上级下达的教学任务，本学期内无教学差错和事故，按时完成教学任务的教师，理论授课每人每学时按职称补贴正主任医师 40 元、副主任医师 35 元，见习课每人每学时 10 元，对脱产带教教师不扣科室人头费，医院按科室的平均奖给予奖励。

10. 对被聘任的教研室主任在聘任期内给予相应的岗位津贴，内科、外科、影像教研室主任每人每月 80 元；各临床专业教研室主任及教学秘书每人每月 50 元。

二、教学惩罚制度

（一）教学工作中有下列情节者，定为教学差错。

1. 教师无故不按时上课，迟到 10 分钟以内者。

2. 理论课提前 5 ～ 10 分钟下课者。

3. 未经教育处安排私自调课或找人代课者。

（二）教学工作中有下列情节者，定为教学事故。

1. 教师无故迟到，教学推迟 10 分钟以上者。

2. 理论课提前下课超过 10 分钟者。

3. 无故停教者。

4. 私自调课造成不良影响者。

5. 泄露或变相泄露考试内容者，或在评卷过程中徇私舞弊，任意提分、加分，登分误差在 10 分以上者。

6. 监考不负责任，对学生的作弊行为不制止、不查获者。

（三）教育处将定期组织检查，发现发生教学差错或教学事故者及时上报主管教学副院长。

（四）对发生教学差错或教学事故者，情节较轻者予以批评教育，扣发当节课时费，情节严重者暂缓晋升。

优秀教研室主任、优秀教师评选办法

一、优秀教研室主任评选条件及办法

1. 评选条件。

（1）思想作风方面：拥护党的方针政策，热爱教育事业，热爱本职工作，作风正派，办事公道，治学严谨，工作认真，兢兢业业，任劳任怨，有奉献精神，以身作则。

（2）完成任务方面：认真落实各项教学任务、完成各项教学管理和其他工作；积极参加教学工作会议；积极承担各项任务，教学认真，教学效果好。

（3）教学管理方面：教研室教学资料完整，管理有序，重视教学质量管理，经常对各教学环节工作进行检查、指导；坚持各项教学管理规章制度一丝不苟；考试工作（命题、监考、阅卷、总结）管理符合要求。

（4）课程建设方面：教学上不断改革教学内容、教学方法，教学质量逐步提高；教学管理和教研室工作不断改革创新，取得一定成绩；克服困难，创造或争取条件，不断改善本门课程的教学设施；师培工作有计划、抓落实、效果好。

（5）团结协作：关心团结科内同志，调动大家积极性，搞好各项工作；识大体，顾大局，主动与其他教研室搞好协作。

2. 评选办法。

（1）各教研室主任均有资格参选，并写出先进事迹材料。

（2）教育处根据评选条件，每年推荐 3 ～ 5 名优秀教研室主任，上报主管院长。

（3）主管院长根据推荐名单，上报院长办公会通过后予以表彰。

二、优秀教师评选条件及办法

1. 评选条件。

（1）思想作风方面：拥护党的方针政策，热爱教育事业，热爱本职工作，教书育人，为人师表。

（2）完成任务方面：接受并完成所在教研室主任和教育处交给的各项工作；积极参加政治学习和业务活动；保质保量地完成教学工作任务。

（3）教学管理方面：密切配合教研室主任工作，积极搜集教学资料，在任课期间未发生任何教学事故，并且在历次教学质量检查中，综合评定都在良好以上；考试工作（命题、监考、阅卷、总结）管理符合要求。

（4）课程建设方面：教学上不断改革教学内容、教学方法，在提高教学质量、探索教学内容和教学方法的改革、教书育人等某一方面有所创新、有所突破，成绩显著或达到较高水平。

（5）团结协作：团结科内同志，配合教研室主任搞好各项工作；识大体，顾大局，主动与其他教研室搞好协作。

2. 评选办法。

（1）以教研室为单位，在本学年有教学任务的教师均可参加。

（2）学生初评，征求科主任意见，最后经教育处审核，上报主管院长。

（3）主管院长根据推荐名单，上报院长办公会通过后予以表彰。

在读硕士研究生补助发放规定

一、学术型硕士研究生补助及奖励办法

（一）学术型研究生在本院培养期间，每月每人补助生活费 500 元。

（二）学术型研究生获得执业医师资格证书并在培训基地注册，独立参加科室内值班者，每月每人按照医院综合绩效奖金标准的一半 1400 元给予奖励（在职研究生按在职职工待遇执行）。

二、专业型硕士研究生补助及奖励办法

（一）专业型硕士研究生在本院培养期间发放每月每人 1500 元生活补助。

（二）专业型硕士研究生取得执业医师证并在培训基地注册、经过考核已经在科室独立值班者，每月每人按照医院综合绩效奖金标准 2800 元给予奖励。

（三）专业型硕士研究生在培养结束时能够取得硕士研究生毕业证、硕士研究生学位证、执业医师证书、住院医师规范化培训合格证书者，如果本人服从医院调剂，在医院培养期间无重大违纪现象，无特殊情况原则上可以留在本院工作。

三、所有类型研究生

（一）研究生在本院培养期间表现优异，被评为校级三好学生或获得其他荣誉，医院按其所在院校奖励金额的 50% 予以额外奖励。

（二）研究生在本院培养期间补助 8000 元课题经费，该经费主要用于完成课题研究、论文答辩专家评审费等，由本人申请，经导师批准，上报教育处审核通过后，由财务处支付。

教学经费使用管理规定

为规范教学经费的管理，提高经费使用效益，保证本院各项教学工作的顺利进行，提升教育教学质量。根据上级有关教学经费的管理规定和本院现行的财务管理制度，特制定本办法。

一、教学经费范畴

1. 教学场所、设备购置费。包括购置教学场所、教学所必需仪器、设备、教具，以及与此相关的运输、包装、安装、维护等费用。

2. 课时费。包括理论授课、见习、实习的课时费等费用。

3. 组织教学活动费。包括青年教师试讲、授课（教学查房、课件）比赛、专家授课、教学表彰等所需的费用。

4. 外出参加教学会议、教学交流研讨会所需会务、差旅等费用。

5. 师资培训所需的各项费用。

6. 培养研究生经费。包括资料费、实验费、差旅、刊物发表等费用。

二、经费使用管理

1. 教学经费的来源包括上级拨款、医院自主下拨经费和收取的实习费。

2. 经费的使用要精打细算，合理开支，要采取“独立建账、专款专用”的管理原则，努力提高使用效率。

3. 教学经费实行实报实销。报销程序是：费用发生后，由经费使用人作为报销第一责任人签字，再按医院现行财务报销程序执行。

4. 任何科室和个人不得截留与挪用教学经费，一经发现，立即追究有关人员责任。

5. 教育处和财务部要充分履行在教学经费使用管理中的职能，要加强对各项经费使用情况的指导、检查与监督，对发现的问题要及时提出反馈意见和整改要求，形成一个良性互动的工作机制。

住院医师规范化培训学员人事管理及基本工资、奖励性绩效工资发放方案

为深入贯彻落实本院住院医师规范化培训制度，提高医院住院医师规范化培训工作质量，加强和规范住院医师规范化培训专项资金管理、使用，根据河北省卫生计生委《关于开展2015年度住院医师规范化培训工作的通知》（冀卫办科教〔2015〕12号），河北省卫生计生委办公室《关于下达2017年住院医师规范化培训省级专项配套资金的通知》（冀卫办科教函〔2017〕1号），关于印发《河北省住院医师规范化培训学员人事管理若干意见（试行）》的通知（冀卫发〔2017〕9号），河北省卫生计生委办公室《关于开展2017年住院医师规范化培训招生工作的通知》（冀卫办科教函〔2017〕11号）的文件精神，本院对住院医师规范化培训学员的人事管理、基本工资及奖励性绩效工资重新制订发放方案。

一、人事管理

住院医师规范化培训学员人事管理，坚持以人为本、分类管理、平等自愿、契约管理的原则，切实维护培训基地、就业单位、规培学员的合法权益。

住院医师规范化培训学员人事管理分就业单位委托培训学员、培训基地自主培训学员、培训基地社会化招录学员三大类。就业单位和培训基地按照职责分工，协调配合，实行分类的人事管理模式。

就业单位委托培训学员人事档案及培训基地自主培训学员、培训基地社会化招录学员人事档案分别按照就业单位、培训基地以及流动人员人事

档案机构进行分别管理，规培学员并依照相关规定享受同等待遇。保证社会化招录学员和就业单位委托培训学员每人每月生活补助不低于3000元。

培训基地社会化招录学员与医院双方签订“培训暨劳动合同”。人事档案由本院统一交市人才交流服务中心托管；参加工作后的就业单位委托培训学员，本院与委托单位、个人签订三方培训协议书，其人事档案由所在就业单位保管。

规培学员培训年限计入就业单位工作年限。规培学员社会保险事项按照国家和河北省有关规定执行。

本院可以留用部分优秀的取得规培合格证书的规陪基地社会化招录学员。

二、规培医生基本工资（基本生活补助）的发放

医院按照基地自主培训学员、单位委托培训学员、社会化招录学员三类学员制定发放基本工资（岗位工资和薪级工资）、绩效工资（基础性绩效工资和奖励性绩效工资）及五险一金等国家法律法规规定的其他费用等支出的标准。资金来源由中央专项补助、省专项补助、规培基地补助共同构成。

（一）基地自主培训学员：医院按照秦皇岛市人力资源管理规定发放基本工资、基础绩效工资及五险一金等国家法律法规规定的其他费用。

（二）单位委托培训学员（包括农村订单定向生）。由就业单位承担委托培训学员在培训期间的基本工资、基础绩效工资和五险一金等国家法律法规规定的其他费用。

1. 单位委托培训学员：除委托单位发放工资外，由培训基地每月发放生活补助：一年级学员每月2000元；二年级、三年级学员每月2300元，由中央专项资金支出。

2. 农村订单定向生：除委托单位发放工资外，由培训基地每月发放生活补助：一年级学员每月3000元=中央专项资金2000元+省专项补助500元+培训基地补助500元；二、三年级学员每月3300元=中央专项资金2300元+省专项补助500元+培训基地补助500元。

（三）社会化招录学员：由培训基地发放生活补助，并按照秦皇岛市保险政策承担每人的单位负担保险部分（医疗保险、工伤保险、生育险、养

老保险）。保险个人负担部分由培训基地从生活补助部分扣除。

社会化招录学员由培训基地每月发放生活补助：一年级学员每月 3040 元 = 中央专项资金 2000 元 + 省专项补助 740 元 + 培训基地补助 300 元；二、三年级学员每月 3340 元 = 中央专项资金 2300 元 + 省专项补助 740 元 + 培训基地补助 300 元。

（四）医院为所有单独值班的规培学员发放同本院职工一样的夜班费。

三、规培学员奖励性绩效工资的发放

本院对规培学员奖金发放严格按照同工同酬原则执行，基地自主培训学员和单位委托培训学员、社会化招录学员标准一样，将结合规培学员的规培年限、学历 / 学位、是否具备正规行医资质、独立工作能力及规培过程评估等多方面执行。

（一）规培学员不具有执业医师证，不发放奖励性绩效工资。待取得执业医师资格证书后发放。

（二）取得执业医师证并在培训基地注册、经过考核已经在科室独立值班的学员，由医院和值班科室分别发放奖励性绩效。医院根据学员学历不同，发放不同的奖励性绩效奖金：硕士学历学员每人每月由医院发放奖励性绩效奖金 2800 元；本科学历学员每人每月由医院发放奖励性绩效奖金 500 元；科室部分可根据学员工作表现、考核结果由科室自行给予相应的绩效奖金。

四、特殊情况规培学员的奖惩方案

（一）规培学员应遵守培训基地规章制度和工作纪律。对于违反工作规定或操作规程，扰乱工作秩序的，培训基地应及时处理，记录在案，并及时告知就业单位或劳务派遣单位。

（二）无故不按照教育处规培轮转计划到科室轮转的学员，教育处视情节严重程度扣罚当月生活补助。

（三）对于个别严重违反工作纪律、长期旷工且屡教不改的规培学员，培训基地可作出直接退培处理。

（四）因个人原因（如妊娠、生产、哺乳、事假、病假等）在规培规定时间内未按照要求完成培训或考核不合格者，规培时间顺延，顺延时间不超过 3 年，顺延期间一切费用由个人承担。

（五）规培学员病假、事假超过 3 天以上的，不再享受当月奖励性绩效工资。

（六）医院鼓励医生参加规培。对 2015 年之前入职、主动申请参加规培的人员，规培期间奖励性绩效工资发放额度为规培所在科室平均绩效奖。

（七）因医院工作需要，有规培合格证但规培专业与所从事专业不符、需要再参加规培的自主规培学员，享受本院正式职工待遇。

（八）医院每年通过考核选派本基地自主培训优秀学员参加国内著名规培基地规培，规培期间每人每年发放 30 个月工资（本人岗位工资、薪级工资、基础性绩效工资之和），并享受晋升、晋职优先的待遇。

（九）专业型硕士研究生。

医院为本院招收的专业型硕士发放每人每月 1500 元生活补助。

专业型硕士研究生取得执业医师证并在培训基地注册、经过考核已经在科室独立值班的学员，由医院按照医院综合绩效奖金标准发放 2800 元。

专业型硕士研究生在培养结束时能够取得硕士研究生毕业证、硕士研究生学位证、执业医师证书、住院医师规范化培训合格证书者，如果本人服从医院调剂，在医院培养期间无重大违纪现象，无特殊情况原则上可以留在本院工作。

（十）因各种原因需终止规培者，须将参培期间的工资、奖励性绩效、补助、奖励等一切资金、待遇全部返还规培基地。

（十一）科室因工作需要在规培期内扣留规培学员而造成其终止规培轮转的，该学员终止轮转期内所有奖励性绩效工资、补助、奖励等资金、待遇全部由其所在科室承担。

住院医师规范化培训专业基地及教师绩效考核管理办法

根据日常教学工作数量、完成质量、教学贡献三个方面设计测量维度，将教学三个方面的内容量化核算成分值数，计算每位教师工作量完成情况。

绩效考核办法如下。

一、评价结果与教师年度考核和评优评先挂钩。设定最低绩效值，未达标的教师将由教育处进行约谈、批评、取消授课资格等相应处理。对每科室教学排名靠前的教师，每年进行教学表彰，形成“比、学、赶、帮”的良好教学风气。

二、评价结果与教师岗位聘任及职称晋升挂钩。绩效考核连续两年排名靠前的教师，可以优先考虑晋升其教学职称。连续两年教学分数没有达到最低标准值的，将暂停当年教学系列职称晋升评比资格。实行“师德一票否决”和“教学一票否决”制。凡年内拒绝接受教学任务、发生教学差错事故、出现严重师德教风问题或在教学质量检查考核中不及格者，在岗位聘任中实行一票否决制。

三、对于临床科室医疗人员从事医疗工作又担任教学工作任务的，可申报评审“双职称”。

（一）主治医师满三年后必须带教住院医师规范化培训工作，每年完成教育处的教学规定时数后才能晋升高级职称。

（二）今后申报评审高级职称必须参照〔秦一医发〔2017〕47 号〕文件执行。

四、评价结果与教师绩效工资挂钩。将考核结果与教师绩效工资进行挂钩，每年的绩效考核结果将计入教师档案。教育处设定最低绩效值。同时教学管理部门将定期向人事部门及绩效管理部门进行通报，考核结论作为每年教学岗位津贴和教师岗位绩效发放的重要依据。

（一）各级学科专业基地主任、教学主任、教学秘书达到绩效值予以发放教学岗位津贴；未达到最低绩效值的，按照绩效值的百分比扣发教学岗位津贴。无故不参加教育处组织的会议一次，扣发一个月教学岗位津贴。

（二）带教住培学员的教师，每位教师的教学工作量根据实际教学工作量予以发放教师岗位绩效。发放标准为 80 元 / 分，每半年发放一次。

（三）带教本科学生的教师，见习带教费、实习带教费、授课课时费根据河北医科大学授课费标准发放。

（四）规培学员结业成绩与专业基地科室绩效挂钩，学员结业合格率达到 100%，给予专业科室奖励；未达到 100% 的专业基地取消当年评选优秀基地资格，同时按学员结业合格率的比例扣发专业基地科室绩效。

科技论文发表管理规定

第一章　总则

第一条　树立良好的学术风气，规范学术行为，通过加强科技论文发表管理，明确论文作者责任和科室管理职责，根据国家有关规定和国内外论文发表惯例，结合本院实际，制定本规定。

第二条　本规定中科技论文是指公开发表于中外科技期刊的论著、述评、综述、短篇、摘要等。

第三条　本规定适用于本院工作人员、各类实习学生、进修人员、研究生以及其他到本院进行科学研究的人员。

第二章　论文的撰写、署名和投稿

第四条　论文内容应当真实。不得捏造、篡改研究结果或实验数据，也不得投机取巧、断章取义，片面地得出与客观不符的研究结论。

第五条　论文观点应当源于作者本人研究提出，论文文字应是作者本人原作，不得抄袭他人文字和剽窃他人成果。引用他人观点、方法、资料、数据等，无论是否发表，均应标明来源。

第六条　不准由“第三方”代写论文（“第三方”指除作者和期刊以外的任何机构和个人）。作者应自己完成论文撰写，坚决抵制“第三方”提供论文代写服务。

第七条　不准由“第三方”对论文内容进行修改。论文作者委托“第三方”进行论文语言润色，应基于作者完成的论文原稿，且仅限于对语言表达方式的完善，坚决抵制以语言润色的名义修改论文的实质内容。

第八条 不准违反论文署名规范。所有论文署名作者应事先审阅并同意署名发表论文，并对论文内容负有知情同意的责任；论文起草人必须事先征求署名作者对论文全文的意见并征得其署名同意。论文署名的每一位作者都必须对论文有实质性学术贡献，坚决抵制无实质性学术贡献者在论文上署名。

第九条 不准由“第三方”代投论文。作者应学习、掌握学术期刊投稿程序，亲自完成提交论文、回应评审意见的全过程，坚决抵制“第三方”提供论文代投服务。

第十条 不准提供虚假同行评审人信息。作者在学术期刊发表论文如需推荐同行评审人，应确保所提供的评审人姓名、联系方式等信息真实可靠，坚决抵制同行评审环节的任何弄虚作假行为。

第十一条 同一篇学术论文只能在一种学术期刊发表且不得以不同语言重复发表。

第十二条 中文论文署名由院名＋科室名组成，英文论文署名按上述原则倒序排列组成（署名中英文对照表见附件）。

第十三条 论文标注科技计划课题的资助号或项目编号应实事求是，严禁标注与论文内容不相关的课题资助号或项目编号。

第十四条 第一作者应是论文相关科学研究的主要完成者，负责实验的具体操作、实验结果的汇总分析和论文的初步撰写，对论文的实验数据和结果负责。

第十五条 通讯作者应是论文相关课题的负责人、第一作者的指导教师或联合研究实验室的PI。科室主任、协助指导老师以及其他参加人员不能随意挂名为通讯作者。未标注通讯作者的论文，第一作者视为通讯作者。通讯作者是论文权责的首要承担人。

第十六条 共同第一作者和共同通讯作者应是与第一作者和通讯作者的同等实质贡献者，非同等贡献的相关作者不得作为共同第一作者和共同通讯作者。

第三章 论文发表备案和登记

第十七条 所有论文投稿前必须于科研处备案（含SCI论文）。备案需出具由所有作者签名的作者排序说明，明确每位作者的贡献（尤其跨学科或单位的作者）。

第十八条　论文必须由通讯作者投稿。论文投稿前需填写《秦皇岛市第一医院投稿介绍信》（OA 网下载），并附论文原始稿件及原始数据交所在科室主任，由科室主任负责审核论文数据真实性，第一作者、通讯作者、科主任审核签字后经科研处备案方能投稿。

第十九条　论文被录用后，版权转让中的作者签名必须由所有作者本人完成，严禁代签、冒签。

第二十条　中文论文见刊、外文论文电子版且有卷期页，视为论文正式发表。论文发表登记在论文发表后，由第一作者或通讯作者按相应流程于科研处登记，相关资料自行保管备查。

第二十一条　论文撤稿须由通讯作者提出，并向科研处提出申请，经主管院长同意后方能撤稿，严禁私自撤稿。

第四章　处罚

第二十二条　未于科研处登记备案的论文医院不予报销、奖励，并在人事晋升时不予组卷。

第二十三条　论文学术不端行为由通讯作者（含共同）负首要责任，第一作者（含共同）负次要责任。所在科室主任负监管不力和领导责任。私自发表的论文出现学术不端由投稿人负全责并从重处罚。

第二十四条　学术不端行为一经查实，论文一律撤稿，根据事件的性质和影响，由专家委员会及党政联席会讨论后进行处罚。

第五章　附则

第二十五条　作者享有的权利和承担的法律责任参照《中华人民共和国著作权法》，其他未尽事宜按相关国家规定和国际惯例执行。

本规定自公布之日起执行，由科研处负责解释。

附件

署名中英文对照表

一、医院所在国名及城市名

中华人民共和国，秦皇岛市

英译：Qinhuangdao，People's Republic of China

二、医院对外名称

秦皇岛市第一医院

英译：the First Hospital of Qinhuangdao

科技人员在国际国内省内学术会议宣读论文奖励办法

为促进医院科技人员与国内外同行的学术交流，扩大医院的国际国内省内学术影响，提高学术研究水平，鼓励医院科技人员在国际国内省内学术会议上宣读论文，特制定本办法。

一、学术会议是指以学术研讨为核心组织的会议，主要分为国际学术会议、全国性学术会议、省内学术会议三类。国际学术会议指由国外学术组织举办的多国学者参加的会议；全国性学术会议指中华医学会各分会举办的年会；省内学术会议指中华医学会河北省各分会举办的年会。

二、凡本院在编科技人员均可申请在国际国内省内学术会议宣读论文奖励，包括以下两类。

（一）会议的主持人。

（二）被邀请为大会口头宣读论文。

三、医院对参加符合上述条件的国际国内学术会议宣读论文的奖励为：国际学术会议发言 10000 元，会议主持 5000 元；国内学术会议主会场发言 4000 元，主持 2000 元；国内学术会议分会场发言 2000 元，主持 1000 元；省内学术会议发言 2000 元，主持 1000 元。

四、宣读的论文同篇或 70% 以上内容相同的学术论文只奖励一次；每名科技人员一年只奖励国际和国内学术会议各一次。

五、受奖人员须提供会议通知书、论文录用证明和相关会议邀请议程。科研处负责对提供资料进行审核。获奖人员须于参加学术会议后一个月内，向医院科研处提交相关资料，并在院内或科内做一次学术报告，通报会议情况及会议所展示的重要科学研究进展和动态。学术报告的安排应提前通知科研处，得到确认后，科研处签署奖励意见，报主管院长审批，年底由财务处统一将奖金发放至受奖人银行卡中。

六、本办法由医院科研处负责解释。

科研工作奖励规定

为进一步提高医院科研整体水平，鼓励科研人员多做高层次、高水平的研究，更好地促进医院向科研型医院转型，特制定本规定。

一、学术论文类

本院在职人员在重要学术刊物上发表的学术论文，均按以下标准给予奖励。

（一）被 SCI（科学引文索引）收录的学术论文。将 SCI 文章分为两类：

第一类：article 类（含 article，letter）。

第二类：非 article 类（包括 review，Meta analysis，case report）。

第一类文章（article，letter），根据影响因子（IF）给予奖励，具体：IF ≤ 1，基础奖励 1 万元，在此基础上，每 0.1 影响因子（IF）奖励 1000 元；1 ＜ IF ≤ 2，基础奖励 1.5 万元，在此基础上，每 0.1 影响因子（IF）奖励 1000 元；2 ＜ IF ≤ 3，基础奖励 2 万元，在此基础上，每 0.1 影响因子（IF）奖励 1000 元；3 ＜ IF ≤ 5，基础奖励 3 万元，每 0.1 影响因子（IF）奖励 1500 元；IF ＞ 5，基础奖励 3 万元，每 0.1 影响因子（IF）奖励 2000 元。

第二类文章（review，Meta analysis，case report），奖励金额为同影响因子奖励的第一类文章的 1/2。

（二）被北大图书馆出版的《中文核心期刊要目总览》收录的“中华”系列杂志及《中文核心期刊要目总览》医药类各专业排名前三位杂志的论文，除报销版面费外，还给予如下奖励：论著型每篇奖励 10000 元，其他类别每篇奖励 6000 元，个案报道每篇奖励 4000 元。具体类别由科研处根据杂志进行甄别。

（三）在北大图书馆出版的《中文核心期刊要目总览》核心期刊目录范围内发表的论文，或者在由科技部主管、中华医学会主办的“中华”系列杂志发表的论文，版面费按发票实际金额报销，但金额上限为3000元；在中国科技核心期刊及中华预防医学会、中国药学会等其他学会主办的核心期刊上发表的论文，且杂志创刊在2年以上，给予报销版面费最高1000元。

（四）所有论文报销费用均不包括加急费、审稿费等其他附加费用。

（五）当年版面费在下一年年初，持论文原件、复印件及发票到科研处报销。

二、获奖成果类

（一）获得省级科技进步一等奖，奖励50万元。

（二）获得省级科技进步二等奖，奖励30万元。

（三）获得省级科技进步三等奖，奖励15万元。

（四）获得市级科技进步一等奖，奖励2万元。

三、专利类

发明专利奖励：每项奖励6000元。

实用新型专利：每项奖励4000元。

外观设计专利：每项奖励2000元。

四、奖励说明

（一）上述奖励的各项内容均要求以本院人员为第一作者（或通讯作者），并以“秦皇岛市第一医院”为独立知识产权单位。

（二）如本院职工在本院工作期间以第一作者发表SCI论文，而知识产权单位“秦皇岛市第一医院”为第二单位，只按影响因子奖励，每0.1影响因子奖励500元。如果第一作者的工作单位为“秦皇岛市第一医院”，而通讯作者和知识产权单位不在本院，每篇论文奖励3000元。如本院职工在我院工作期间以第一作者发表《中文核心期刊要目总览》收录的奖励范围内论文，而通讯作者和知识产权单位不在本院，每篇论文给予奖励1000元。

（三）省级科技进步奖，是指由国家教育部、卫生部等其他国家部委或河北省科技厅等组织评出的科技进步奖。

（四）市级科技进步奖，是指由河北省卫生厅（河北省医学会）、河北省教育厅、秦皇岛市科技局组织评出的科技进步奖。

（五）获奖成果第一主研人必须是本院职工。各级科技成果的主研单位必须是“秦皇岛市第一医院”。

（六）申报奖励办法和程序：每年年终时，在规定时间内，由个人到科研处进行申报，科研处根据个人申报材料进行初审并汇总上报。经主管院长、院长批准后即行授奖。

（七）目前本院采用北大图书馆出版的《中文核心期刊要目总览》为论文奖励依据，版本由科研处根据出版社更新时间定期发布。

（八）医院给予报销的期刊范围，由科研处根据权威资料及各学科专业建议定期动态修改、更新。

（九）发表的SCI论文须向科研处提供省级以上科研查新机构出具的收录及影响因子官方证明文件。

（十）同一类别的奖励不重复，只取最高奖励。奖励项目只限于在授奖年度内上报科研处的项目。

五、本规定自公布之日起执行，原相关规定同时废止。解释权归科研处

科研经费管理办法

为加强医院科研经费管理，调动医务人员科研积极性，争取更多的科研项目和上级资助经费，并使其得到合理合规使用，从而促进医院科研工作的快速发展，特修订科研经费管理办法。

第一章　总则

科研项目主研单位必须是“秦皇岛市第一医院”，合作项目必须有合作项目合同书，并经科研处审批备案，进行统一管理。

一、经费来源。

（一）纵向经费。

（1）省科技厅、卫计委等规划项目经费。

（2）市科技局、卫计委等规划项目经费。

（3）专项建设经费：即上级主管部门及医院投入的重点学科、重点发展学科建设经费；

（4）医院划拨的科研专项经费。

（5）科研成果转让、专利项目推广实施、新产品研制及科技咨询服务所获经费等。

（二）横向经费。

（1）企事业单位、兄弟单位委托的各类科技开发、科技服务、科学研究等方面的项目。

（2）政府部门非常规申报渠道下达的项目。

二、开支范围。

（一）直接费用。

（1）设备费：包括科研仪器的购置、运输、安装以及使用、维修、改造、租赁等费用。

（2）材料费：包括试剂、药品、实验动物等科研消耗材料及相关辅助材料的费用。

（3）测试、化验、加工费：课题研究过程中支付给外单位（包括承担单位内部独立经济核算单位）的检验、测试、化验及加工等费用。

（4）燃料动力费：课题研究过程中相关大型仪器、设备、专用科学装置等运行发生的可以单独计量的水、电、气、燃料消耗费用等。

（5）会议、差旅及国际合作与交流费：课题研究过程中发生的相关会议、差旅、市内交通等费用，研究人员出国及外国专家来华工作的费用等。

（6）出版、文献、信息传播、知识产权事务费：包括出版、购买文献，检索文献，专业通信费，专利申请及其他知识产权事务等费用。

（7）劳务费：研究过程中支付给参与项目研究的研究生、博士后、访问学者以及项目聘用的研究人员、科研辅助人员的劳务费用。

（8）专家咨询费：课题研究过程中支付给临时聘请的咨询专家的费用。

（9）其他支出：课题研究过程中发生的除上述费用之外的其他支出费用，内容与课题任务密切相关。

（二）间接费用：在课题组织、实施过程中发生的无法在直接费用中列支的相关费用。包括现有仪器设备及房屋，水、电、气、暖消耗，科研团队人员绩效支出及有关管理费用的补助支出等。

第二章　管理办法

一、凡列入医院计划管理的各项科研经费，一律专款专用，财务处以科研项目为单位，单独设账核算。

（一）所有科研经费必须纳入医院财务，由科研处统一管理，科研处在收到有关部门科研经费下达文件后，通知财务处查收，并以项目为单位设立账户，由科研处派专人进行管理。

（二）为保证科研人员及时使用项目资金，可在立项文件下达后而资金未到账时，根据项目实际需要，预拨项目资金供科研人员使用。

（三）科研经费实行项目负责人负责制，项目负责人应本着勤俭节约的精神，周密计划，确保科研任务顺利完成。

（四）劳务费开支范围不设比例限制。劳务费由医院和项目负责人据实编制。项目聘用人员的劳务费开支标准，参照医院上一年度职工平均工资水平（含奖金），根据其在项目研究中承担的工作任务确定，并照章纳税。

（五）间接费用核定比例可以达到不超过直接费用扣除设备购置费的一定比例：500 万元以下的部分为 20%，500 万元至 1000 万元的部分为 15%，1000 万元以上的部分为 13%。医院统筹安排间接费用，用于分摊间接成本和对科研人员的激励，绩效支出安排应与项目完成情况及科研人员在项目工作中的实际贡献挂钩，并照章纳税（本院科研启动基金不设间接费用）。

（六）横向项目经费由承担单位按照委托方要求或合同约定进行管理及使用。

（七）为使科研人员潜心从事科学研究，本院实施科研财务助理制度。由科研处为科研人员在项目预算编制和调剂、经费支出、财务决算和验收等方面提供专业化服务，科研财务助理所需费用按科研项目资金 3% 比例收取。

（八）每半年由科研处、财务处共同核对收、支、余额。

二、配套经费。

（一）获得国家级科研课题，医院按所获经费的 300％给予匹配，用于课题研究，省自然科学基金项目配套额度等同国家级科研课题。

（二）获得省级科研课题，医院按所获经费的 200％给予匹配，用于课题研究。

（三）获厅、市级科研课题，医院按所获经费的 100％给予匹配，用于课题研究。

（四）上级科研课题经费要求配套费用高于医院规定的，按上级文件执行。

（五）科研处请示主管科研院长批准配套资金后，通知财务处，并将其纳入科研经费项目管理。

第三章　科研启动资金

医院每年在申报的科研项目中，由科研处组织专家进行评定，选出部分优秀科研项目，并给予一定的科研启动资金支持。

第四章　科研经费的使用及报销

（一）科研项目、重点学科等经费的使用，应按项目预算开支。项目实际使用经费与项目预算经费有出入，可根据经费使用情况适度调剂。项目负责人必须按时向科研处提供科研经费使用预算、科研项目进展汇报等材料，否则不予经费使用审批。

（二）使用科研经费购买设备、试剂、办公用品及科研服务等，项目负责人需提前填写科研经费采购申请表，交科研处审核批准，再持审批后的采购申请表提交归口管理处室办理采购，归口管理处室采购的货物或服务应满足项目组的个性化需求。五万元以下的商品或服务通过询价购买，询价记录交采购处备案。五万元以上的商品或服务需经采购处进行招标采购。

付款以发票转账和预付款转账两种方式支付，采用预付款方式支付的，待收到发票后办理报销手续。

所购商品到货或服务完毕后，由归口科室两人进行验收，若无适合的归口部门，则由项目负责人及经办人以外的两个人验收，并于发票背面签字确认。

（三）危险化学品、剧毒化学品采购：按《秦皇岛市第一医院危险化学品安全管理制度》规定进行采购。危险化学品送至医院后，必须由临床药学处验收货品并由临床药学处处长在发票上签字，然后通知经办人至临床药学处确认采购物品（品名，数量）并领取，经办人携项目负责人签字发票交科研处。使用者严格按安全消防处相关规定进行保管储存及使用。

（四）科研人员因课题需要发生的非会议差旅费参照《秦皇岛市第一医院差旅费管理办法》报销；对于难以取得住宿费发票的，在确保真实性的前提下，据实报销城市间交通费及住宿费，并按规定标准发放伙食补助费和市内交通费。

（五）科研人员使用项目经费参加相关会议发生的费用，参照《秦皇岛市第一医院差旅费管理办法》报销。

（六）在科研项目未结题之前只报销与研究直接相关的费用，如试剂费、版面费等，暂不报销会议费等非直接费用，结题后给予统一报销。

（七）科研项目经费在研期间的最高报销额度为70%，剩余经费在项目完成后再给予报销。

（八）项目实施期间，年度剩余资金可结转下一年度继续使用。项目完成任务目标并通过验收后2年内，结余资金可留项目组继续用于该项目后续研究；2年后仍有结余的，财政资金项目的结余经费按上级要求执行，非财政资金项目的结余经费由医院收回。

（九）项目逾期未完成，延期后仍未完成时，冻结财政资金项目的结余资金并按上级要求执行，非财政资金项目的结余资金由医院收回。

（十）本规定自公布之日起执行，原相关规定同时废止。科研处拥有最终解释权。

科研项目管理办法

第一章　总则

第一条　为了加强科研项目的规范化管理，充分发挥本院科学研究的优势和潜力，完善科研管理工作制度，鼓励并支持科技人员积极承担科研任务，根据省市有关文件精神，结合医院实际情况，制定本办法。

第二条　医院科研项目采取科研处、临床科室、项目负责人三级管理模式。科研处是医院科技工作的职能主管部门，总体负责全院科研任务的管理。各临床科室对本科室所承担的科研任务负责，包括制订本科室科研计划、组织申请各级各类科研项目、督促协调落实科研任务。项目负责人具体组织实施所承担的科研任务，保证按时完成科研项目计划任务和按规定报送有关研究工作材料。

第二章　科研项目的申报

第三条　申请时间：科研项目申报根据上级有关部门通知确定申报时间。

第四条　科研项目申请程序。

申请者根据前期研究工作或在复习文献的基础上，依据相关渠道的资助范围或申请指南，立足学科前沿，结合专业特点、本科室和个人优势确定选题，按要求仔细填写申请书，送科研处形式审查，经医院伦理委员会审查通过后，由分管科研的副院长审批方可报送相关部门。横向项目由科研处组织专家论证后方可签订正式合作协议或合同。

第三章 科研项目申报的立项审批

第五条 科研项目审批：纵向科研项目、医院科技基金项目以科研任务计划下达部门的批准立项文件为依据，横向项目以正式签订的合作协议或合同为立项依据。

第四章 科研项目的实施及执行情况检查

第六条 医院对科研项目的管理实行目标管理和过程管理相结合的原则。科研项目实行项目负责人制，科研项目一经下达，项目负责人必须按项目申请书或计划任务书的要求拟定具体详细的实施计划，认真组织落实项目研究任务，协调项目组内外关系，对项目研究工作全面负责，接受任务下达部门及医院科研职能管理部门的督促检查，按要求报送项目执行情况材料。

第七条 对项目执行情况进行定期检查。检查采取自查和年度检查两种。课题组自查，内容包括：计划进度、考核指标、完成情况、存在问题及今后打算等。在自查的基础上，由科研处人员进行每年一次的检查考核。

第八条 科研项目执行期间，科研人员要以实事求是的科学态度，准确、清楚、及时、完整、规范地做好研究工作原始记录，杜绝捏造、篡改、拼凑研究结果或实验数据等弄虚作假行为。

第九条 科研项目执行期间因故改变研究内容和调整研究计划或变更项目人员，需及时在项目管理平台上进行变更。

第五章 科研项目的结题

第十条 科研项目的主要研究工作完成后，项目负责人应及时向科研处提出结题申请，按任务计划下达部门的相关规定报送完整的结题材料，将全部原始实验记录或文档资料、著作、论文、研究报告等整理齐备，由所在科室主任审核，提交科研处审查通过后，按程序组织结题验收，原始数据由课题负责人保存。

第六章 科研项目研究经费的使用和管理

第十一条 各类科研项目研究经费的使用和管理按《秦皇岛市第一医院科研经费管理办法》执行。

第七章 保密

第十二条 科研项目的申请、实施、发表论文、结题和科技归档材料的保密要求，严格按照国家、学院及医院有关科学技术保密条例、规定执行。

第八章 附则

第十三条 本办法自颁布之日起施行，原有相关规定同时废止。

第十四条 本办法由科研处负责解释。

临床科研项目中使用医疗技术管理规定

为了规范临床科研项目的开展，做到以人为本，确保受试者的权利，力求使受试者最大程度受益和尽可能避免伤害，保障医疗安全，提高医疗质量，促进医学科学的发展，要求对使用临床医疗技术的科研项目必须通过医疗技术管理委员会和医院伦理委员会的批准，其审批程序规定如下。

一、本规定的适用范围是从事以人为研究对象，为了促进疾病的诊断、治疗、预防，了解疾病的病因学及发病机理的医学研究项目。

二、申报以上医学研究项目时，应同时向医院科研处提出需要医疗技术管理委员会和医院伦理委员会审查批准的申请。提供材料如下。

（一）科研项目的临床研究方案；

（二）科研项目开展的保护受试者安全方案；

（三）科研项目组负责人资质证明材料；

（四）需要提供的其他相关资料。

三、科研处负责科研项目的形式审查及项目中使用医疗技术的初审，并组织上报需要医疗技术管理委员会和医院伦理委员会审批的材料。

四、医院医疗技术管理委员会首先组织专家对项目进行审查，审查通过的项目报医院伦理委员会审批；未通过的项目退回项目申请人进行修改。

五、医院伦理委员会组织专家对科研处所报的科研项目进行审查。审查通过的项目由科研处组织上报；未通过的项目退回项目申请人。

六、申报课题被批准立项之后，课题组应按照项目书要求，依据医疗技术委员会批准的技术要求完成研究课题。按年度进行总结，并写入科研项目进展报告中，由科研处负责组织项目的实施、管理和验收。

七、临床科研项目发生下列情形之一的，立即暂停该项目。

（一）经医疗技术管理委员会认定发生与该项目直接相关的严重不良

事件；

（二）发现该项目存在影响医疗质量和有安全隐患的；

（三）技术支撑条件发生变化或者消失的；

（四）卫生行政部门规定产生矛盾的其他情形。

八、评估与重开。

对于终止或停开的临床科研项目，条件重新具备后，可由项目负责人提出重开申请，医疗技术管理委员会审查同意后，书面通知所属科室重新开展。

九、本管理规定自公布之日起实施。

科研启动资金评审办法

为支持本院科技人员开展科研工作，提升医院科研水平，取得高质量、高水平科研成果，医院决定每年对市级以上科研立项项目进行评审，并给予一定的科研启动资金。具体评审办法如下。

一、参评项目范围

当年批准立项的省、市级科研自筹经费项目或上级拨款经费（包括医院配套经费）低于5万元的项目。

二、评审方式

由项目负责人自愿申请，科研处组织专家对申报项目进行评选。每人每年只限申报一项，获得经费资助的项目在完成前，第一主研人不得再申请科研启动资金。

三、提交材料

项目负责人须在评审前一周向科研处提交以下材料。

（一）省级以上查新机构出具的国内、国际查新报告、项目进展报告；

（二）发表论文的原件、复印件（SCI论文须提交收录检索报告及被引用数据）；

（三）项目经费预算报告；

（四）参评项目汇报幻灯片。

四、资助标准

依据评选结果，共选出 17 项科研项目，分三个等级给予经费资助。一等资助共评出 3 项，每项给予科研启动资金 10 万元；二等资助共评出 8 项，每项给予科研启动资金 5 万元；三等资助（青年科研基金）共评出 6 项，针对 35 岁以下青年科技人员，每项给予科研启动资金 2 万元。

五、所有资助经费参照科研经费管理办法之规定，由科研处统一进行管理，要求项目主研人严格按照经费预算量入为出，合理使用

六、科研启动基金考核指标

（一）一等资助：项目验收时，应发表核心期刊论著五篇或中华系列 /SCI 文章 2 篇（其中 1 篇 IF > 3）或获市厅级一等奖以上奖项；

（二）二等资助：项目验收时，应发表核心期刊论著四篇或中华系列 /SCI 文章 2 篇或获市厅级二等奖以上奖项；

（三）青年科研基金：项目验收时，应发表核心期刊论著三篇或中华系列 /SCI 文章 1 篇或获市厅级三等奖以上奖项。

七、附则

（一）基金项目应在四年内完成上述相应的考核指标；

（二）在完成指标前，只能报销与项目研究直接相关的支出，如设备费、试剂费、化验费及版面费等，而不报销与项目研究非直接相关的支出，如培训费、办公用品购置及差旅费等。在完成指标后给予报销与项目研究非直接相关的支出，如项目在期限内没有达到指标要求，将不予报销；

（三）对于在期限内未达到指标要求的项目，医院将收回剩余的项目基金，并将取消主研人以后申报院内科研启动基金的资格。

重点学科建设管理办法

第一章　总则

第一条　为加强医院重点学科的建设和管理，提高重点学科整体水平和学科经费使用效能，带动全院医疗、科研、教学水平进一步提高，根据有关规定并结合医院实际，制定本办法。

第二条　本办法适用于医院各级重点学科的建设和管理。

第三条　重点学科建设以科学发展观为指导，坚持科学规划、科学管理、科学评估、科学整合优势资源的原则，以学科或专业学科为建设主体、所在依托单位为重要支撑，明确责、权、利关系，努力提高建设绩效。

第二章　组织管理

第四条　科研处职责。

（一）统一管理全院医学重点学科工作；

（二）制定重点学科管理制度、建设规划和配套措施，规范本单位医学重点学科管理；

（三）根据评估周期组织重点学科进行自评；

（四）组织选拔重点学科学术带头人和技术骨干；

（五）对重点学科经费使用进行管理；

（六）督促和支持学术带头人和技术骨干进行医学继续教育。

第五条　重点学科带头人职责。

（一）学科带头人是重点学科建设的直接责任人，全面主持本学科建设发展相关工作；

（二）主持制订和组织实施本学科发展规划、年度工作计划和建设经费预算及管理制度等，确定本学科重点发展方向与工作任务，对本学科的建设绩效负责；

（三）在本学科新技术和新方法应用、科学研究、技术创新等工作中发挥带头人和主要责任人作用，并组织科技人员实施；

（四）主持制订并组织落实本学科人才培养计划；

（五）负责本学科建设经费的核算，按财务规定及本学科建设需求编报经费预算，严格按批准的预算执行，保证专款专用。

第三章　工作指标

第六条　重点学科工作指标为各学科依据《河北省医学重点学科建设评估指标体系》填报的《重点学科任务书》中各年度工作计划指标。

第四章　经费管理

第七条　重点学科建设经费除由上级部门拨款以外，医院每年给予定额补助，纳入年度医院预算安排，实行专项管理；资助定额标准以每年每个学科为单位，省级重点学科 20 万元、省级重点发展学科 15 万元、市级重点学科 5 万元、市级重点发展学科 3 万元（特色专科标准与市级重点发展学科等同）、院级重点学科 2 万元。

第八条　重点学科建设经费由科研处统一管理，财务处以学科为单位专门设账，专款专用。

第九条　重点学科建设经费主要用于研究基本条件建设、人才队伍建设、科学研究、国内外学术交流与合作等方面，不得移作他用。

第十条　重点学科建设经费开支范围。

（一）本学科申报省、市、院级重点学科的开支；

（二）资助学术著作的出版及高水平论文（SCI 论文）的发表；

（三）重要的学术交流、学术会议、邀请国内外专家学者来院讲学的费用；

（四）本学科必要的图书资料添置、实验室改装和仪器设备（1 万元以下）的购置等费用；

（五）重要科研项目研究费用；

（六）举办省级以上继续教育项目费用。

第十一条　重点学科每年年底应向科研处提交重点学科建设经费年度使用报告及下年度经费预算，经科研处审核，报主管院长批准后备案。

第十二条　重点学科建设经费使用，按科研经费管理办法的规定执行。

第十三条　重点学科专项经费实行动态管理，完成年度任务的学科，全额发放专项经费；未完成当年任务的，按完成任务比例发放专项经费。

第五章　重点学科绩效

第十四条　学科绩效。

根据重点学科级别，医院给予每个重点学科相应数量的医院综合绩效奖，年终一次性发放，由学科带头人支配，用于在本学科建设中做出贡献人员的绩效。

省级重点学科：每月给予学科 1 人医院综合绩效奖的 100%；

省重点发展学科：每月给予学科 1 人医院综合绩效奖的 80%；

市级重点学科：每月给予学科 1 人医院综合绩效奖的 50%；

市级重点发展学科：每月给予学科 1 人医院综合绩效奖的 40%；

院级重点学科：每月给予学科 1 人医院综合绩效奖的 20%。

第十五条　学科带头人绩效。

省级重点学科：学科带头人 8000 元 / 年；后备带头人 4000 元 / 年；

省级重点发展学科：学科带头人 6000 元 / 年；后备带头人 3000 元 / 年；

市级重点学科：学科带头人 3000 元 / 年；后备带头人 1500 元 / 年；

市级重点发展学科：学科带头人 2000 元 / 年；后备带头人 1000 元 / 年。

第十六条　绩效发放考核。

（一）学科绩效：按《重点学科任务书》中的年度计划进行考核，完成年度任务的学科，发放应发绩效的 100%；未完成当年任务的，发放 50%。

（二）学科带头人绩效：考核分三部分，按年度进行考核。

1. 学科任务完成情况占 40%，完成任务者发放应发绩效的 100%，未完成者发放 50%；

2. 学科（后备）带头人任务完成情况占 40%，每年发放应发绩效的 50%，在学科周期结束后按评价体系要求进行总考核，完成任务者发放剩余部分，未完成者将不予发放；

3. 科研处考核占 20%，由科研处依据学科带头人配合医院开展学科建设工作情况考核后发放。

第六章　附则

第十七条　本办法由科研处负责解释。

第十八条　本办法自发布之日起执行，原管理办法作废。

专利申请及成果转化资助与奖励办法

为进一步激励广大工作人员在科研工作中产出更多具有自主知识产权的成果，鼓励原始创新和发明创造，加强知识产权保护，促进科技成果转化，特制定本办法。

一、专利及成果权的归属

凡是执行以秦皇岛市第一医院名义通过各种渠道获得政府及企业资助的科研项目或医院下达的科研任务，或主要利用医院的物质技术条件所完成的发明创造及科技成果，属职务发明创造和职务科技成果，其权利均归秦皇岛市第一医院所有。

二、适用范围

以秦皇岛市第一医院作为第一专利权人申请并被授权的中国专利和以秦皇岛市第一医院作为第一著作权人申请并获得登记的计算机软件，以秦皇岛市第一医院获得的科研成果。

三、资助标准

（一）所有专利。

医院资助包括申请费、专利代理费、专利证书费以及授权后三年的年费，实报实销。

（二）成果转化。

医院鼓励成果转化，对医院与科研院校及地方联合进行成果转化前期所需要的费用，提供一定资助，按需资助。

四、奖励标准

专利奖励按科研工作奖励规定执行。

五、资助和奖励的程序

科研处在每年年末，对符合资助和奖励条件的专利、转化成果统一办理专利申请资助拨款，奖励资金在表彰大会上发放。

六、本办法自公布之日起施行，本办法的解释权归科研处

门诊延时服务规定

一、门诊各科室分诊护士为“报告人”，当医师认定在正常工作时间内无法完成诊疗工作，应及时向门诊办报告。门诊办工作人员接到报告后详细了解情况，协调科室增派医师或启动门诊延时工作流程。

二、参加科室：门诊办、门诊相关临床科室、门诊收费处、门诊药房、辅助科室等。

三、门诊办、相关部门及科室实施弹性排班制。

四、延时服务工作流程：

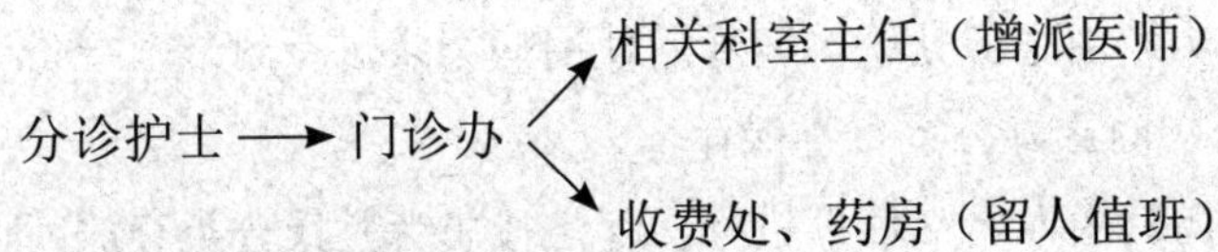

五、延时服务时间动态管理。

分诊护士：上午 7：30—12：25

下午 14：00—17：45

门诊收费处：上午 7：15—12：20

下午 13：30—17：40

门诊药房：上午 7：30—12：25

下午 14：00—17：45

《门诊麻醉药品和第一类精神药品专用病历》保存及收、发管理制度

《门诊麻醉药品和第一类精神药品专用病历》，以下简称《专用病历》，《专用病历》的保存及收、发等工作在医务处的领导和指导下进行。

一、保存

1.《专用病历》由医务处统一编号后使用病案袋进行封装，一份专用病历对应一个编号，门诊办公室负责保存。

2.《专用病历》由专用文件柜进行保存，按患者姓氏分类存放，便于工作人员快速核对、查找。

二、接收

1. 患者或其代办人持《专用病历》取药后，药房工作人员负责收回《专用病历》。

2. 当日工作结束前，门诊药房工作人员将当日收回的《专用病历》交回门诊办公室，双方核对后填写“麻醉药品专用病历领取及退还登记本”，实行双签字制度。

三、发放

1. 患者或其代办人持身份证（代办人须同时持有本人及患者身份证），

在门诊办公室领取《专用病历》，并填写“麻醉药品专用病历领取及退还登记本”。

2. 因未带齐证件或有其他与《专用病历》登记内容不符的情况，不予发放。

医药服务价格管理机制

第一章　总则

为了进一步规范医院医疗服务收费行为，健全医院医疗服务收费管理制度，强化内部管理和约束机制，推进医院改革和发展的进程，使医疗服务收费工作更加科学化、制度化、系统化，根据国家及省、市、县物价管理部门有关物价管理政策、法规，结合医院的实际情况，特制定本物价管理制度。

第二章　医院物价管理体制

为加强医院医疗服务收费管理力度，本院医疗服务收费工作实行三级管理，各部门互相监督、密切配合，为提高医疗服务收费管理工作质量努力工作，充分保证国家及省、市级的物价政策和法规在本院的贯彻落实。

一、医疗服务收费管理领导小组。

二、专职医疗服务收费管理部门。

三、科室兼职物价员。

第三章　医院医疗服务收费管理领导小组工作职责

一、要求全院上下严格贯彻执行国家及省、市级的物价政策法规及物价管理部门的有关规定，不断提高医疗服务收费管理意识。以诚信为本，树立良好的医院形象。

二、宣传医疗服务收费政策，组织职工学习医疗服务收费知识及有关规定，使医疗服务收费管理制度得到完善。

三、建立健全医院三级医疗服务收费管理组织，分工明确、奖罚分明、抓好落实。适时召开医疗服务收费管理工作会议，听取收费管理科及各临床科室医疗服务收费管理小组的医疗服务收费管理情况汇报，根据上级部门指示布置、监督、检查医疗服务收费管理工作。对全院的医疗服务收费管理进行宏观控制。

第四章　医院医疗服务收费管理办公室工作职责

一、认真学习物价政策法规，掌握物价收费的有关规定及知识，熟悉并严格执行《秦皇岛市医疗服务价格手册》。负责制定医院医疗服务收费管理制度。贯彻落实各项医疗服务收费管理工作。

二、通过本院联网计算机，根据《秦皇岛市医疗服务价格手册》维护调控全院各项医疗收费价格。

三、负责“新增医疗项目”“新增一次性医疗用品”“新病房床位和特需服务项目”收费标准的申报及“一次性医疗用品”的备案工作。

四、深入科室指导科室兼职人员工作，并按月抽查各科室医疗服务收费执行情况，发现问题，及时纠正处理。

五、督促药剂科兼职物价人员维护好药品库，根据规定和通知，及时对药品价格进行调整。

六、负责处理群众因医疗服务收费问题的来信来访。

七、协调上级主管部门、患者与医院之间、医院内部科室与科室之间有关医疗服务收费方面的工作联系。

八、对违反医疗服务收费政策规定的科室和个人，定期上报医院行风办，根据有关规定进行处罚。

第五章　医院兼职物价员工作职责

一、积极贯彻医院医疗服务收费管理部门制定的医疗服务收费管理制度，熟悉掌握并认真执行《秦皇岛市医疗服务价格手册》。

二、根据《秦皇岛医疗服务价格手册》对本科的收费情况进行监督检查，防止错收、漏收和滥收费情况发生，在此基础上，临床科室物价员应积极配合医院医疗服务收费管理小组每月对本科室抽查病历10份，科室自查医疗服务收费执行情况，发现问题及时纠正，并把自查材料（病人费用清单和检查整改报告）按月上交给医院医疗服务收费管理领导小组办公室备案。

三、负责本科室新增医疗项目及医用耗材的相关资料搜集、整理，以便医院收费管理科及时送交物价部门审核。

四、积极配合医院医疗服务收费管理领导小组对本科室医疗服务收费工作进行检查。

第六章　医疗服务收费计算机操作管理制度

一、信息设备科负责全院计算机联网、调试及操作培训工作。

二、住院处、门诊大厅分别配置医疗服务收费标准电子显示屏或自助查询机，由信息设备科负责调试及维护。

三、在计算机操作中新增医疗项目的输入及“医疗服务收费标准”的价格调整只授权给医疗保险管理处，严禁其他人员进入计算机的“价格管理”系统。

四、收费处收费员及病房计费员应严格根据物价政策相关规定按医嘱收费。不得多收费、比照收费、擅自分解收费。

五、各临床科室应做好医疗服务项目和药品的病历记录与费用核对工作，要求做到对每一出院患者医药费用进行复核，努力保证对每一患者的各项收费准确无误。

第七章　一次性医用材料价格计算机管理制度

一、全院所使用并允许另行收费的医用材料一律由招标办公室及设备科统一购进，各科不能私自进货。

二、设备科购进允许另行收费的一次性医用材料后，应正确及时地把材料的规格、产地、进价、应用于何种医疗项目等详细数据报物价办公室。

三、医疗保险管理处审核此耗材可以另行收费后输入计算机价格管理系统。

四、一次性医用材料的价格调整只授权给医疗保险管理处，严禁其他人员进入计算机的“价格管理”系统任意调价。

五、收费处收费员及各科病房计费员应按物价规定按实收费。不得多收费或跨项目收费。

第八章　医药收费投诉制度

一、严格遵守物价管理部门和河北省医疗服务价格手册的医疗服务收费标准及有关规定。

二、认真公正地记录、处理患者有关物价收费的投诉和来访。对各种矛盾和纠纷、影响较大的问题及时向单位领导物价部门反映情况，给予病人满意答复。

1. 患者在医院内部投诉的，由被投诉的科主任及科室相关人员予以解释答复，不能解决的由医疗保险管理处工作人员负责协调解决。

2. 上级物价部门转来的投诉意见或物价专项检查中发现的问题由物价员负责调查解决。

3. 对患者及家属的物价收费方面的投诉必须尽快予以答复，要有投诉记录、答复意见和整改措施。

4. 门诊大厅设投诉箱、投诉电话。

三、工作流程。

1. 热情接待投诉和来访。

2. 认真填写投诉内容。

3. 对投诉情况进行实地调查。

4. 重要投诉信访要请示领导。

5. 书写调查处理意见。

6. 将处理结果答复投诉者。

7. 征求投诉者处理结果满意情况的意见。

第九章　物价管理奖惩制度

将根据本院制定的“对违反《医疗服务价格管理办法》的奖惩办法〔秦医院（2003）88号〕文件”中的相关规定，予以奖惩。

基本医疗保险管理制度

一、医疗保险管理处负责全院的基本医疗保险的管理工作。

二、对于在本院就医的所有医保患者，所实施的医疗服务行为须全部按《秦皇岛市城镇职工基本医疗保险市级统筹实施细则》《秦皇岛市城乡居民基本医疗保险市级统筹实施细则》《秦皇岛市城镇职工生育保险市级统筹实施细则》《秦皇岛市门诊统筹门诊慢性病定点医疗机构服务协议书》《秦皇岛市住院定点医疗机构医疗服务协议书》规定严格执行。

三、全院医务人员须掌握并熟知以上规定，医疗保险管理处在OA网上同时进行公布。

四、医疗保险管理处每月对各科室督导检查情况进行分析，并制定相应的整改措施，同时进行督导整改。

五、医疗保险管理处对科室的整改情况进行追踪整改。

六、医疗保险管理处全体工作人员，依据自己岗位职责，熟练掌握相关法律法规政策，以热心、热情、耐心的工作态度为医保患者提供优质、快捷的服务，并虚心接受各科室的监督。

价格公示查询制度

根据河北省物价局、河北省卫生厅冀价费字〔2002〕第67号《河北省医疗服务价格改革实施方案》的文件和冀价管字〔2009〕第10号、冀价管字〔2010〕第64号、冀价管字〔2013〕第74号通知的精神要求，采取切实措施，严格规范医疗机构的价格行为，实行价格公示查询制度，医院在原有价格公示查询制度的基础上使其更加规范，特制定以下制度。

一、将医疗服务项目名称、项目内涵、计价单位、除外内容、物价编码、医用材料的品名、规格、价格、药品名称、规格、剂量、单价、甲乙丙类别等有关情况实行价格公示。

二、门诊和住院处大厅设立电子触摸屏，可分别查询医疗服务项目、价格，医用材料的名称、规格、价格，药品的名称、规格、单价，甲乙丙类别及住院患者的住院费用。

三、门诊药房大厅显著位置上的多媒体显示屏，滚动播出医疗服务项目、计价单位、药品名称、价格剂量、单价。

四、门诊各医技科室、住院处、手术室的显著位置都挂有医疗服务项目的名称、计价单位、物价编码公示牌，并同时公示价格举报电话12358以便群众监督。

一日清单制度

根据河北省物价局、河北省卫生厅冀价行费字〔2002〕第67号《河北省医疗服务价格改革实施方案》的文件和冀价管字〔2009〕第10号通知的精神要求，采取切实措施，规范医疗机构的价格行为。全面推行“住院患者一日清单”制度。医院在原有“一日费用清单”制度的基础上使其更加规范，特制定以下制度。

一、各病区对住院病人当天发生的费用按医疗明细项目逐笔登记录入计算机，做到一日费用清单。

二、“一日费用清单”包括医疗服务项目、物价编码、收费标准、数量、金额、药品的收费名称、规格、数量、单价。

三、每日早晨由患者所在病区打印住院患者“一日费用清单”，该清单发到患者床头，由患者自己保管。

四、患者对清单中所列项目提出咨询、疑问时，科室一定要做好解释工作，如患者不满意可到物价科继续咨询，还可向价格、监督检查部门举报投诉。院内联系电话：5908127，价格投诉电话：12358。

病案管理规定

为满足临床诊疗、教学、科研以及医院管理等工作需要，保护患者隐私，确保病案安全，根据《医疗机构管理条例》《医疗事故处理条例》《医疗机构病历管理规定》等法规，制定本规定。

一、病案的保管、查阅、借阅及复印工作由病案管理科负责，任何部门及个人均无权擅自留存病案，门（急）诊病历原则上由患者负责保管。待建立门（急）诊电子病历的，经患者或者其法定代理人同意，其门（急）诊病历可以由医院医疗机构负责保管，住院病历保存时间自患者最后一次住院出院之日起不少于 30 年。

二、除本院各级临床医务人员及医疗服务质量监控人员外，其他任何机构和个人不得擅自查阅该患者的病历。因科研、教学需要查阅病案的，由病案管理人员负责提供，阅后即还，不得将病案带出院外。借阅人员不得泄露患者隐私。

三、患者住院期间，不得查阅、携带病历。其住院病历由病区负责集中、统一保管。因医疗活动或复印、复制等需要带离病区时，应由病区指定的专门医护人员负责携带和保管。

四、依法需封存病历时，应当在医务处或者其委托代理人、患者或其代理人在场的情况下，对病历共同进行确认，然后进行病历封存，并由病案管理科办理相关登记备案手续，待事件处理完毕立即归还病历。需封存住院期间病历，应在医务处工作人员、患者或其代理人及科室三方监督下进行封存，封存后通知病案管理科备案。医疗机构申请封存病历时，医疗机构应当告知患者或者其代理人共同实施病历封存；但患者或者其代理人拒绝或者放弃实施病历封存的，医疗机构可以在公证机构公证的情况下，对病历进行确认，由公证机构签封病历。医疗机构（医务处）负责封存病历的保管。

五、封存后病历的原件可以继续记录和使用。按照《病历书写基本规范》要求，病历尚未完成，需要封存病历时，可以对已完成病历先行封存，当医师按照规定完成病历后，再对新完成部分进行封存。

六、开启封存病历应当在签封各方在场的情况下实施。

七、本院工作人员离院前必须完成病案归还，人力资源处在办理手续前通知病案管理科备查。

八、除为患者提供诊疗服务的医务人员，以及经卫生计生行政部门或者医疗机构授权的负责病案管理、医疗管理的部门或者人员外，其他任何机构和个人不得擅自查阅患者病历。

九、查阅、借阅病案需办理查阅、借阅登记手续，经病案管理科审批同意后方可借阅。病案一周内归还。

十、需要借阅大量（大于 10 份）病案者，需本人书面申请，科主任同意，经病案管理科负责人审批同意后方可借阅。

十一、公安、司法机关或者其他政府部门需要调取病案及相关信息时，应携带介绍信、有效身份证件及工作证（要求至少 2 人），经病案管理科负责人审批同意后调取病历复印件。

十二、保险公司需要查阅病案及相关资料时，应携带单位介绍信、有效身份证件及工作证、患者有效身份证明及委托书等材料，经病案管理科负责人审批同意后进行调取病历复印件客观部分。

十三、严禁任何人涂改、伪造、藏匿、销毁、抢夺、窃取病案。

十四、妥善保管并爱惜病案，丢失病案一份扣罚当事人 3000 元，污损、拆散、缺失页扣罚责任人 1000 元。

十五、医院各部门要增加需保存于病历中的表格及其他内容的，须提交病案管理科备案并由病案管理委员会讨论审核同意后，由病案管理科提交到信息管理处，项目录入电子病历系统形成统一电子文档。

十六、此规定自发布之日起执行。

病历复印制度

根据《医疗事故处理条例》和《医疗机构病历管理规定》，为了更好地尊重患者在医疗活动中的知情权，同时为了更好地保护患者的隐私权，制定医院病历复印管理规定如下。

一、所有病历资料的复印均需经过病案管理科审批，在申请人（或委托人）在场的情况下复印，最后加盖病案管理科公章。

二、受理病历复印的时间。

（一）2012 年 1 月 1 日后出院的库存病案（已扫描）随时可以受理复印。

（二）2011 年 12 月 31 日前出院的库存病案（未扫描）需提前预约，三个工作日内完成。

（三）住院期间复印病历需填写病历资料复印申请表，经科主任签字同意后，由本院医务人员携带病历至复印室复印。

（四）新出院病历在患者出院后 15 个工作日起受理。

（五）有特殊用途急需复印病历的可随时与病案管理科联系，病案管理科会协调安排相关加急处理事宜。

（六）为方便患者，可在住院期间办理复印手续，出院后凭回执在规定受理时限后到复印室领取复印件，或联系邮寄快递业务。

三、可以复印的病历资料包括以下内容。

门（急）诊病历和住院病历中的入院记录、体温单、医嘱单、检验报告单、医学影像检查资料、特殊检查（治疗）同意书、手术同意书、手术及麻醉记录单、病理报告、护理记录、出院记录等客观资料（《医疗机构病历管理规定》第十九条）。

四、受理病历复印的申请人包括以下几类。

患者本人或其代理人、死亡患者近亲属或其代理人、保险机构（《医疗机构病历管理规定》第十七条)。

五、病历复印申请人需提供如下证明材料(《医疗机构病历管理规定》第十八条)。

(一)申请人为患者本人:患者的有效身份证明。

(二)申请人为患者代理人:患者的有效身份证明、代理人的有效身份证明、代理关系的法定证明材料。

(三)申请人为死亡患者近亲属:患者死亡证明、近亲属的有效身份证明、近亲属关系的法定证明材料。

(四)申请人为死亡患者近亲属代理人:患者死亡证明、近亲属的有效身份证明、代理人的有效身份证明、近亲属关系的法定证明材料、代理关系的法定证明材料。

(五)申请人为保险机构:保险机构介绍信、保险合同复印件、承办人的有效身份证明、患者本人或其代理人同意的法定证明材料。

病案管理科在受理复印病历申请时,应当要求申请人提供上述证明材料,并对申请材料的形式进行审核。

六、公安、司法机关因办理案件,需要查阅、复印或者复制部分或全部病历资料的,公务人员应当携带公安、司法机关出具的采集证据的法定证明及执行公务人员(至少2人)的有效身份证明(工作证件),经病案科负责人审批后予以复印(《医疗机构病历管理规定》第二十条)。

七、医疗争议病历,必须由医务处负责人员、患者或代理人及复印室人员三方监督下复印,复印后封存病历。

八、复印或者复制病历资料,按照秦皇岛市物价局规定收取工本费(《医疗机构病历管理规定》第二十三条)。

九、病历复印申请批条及申请人有关证明材料在病案管理科留档备案。

数字化病案使用管理办法

为加强数字化病案的管理，切实保证其机密性及安全性，充分发挥其快速便捷的特点，加快数字化病案的临床应用步伐，为临床医生的医疗、科研、教学工作提供更加安全、有序、高效、完善的服务，特制定本办法。

一、电子版病案是医院的珍贵信息资源，由病案管理科统一管理。

二、根据不同科室、部门及个人的各种使用需求，给予不同阅读范围的授权。

三、任何科室及个人在使用电子版病案时，均须严格执行医院有关规定，严禁使用照相机、录像机等翻拍复制病案资料，一经发现将予以严肃处理。

四、2012 年 1 月 1 日后出院病案目前已开通院内网电子借阅。职能部门及医务人员使用电子借阅功能请参照以下步骤。

（一）硬件要求：必须是连接院内网的电脑终端；内网下载并能正常安装系统必需插件 Sliverlight.exe。

（二）首次登陆说明：在浏览器地址栏输入网址：http://192.168.1.39:9002/Main.aspx 进入登录界面，输入个人工号，初始密码：8888，请先自行修改密码并牢记。

（三）电子借阅流程：登录后可按患者姓名和病历号为条件快速检索病历条目，也可通过病案检索模块查询需要借阅的病历号或患者姓名，再进行快速检索，勾选需要借阅相应条目后点击借阅申请。病案管理科根据《病案保密制度》进行日审核，审核通过后开放相关查阅权限即可电子查阅相关病历（如需加急审核请致电病案管理科，电话 8374）。

五、在读研究生及进修人员因科研需要需使用电子借阅功能，应在带教老师带领下一同阅览。

六、数字化病案调阅系统具有保护患者隐私功能，登录、阅读有自动记载留痕功能，如有泄密，严肃追责。

病案安全保密制度

病案是按规范记录患者疾病表现和诊疗情况的档案，由医疗机构的病案管理部门按相关规定保存。不仅有纸质病历，还有电子病历、医学影像检查胶片、病理切片等保存形式。为切实保护患者的隐私权，维护医患双方的合法权利，根据《医疗机构病历管理规定（2013 年版）》制定本院病案的安全保密制度。

一、医疗机构及其医务人员应当严格保护患者隐私，禁止以非医疗、教学、研究目的泄露患者的病历资料。

二、病历资料在病房、会诊、检查、治疗等各种医疗活动时，须由科室派专人传送病历，严禁非本院医务人员携带、阅读，防止丢失及泄漏患者隐私。

三、病房病历存放护士站专门病历柜内，加锁管理，由护士长统一管理，护士长不在时由值班护士负责，严格交接，医护人员均应按管理要求执行，人人有责，非本科工作人员未经同意，禁止查阅、借阅、复印、复制病历。

四、病历在患者出院后，由病案管理科工作人员到病房核对、回收到病案管理科，确保病历的完整与安全，其他人员无权收取、借出、扣压病历。

五、电话中一律不回答有关病案内容，工作人员不得私下议论和泄露患者隐私病情，做好保密工作。

六、患者需要复印病历，须严格按照医院《病历复印管理制度》的相关规定予以办理，切实做好保密工作。

七、借阅病案资料须严格按照医院《病案管理规定》的要求执行，不得泄露患者隐私。

床旁检验项目质量管理方案

为进一步加强医院床旁检验项目管理，提高床旁检验（POCT）的质量，确保检测结果准确可靠，对床旁检验全过程进行质量控制，根据《河北省三级综合医院评审标准实施细则》及《检验》相关规定的要求，结合本院工作实际制订管理方案。

一、便携式血糖仪质量管理

1. 室内质控：科室使用的便携式血糖仪每台至少每月进行一次室内质控。由生产厂家自带质控液，根据每台仪器的编号进行质检，并对测试日期、时间、仪器的校准、试纸批号、试纸效期、质控液批号、质控液效期、质控液范围、更换电池时间、处理意见等留有相关记录。由操作者和护士长签字确认。质量管理记录保存期限至少为 2 年。

2. 室间质评：检验科的血糖生化检测仪应每年参加河北省或卫生部临检中心的室间质评。

3. 定期比对：使用便携式血糖仪的科室定期将检测结果与检验科生化方法检测结果进行比对，每年至少 1 次。由质量管理处发通知，各科在规定时间内将血糖仪送到检验科进行比对。

二、人员培训

要求便携式血糖仪操作人员必须参加专项培训，考核合格授予合格证人员方可操作使用便携式血糖仪，严禁无资质人员使用便携式血糖仪。培训考核每年至少一次，培训考核可由护理部组织或相关科室组织进行。

夜间查房管理办法（2018 年）

为了进一步保证患者安全，使医疗质量在原有的基础上进一步改进，经过院领导讨论，决定从 2018 年 8 月 1 日开始，临床科室除每日早查房外，增加下午查房，新的查房以巡房为主要形式，重点关注六类病人的情况。取消原每日下午 17：00 夜查房形式。

一、下午查房检查模式及上报方式要求

1. 夜查房改版时间从 2018 年 8 月 1 日开始。

2. 要求临床科室每个工作日的下午 16：30 由科主任、护士长带队，值班医生参加，对本科室病人（尤其是六类病人）进行查房，如果科室主任外出，科主任可指派副主任或高年资的医生带队查房。其他医务人员、规培、进修、学生等自愿参加。节假日、周末科室自行安排查房工作。

3. 质控员负责每日通过手机按照要求扫二维码上报检查情况，质量管理处会将二维码发到医疗质量管理群中，质控员不在时由科主任指派人员负责上报当日的检查情况。

4. 每周五和节假日的前一天下午 16：30 对临床 1～2 个科室下午查房进行督导检查，检查组由一名院领导带队，组员由质量管理处、医务处、护理部、医院感染管理处、临床药学处各派 1 名人员组成。

5. 每天由质量管理处负责统计科室上报情况并公示在院 OA 网上。

二、奖惩

1. 临床科室当日未进行查房的一次扣除主任津贴 200 元及对其进行院长谈话一次，以手机上报为准。

2. 院领导当日有事不能参加查房的需和其他院领导自行调换，如未参加也未进行调换的一次扣除院长津贴 200 元。

3. 其他部门人员未及时参加的一次扣除该处室主任津贴 200 元。

4. 质控员夜查房报告上传率要求达到 95% 以上，该项工作列入每月质控员考核。

下午查房应该是医护人员常态化的工作，也是减少医患纠纷、提高医疗质量、提高患者满意度的必要举措。质量管理处将以倡导、督导、惩罚的方式循序渐进开展。

临床医技科室综合目标质量管理考评实施方案（2018年）

为充分调动广大职工的工作积极性，以精湛的医术和优质的服务强化医院的内涵建设，提升医院的核心竞争力，对医院重点工作及各项工作进行量化，制定科学工作目标，全面提高医院管理水平，推动医院健康持续发展，特制订本方案。

一、指导思想

以习近平新时代中国特色社会主义思想和党的十九大精神为指导，结合三级甲等医院的规范性要求，加强医院内部管理，按照“职责明确，指标清晰，量化评分，动态考核，综合评定”的原则，建立科学、合理、规范、有序的考评机制，对全院临床医技科室和人员的工作进行考评。

二、组织机构

（一）全面质量管理考核组织设置。

医院全面质量与安全管理委员会，院长任主任委员，书记与主管医疗副院长任副主任委员，质量管理处处长任秘书长。委员会建立全面质量管理考核组织，设八个考核实施组：医疗质量安全考核组（医务处、输血科、预防保健处）、护理质量安全考核组（护理部）、药学质量安全考核组（临床药学处）、病历质量管理考核组（病案管理科）、院内感染控制质量考核组（医院感染管理处）、行风及满意度考核组（行风办公室）、劳动纪律考核组（人力资源处）、行政后勤质量考核组（院长办公室），六个重点目标专项小组（平均住院日管理小组、控制次均费用小组、控制药占比耗材比小组、提高病历质量小组、控制院感指标小组、质量改进工作创新小组），五个重点部门、关键环节管理组（医疗组、护理组、院感组、药学组、输血组），各相关职能部门处长（或主任）任考核管理组组长。

由各委员会成员及考核组、重点专项小组、重点部门关键环节管理组负责对全院临床医技工作的基础质量、专业质量、服务质量进行全方位考核、检查、督导、整改。由质量管理处负责全面组织、协调、督导等具体工作。

（二）主任委员工作职责。

1. 每月 10 日组织召集质量考核小组会议，听取未完成考核任务的考核组组长的工作汇报；约谈当月缺陷额最高的临床医技科室或连续三个月各考核序列排名倒数第一的临床医技科室主任或护士长。

2. 每月由主任委员及主管院领导带领各相关考核组组长到各序列考核总排名倒数第一的科室以早交班的形式去科室进行分析帮扶。

3. 每月组织对当月的质量工作进行月点评。

三、考核时间流程：以日常考核为主、集中考核为辅

具体考核时间由各组自行安排，以不影响一线工作、不影响患者正常诊疗、正常作息为原则。各质量考核组每月将本小组质量考核结果下发至临床、医技及护理单元，经过 3 天反馈期后在 5 日 17：00 前把考核结果及考核质量报告汇总纸质版、电子版交质量管理处。纸质版质量报告须考核组组长签字。由质量管理处将各组考核结果整理汇总后公示 3 天，公示期后不再允许临床医技科室、护理单元提出反馈意见，对结果进行修改。最后提交质量考核委员会主席签字后交绩效管理科。

四、质量考核组的奖惩

1. 全院质量考核定额每月为 1777 分。各质量考核组最小扣分单元为 1

分 / 次。实施缺陷定额管理的考核组，完成当月任务含考核工作、重点目标专项管理、重点部门、关键环节管理工作的奖励考核组 10 元 / 分 × 缺陷定额（最高 3740 元，最低 210 元）。完成全院质量考核定额任务时，主任委员奖励 2000 元，质量管理处按照最高考核组额度进行奖励，未完成无奖励。

2. 各考核组按规定时间每延迟提交考核结果一天，扣减小组奖励 50 元，无奖励的扣小组绩效工资 50 元。完不成考核任务的考核组，第一个月由主任委员约谈考核组组长，第二个月开始按 10 元 / 分 × 未完成缺陷定额对考核组进行绩效扣罚。未完成重点目标专项管理工作的或重点部门、关键环节管理工作的考核奖励各扣除三分之一。

五、被考核科室的奖惩

1. 质量考核执行每 1 分缺陷值扣罚当事人 10 元的经济扣罚。无法确定责任人的扣款全额计入科室共同承担，科内按分配系数同比例承担。

2. 每月质量考核分数，根据手术科室、非手术科室、未设床位临床科室、医技科室、护理单元五个类别排序，进行公示，作为当月奖金发放的依据，分数与年度考核直接挂钩，作为评先评优奖惩参考。

3. 各考核组质量考核得分最后 1 名的科室，在月度质量考核分析会上点评，全院通报批评。由分管院领导带领考核组组长利用院长参加临床早交班的机会到科室召开全科质量安全持续改进座谈会，并跟踪改进结果。

4. 全院质量考核各序列类别总得分最后 1 名的科室，在月度质量考核分析会上点评，全院通报批评，由主任委员、副主任委员，借助院长查房的形式，院领导及各考核组参加进行帮扶分析整改。质量管理处负责跟踪整改效果。全面质量管理得分最后 1 名的科室领导要求提交书面质量管理改进措施，作为下月考核依据。纳入整改的科室，下一个月度出现同样缺陷加倍扣罚。在一年内连续三个月总排名最后 1 名的科室，由主任委员对科室主任进行约谈，并取消科室与科室主任年终评先评优资格。

5. 重点目标专项管理和重点部门、关键环节管理工作由各专项考核组按照标准进行处罚，将考核与处罚情况交质量管理处统一与绩效进行奖惩。

6. 质量奖励基金：按照“奖罚对等，原路返回”原则，每月各类考核组的质量缺陷额扣罚款，形成奖励基金，奖给质量好的科室或个人。当月奖励 80%，季度奖励 10%，年度奖励 10%。奖励方案由各个考核组制订，报分管领导签署，主任委员审批，形成正式文件资料下发。质量管理处备案建账管理，各考核组分组使用。

六、考评标准

（一）标准依据。

1. 各部门质量考评标准依据《河北省三级综合医院评审标准实施细则（2013 年）版》和《医院管理评价指南》及行业其他标准。

2. 医院《规章制度岗位职责汇编》。

（二）科室考评标准。

1.《临床手术科室月综合质量管理考评标准》

2.《非手术科室月综合质量管理考评标准》

3.《无床位科室月综合质量管理考评标准》

4.《医技科室月综合质量管理考评标准》

5.《护理单元月综合质量管理考评标准》

6.《急诊科月综合质量管理考评标准》

7.《内科 ICU 月综合质量管理考评标准》

8.《外科 ICU 月综合质量管理考评标准》

9.《麻醉科月综合质量管理考评标准》

10.《营养科月综合质量管理考评标准》

11.《药学部月综合质量管理考评标准》

12.《输血科月综合质量管理考评标准》

13.《手术部月综合质量管理考评标准》

14.《导管室月综合质量管理考评标准》

（三）医院质量管理重点专项目标管理方案。

（四）医疗质量重点部门关键环节管理方案。

统计工作制度

一、统计人员要准确、及时、保质保量地完成各项统计任务。

二、任何科室和个人对上级颁发的统计报表不得虚报。

三、医院统计资料由各临床科室、医技科室、计算机系统等数据生成部门向统计室报送。统计室要及时督促报送。

四、统计数字要保证全面、系统、准确、保密，各部门出具的统计数字，必须以信息科综合统计数字为准。

五、收集统计数据时，如发现数据上报不及时、不准确，统计人员要及时发现、反馈给上报科室且予以纠正，就错误情节上报质控办。

医疗安全不良事件管理制度

为保障患者安全，进一步加强医院质量与安全管理，依据 PDCA 管理理念，通过对医疗安全不良事件信息的收集、汇总、分析、警示、改进等措施，增强医院预防、识别、处理、控制不良事件的能力，特制定本制度。

一、定义

医疗安全不良事件是指在临床诊疗活动中以及医院运行过程中，任何可能影响病人诊疗结果、增加病人痛苦和负担，并可能引发医疗纠纷或医疗事故，以及影响医疗工作正常运行和医务人员人身安全的因素和事件。

二、报告范围

适用于在医院内涉及影响患者诊疗结果，患者与职工人身安全、财产损失、隐私泄露的事件、隐患和缺陷。

三、分级

医疗安全不良事件等级划分：按事件的严重程度分 4 个等级。

Ⅰ级事件（警讯事件）——非预期的死亡，或是非疾病自然进展过程中造成的永久性功能丧失。

Ⅱ级事件（不良后果事件）——在接受服务过程中因诊疗活动或其他服务，而非疾病本身造成的病人机体与功能损害。

Ⅲ级事件（未造成后果事件）——虽发生了错误事实，但未给病人机体与功能造成任何危害，或有轻微后果而不需要任何处理可完全康复。

Ⅳ级事件（临界错误事件）——错误在对患者实施之前被及时发现并得到纠正，患者最终没有得到错误的诊疗或其他服务。

四、管理原则

医疗安全不良事件的管理，遵循“预防为主、及时处理、合理控制、防微杜渐、持续改进”的原则。

（一）全院不良事件的呈报遵循“真实性、及时性、非惩罚性”的原则。

（二）医院鼓励全院职工主动上报各级各类不良事件。

（三）全院不良事件的处理遵循“及时、合理、公开、公正、消除隐患、持续改进”的原则。

五、管理要求

（一）上报要求。

1. 上报人员：凡医院职工均有权上报不良事件。

2. 上报途径：不良事件实行系统上报、电话上报、表格上报。

3. 上报方式：实名上报、匿名上报；逐级上报、越级上报。

4. 上报时限：不良事件发生后的 24 ～ 48 小时内上报。遇到严重或紧急的Ⅰ、Ⅱ级不良事件，在积极应对、处理的同时，当事人或科室负责人应立即以电话等形式向相应职能部门或总值班报告，并于 24 小时内完成系统上报工作；遇到Ⅲ、Ⅳ级不良事件，在积极应对、处理的同时，当事人或科室负责人应于 48 小时内完成系统上报工作。

5. 归口管理职能部门。

（1）医疗不良事件由医务处归口管理。

（2）护理不良事件由护理部归口管理。

（3）感染相关不良事件由医院感染管理处归口管理。

（4）职业暴露不良事件由预防保健处归口管理。

（5）药品、耗材不良事件由临床药学处归口管理。

（6）医疗设备、器械不良事件由医疗设备管理处归口管理。

（7）服务及行风不良事件由行风办归口管理。

（8）网络信息不良事件由信息管理处归口管理。

（9）基础设施不良事件由总务处归口管理。

（10）消防及安全不良事件由安全消防处归口管理。

（11）分类归口不清的其他不良事件由质量管理处归口管理。

（二）审核、处置要求。

1. 不良事件发生后，当事人、科室负责人要及时评估事件发生后的影响，积极采取应对措施，尽量减少或消除不良后果，并在 24 ～ 48 小时内通过信息系统将详细的不良事件发生经过与处理结果上报。科室负责人应在不良事件上报后的 24 小时内进行审核、处置，提出本科室的处理意见，并呈报至相关职能部门。

2. 主管职能部门自接到上报材料之日起，对不良事件进行审核，并在 7 个工作日内完成对不良事件定级与处置工作；对于接报的 Ⅰ、Ⅱ级不良事件，应呈报至主管院领导。

3. 需紧急处理的 Ⅰ、Ⅱ级不良事件，应当在积极采取应对措施的同时按要求时限上报，相关主管部门或总值班立即采取措施，尽量减少或消除不良后果。

（三）持续改进要求。

1. 临床科室每月至少汇总、统计、分析本科室不良事件一次，进行根因分析、整改措施制定，并持续改进。

2. 相关职能部门每月汇总、统计、分析本部门归口管理的不良事件，对本部门负责的不良事件进行处理，对重要事件、共性问题和系统性问题进行根因分析、整改措施制定，并持续改进。同时形成《部门不良事件分析报告》交主管院领导审阅后，每月 10 日前交予质量管理处进行汇总、分析。

3. 质量管理处每周对不良事件归口管理例数、归口管理情况、重要事件、共性问题和系统问题例数以及归口管理情况进行早例会汇报，每月进行公示、分析，分析内容形成报告纳入月度医院质量报告中，出现的问题以督导单的形式提示相关职能部门分析、整改，对于涉及多部门的问题，由质量管理处牵头协调各部门分析、整改。

六、医疗安全不良事件上报奖励与管理办法

为激励员工上报不良事件的积极性，发现问题，以问题为导向解决问题，对不良事件上报给予奖励。

（一）奖励。

1. 实名上报不良事件的个人：实名上报并对不良事件积极采取应对措施，尽量减少或消除不良后果的，给予个人每件 10 元现金奖励，以月度为单位进行下发。

2. 负责归口管理不良事件的职能部门：如当月不良事件处理率达 100%，不良事件处理平均时长在 7 个工作日以内，则给予该部门每件 5 元奖励，以月度为单位进行下发，未完成的没有奖励。

3. 设立不良事件持续改进基金，基金数额 = 全年上报例数 ×5 元，此基金用于奖励在全年不良事件管理工作中参与并完成持续改进例数排名前三的部门。

（二）管理。

有意隐瞒不报Ⅲ、Ⅳ级不良事件者，将在相应范围内进行通报批评；有意隐瞒不报Ⅱ级不良事件（在接受服务过程中因诊疗活动或其他服务，而非疾病本身造成的病人机体与功能损害）的人员，给予当事科室负责人 1000 元、当事人 300 元的经济处罚；有意隐瞒不报Ⅰ级不良事件（非预期的死亡，或是非疾病自然进展过程中造成的永久性功能丧失）的人员，给予当事科室负责人 2000 元、当事人 500 元的经济处罚。

七、附则

本制度自 2018 年 9 月 1 日起执行，同时原（秦一医〔2015〕33 号）文件废止。本制度最终解释权归质量管理处所有。

门诊采血工作制度

1. 采血时认真核对患者信息（姓名、性别、年龄、检验项目等），做到实名制采血。询问患者是否符合实验要求（如空腹或餐后）。

2. 严格遵守采血操作规程，认真执行无菌操作，做到一人一针一巾一带一消毒，防止交叉感染，以确保检验结果的准确性。

3. 自采标本送至采血室，需严格核对并做好标记，如有不合格标本应告知本人或家属重新采集。

4. 告知患者所验项目出具报告的准确时间及地点。

5. 将医疗垃圾、锐器和生活垃圾分类存放，做好交接工作并记录。

6. 做好采血室的环境卫生，每天进行紫外线消毒，并进行登记。

标本运送制度

1. 运送人员需进行专职培训后上岗。

2. 收集标本时与护士认真交接标本的种类、数量等，并做好签收工作。

3. 分清标本的种类及送达科室，运送过程中避免错送、漏送现象发生。

4. 使用标本运送箱，运送过程中避免标本剧烈震荡。

5. 特殊标本如血气、血栓弹力图、高血压三项等，严格按照检验科要求时限内送达。

6. 标本送达检验科室后，严格进行扫码，并与检验科人员做好交接。

7. 对有疑问的标本，需问清后方可执行。

陪 检 制 度

1. 严格按医嘱进行预约，告知患者检查的注意事项及时间。

2. 检查前严格核对，确认患者身份（科室、姓名、床号、年龄、性别、诊断等）及检查项目，询问患者是否做好检查前的准备。

3. 根据患者病情，选择合适的搬运方法和运送工具。

4. 重症患者要在征得医生同意后，在医护人员陪同下，方可外出检查。

5. 检查中严密观察患者生命体征，一旦发生病情变化，视病情轻重就地抢救或将患者送往就近科室，同时报告给患者所在科室及调度室。

6. 保护患者隐私，不得擅自将病历等文字资料交给患者或其家属。

7. 检查后及时将检查结果送回。

紧急替代制度

1. 定期进行岗位轮转，确保应急状态下外勤人员能胜任本职工作。

2. 弹性工作制，确保高峰时间段特殊岗位的人员安排。

3. 遇有突发事件，服从医院统一人员抽调。

4. 本科室如工作繁忙或人员紧缺时，科室内重新安排班次，做到新老搭配，保证服务质量。

5. 为满足临床工作需要，非工作时间段，安排备班人员 1 名，如有紧急工作任务，确保半小时内到岗。

差错、事故、投诉报告及处理制度

1. 建立差错、事故、投诉登记本。

2. 发生差错、事故、投诉后，即刻向调度室上报，积极采取补救措施或抢救措施，以减少或消除不良后果。

3. 当事人及调度室共同记录事情的经过、原因、后果并逐级汇报。

4. 差错、事故、投诉发生后，按其性质情节，科室组织讨论，吸取教训，改进工作。

5. 发生差错、事故或投诉的个人，如不按规定报告，有意隐瞒，经查出后予以严肃处理。

第五部分

后勤保障制度

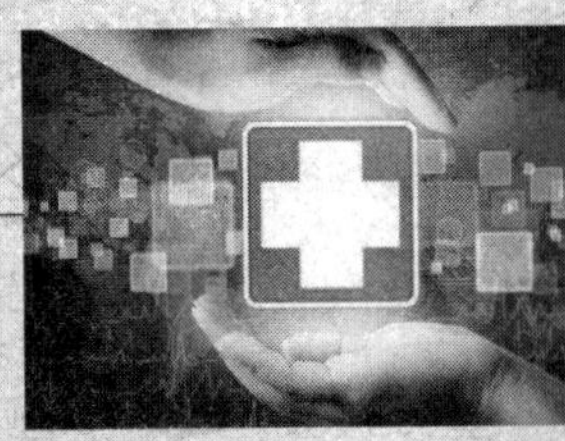

采购管理办法

第一章 总则

第一条 为了规范医院采购行为，促进廉政建设，提高采购效率和资金使用效益，根据《中华人民共和国政府采购法》《中华人民共和国招标投标法》、河北省财政厅《关于调整设区市、县及政府采购限额标准的通知》、秦皇岛市卫生计生委《关于进一步做好市直医疗单位采购工作的通知》等相关规定制定此办法。

第二条 采购活动遵循公开、公平和诚实守信原则，严格执行政府采购的相关法律、法规和医院有关规定，确保采购过程公开、规范，采购项目满足医院工作需要。

第三条 医院采购货物及服务（药品、基建工程、报废资产处理项目除外）项目由采购处按计划、按规程采购。药品、基建工程、报废资产处理项目由相关业务科室按法律规定执行采购。

第四条 政府采购工程以及与工程建设有关的货物和服务，采用招标方式采购的，适用《招标投标法》及其实施条例；采用其他方式采购的，适用《政府采购法》及其实施条例。

第五条 采购项目依照国家规定需要履行项目审批、核准手续的，应当先履行审批、核准手续。

第六条 采购项目应该是医院年度预算中已安排的且列入采购计划的采购项目，没有年度预算或没有列入采购计划的采购项目，须先履行预算及采购审批程序后再执行采购程序。

第七条 如本采购管理办法与国家的法律法规发生冲突时，按国家法律法规执行。

第二章　组织管理

第八条　医院成立采购管理委员会，人员由医院领导班子成员、审计、纪检、财务、感染、物价、安全、医务、护理、采购及业务管理科室（设备、耗材、物资供应、信息）代表组成，负责对采购项目进行决策、监督、管理。日常工作由采购处负责。

第九条　采购项目管理的业务科室负责接收使用部门的采购项目申请，组织专业委员会对拟采购项目进行可行性论证，制订初步采购计划，上报院长办公会审议，通过后形成采购计划。

第十条　采购处负责经院长办公会审议通过后的采购计划的落实执行，包括组织采购论证、按照规定执行政府采购程序、签订合同、参加专项采购的首次验收、采购文件的整理归档等工作。

第三章　采购方式

第十一条　医疗设备等价值高、使用周期长的项目，实行专项采购；医疗器械、医用耗材、后勤物资等品种规格多、需求频繁的项目，可实行周期性采购。周期性采购项目由采购处组织签订合同后，交由管理科室执行日常采购。

第十二条　采购处就采购项目组织采购论证会议，论证结果报院长办公会讨论通过后，专项采购单项或批量（一个预算年度内）30万元以下项目及周期性采购项目，由采购处组织与供应商签订采购合同，单项或批量（一个预算年度内）30万元以上（含30万元）的采购项目，由采购处组织执行政府采购。

第十三条　对于单项价格在10万元以下、使用优良、售后服务满意、一年内已经过论证的专项采购项目，在型号配置及价格不变的情况下，经申请科室主任签字确认后，采购处可以直接与供应商签订采购合同。

第十四条　符合下列情形之一，可采用单一来源方式采购。

（一）只能从唯一供应商处采购的。

（二）必须保证原有采购项目一致性或者服务配套的要求，需要继续从原供应商处添购的。

（三）发生了不可预见的紧急情况不能从其他供应商处采购的。

第四章 采购程序

第十五条 预算（计划）内采购程序。

（一）制订采购计划和采购预算。

拟采购的专项采购项目或周期性采购新项目申请由需求科室提交给相关业务管理科室（如医疗设备管理处、临床药学处、物资供应处、信息管理处等），相关业务管理科室组织专业委员会进行可行性论证后（含配套耗材设备需要设备委员会和耗材委员会分别论证），提交院长办公会审议通过后形成采购计划，由院长办公室出具采购计划文件，下发给采购处。列入采购计划的项目，相关业务科室必须编制预算，并报给财务处，采购预算管理委员会和院长办公会讨论通过后，财务处下发采购预算给采购处。采购处按照采购预算和采购计划执行采购程序。对于审议未通过的需求项目，由相关业务科室反馈给提交需求的科室。

（二）业务范围划分。

单项1万元（或批量5万元）以下的医疗设备和维保专项采购项目，单项（或批量）5万元以下的信息、后勤物资及服务的专项采购项目由管理科室依法采购，管理科室成立询价小组（由管理科室主任、项目负责人、使用科室代表3人及以上组成），询价前进行深入调研，广泛进行比选，确定中选供应商、产品及价格，并做好询价记录，相关资料报采购处备案。单项1万元或批量5万元以上的医疗设备和维保专项采购项目，单项（或批量）5万元以上的信息、后勤物资及服务的专项采购项目，所有周期性采购新项目由采购处根据院长办公会文件采购。

（三）采购处根据采购计划和采购预算，按照轻重缓急，优先采购计划内的、科室急需的、效益好的、开展新项目能提升医院水平或带来良好社会效益的项目。

（四）已经列入采购计划而没有完成采购的项目，直接列入下一次采购计划，并给予优先采购。

（五）采购处及时把采购进度发布到权力运行网上，以供查看并提请监督。对于没有采购预算和采购计划的项目，采购处将不能执行采购程序。

（六）对于列入采购计划的采购项目，科室申请取消采购的，由申请科室主任写明不采购的理由并签字后，报采购主管院长签字后交采购处留存，采购处取消此项目的采购。

第十六条　采购论证前的准备。

采购论证前的工作（如产品介绍会，考察等）由相关业务管理科室负责，准备工作完成后，采购处收到相关文件资料后执行采购论证工作。

第十七条　采购论证前公示，通过医院网站发布论证信息通告或张贴通知的方式公示，公示期限为 7 天。

第十八条　采购处负责对供应商的资质和产品资质进行审查，参加论证会的供应商必须符合医院的资质要求。

第十九条　医院采购管理委员会召开采购论证会。

单项 150 万元以下项目的采购论证由采购部门的主管院长主持论证；单项 150 万元以上项目的采购论证由院领导班子参加论证。

（一）召开论证会需要具备以下条件。

1. 参会人员：除采购主管院长外，采购处、纪检、审计、财务、项目管理科室、申请科室主任（或代表）必须出席论证会议。所采购项目如果涉及某科室相关业务，委员会另行邀请参会；

2. 采购项目已经列入采购计划，已经由院长办公室下发采购文件；

3. 采购项目是医院财务预算内项目；

4. 采购项目经过相关业务科室做了充分的调研了解；

5. 需求科室提交采购项目的技术性能和配置需求，采购需求在满足需要的基础上，应该公平公正，申请科室负责人对提交的采购需求负责；

6. 参加谈判论证会的供应商原则上应不少于 3 家。经过 2 次以上（含 2 次）公示后只有两家供应商报名的项目，可以和报名的两家供应商进行谈判论证。经过 3 次以上（含 3 次）公示后只有一家供应商报名的项目，经过科室充分论证，业务管理科室项目负责人、业务管理科室主任、业务主管科室主管院长、采购处处长、采购主管院长、院长审批同意后可执行单一来源采购，30 万元以上的单一来源项目，院长办公会讨论通过后由采购处组织进行调研论证。

（二）采购处负责在论证会召开前以电话、书面（或电子邮件）方式向符合投选资格的厂商，发布采购项目名称、项目技术和配置需求、资质要求、论证文件要求、项目论证时间及地点等信息。

（三）论证过程公开、公正、透明，接受社会各界的监督。采购要求从价格、技术、售后服务等多方面进行综合评价，采购处做好会议记录。

（四）与供应商有利害关系的人员必须回避。

（五）形成论证结论。采购项目在纪检监察人员监督下，采用无记名投票方式形成采购论证结论，参会人员在论证表决书上签字确认论证结果。

（六）采购项目论证结果报院长办公会通过后，由院长办公室主任、采购主管院长、院长签字确认。

（七）30 万元以下的采购项目，由采购处组织与论证意向排名第一的供应商签订采购合同。30 万元以上的采购项目，采购管理委员会应先针对采购项目举行调研论证会议，对采购项目的技术性能和最高限价进行调研论证，调研论证结果报院长办公会审议通过后，由采购处执行政府采购。

第二十条　采购结果公示。

采购处通过权力运行网公示采购全过程。30 万元以上采购项目采购完成后，采购处填写“采购公示表”报院办公室进行公示。

第二十一条　签订合同。

合同经律师审核后，由采购处牵头，使用科室、管理科室、采购处、主管院长、院长（10 万元以上项目）共同签字生效。

第二十二条　验收。采购的设备到货后，由业务管理科室、使用科室、采购处、供应商按供货合同及配置进行验收，做好验收记录。医用耗材、后勤物资等周期性采购项目由业务管理科室验收。

第二十三条　采购文件整理归档。采购处负责整理并及时归档采购文件。

第五章　预算（计划）外临时采购

第二十四条　未列入本年度采购计划（或常规采购目录）的计划外临时采购适用于以下情形。

（一）突发事件情况下急用设备、耗材或其他物资时。

（二）有较好经济效益和社会效益，因故未能及时上报的项目需要使用的设备或耗材。

（三）设备突发故障需紧急维修。

（四）其他经院长办公会讨论需要紧急采购的项目。

第二十五条　计划外临时采购审批。

临时采购项目审批：使用科室申请（主任签字），使用科室主管院长、业务管理科室主任、业务管理科室主管院长、采购主管院长、院长签字。30万以上的临时采购项目需经院长办公会审议通过。

1. 所有固定资产项目的临时采购需要同步审批院长基金；

2. 在用耗材需要临时招标的由临床药学处主任签批；

3. 突发事件情况下紧急项目采购或维修，经采购主管院长同意后可以先使用后议价。

第六章　协议供货采购

第二十六条　适用范围：列入政府采购协议供货目录明细内产品。

第二十七条　协议采购期限：与政府采购协议供货规定期限一致。

第二十八条　限额管理：同一品目单次采购预算金额在20万元（含）以下，年度累计采购金额不超过40万元的，均应在政府采购协议供货商品及中标供应商范围内进行采购。

采购金额超过协议供货限额标准的，或由于特殊原因，需采购协议供货范围外的非中标品牌或机型的，报经市财政局备案后，委托市政府采购中心实施采购。

第二十九条　采购程序。

（一）填制协议供货备案表。根据政府采购预算填制《秦皇岛市政府采购协议供货备案表》，并附政府采购预算项目表复印件，品目、数量、采购金额应与政府采购预算一致，相同品目应当一次办理备案手续，并一次性采购，提高采购效率和效益。

（二）选择成交供应商。应先查询采购产品的协议供货商名单、最高限价、优惠率等信息，然后采购处进行公示后，组织采购委员会会议，在中标供应商范围内选择三家以上供货商进行询价，在符合采购需求的前提下，按价格最低原则确定成交供货商。所选择协议供货商品的实际成交价不得高于同品牌同型号其他供应商的最低协议价，也不得高于同期市场价。协议供货项目的中标产品价格和优惠率是协议有效期内供应商承诺的最高限价和最低优惠幅度，在具体采购时，可以与供应商就价格或优惠幅度进行谈判，以获取更优惠的价格。

（三）报送协议供货备案表。填写拟选定的协议供货商及实际成交额报市财政局采购办备案。

（四）签订采购合同。按市财政局采购办备案成交金额与选定供应商签订政府采购协议供货合同。

（五）货物验收。成交供应商按合同组织供货，业务管理科室负责按规定组织相关人员对其采购的协议供货产品进行检查验收，详细配置符合要求，质量合格的，验收人员应填写秦皇岛市政府采购商品验收报告，并加盖单位公章予以确认后报采购处备案。

第七章 监督与纪律

第三十条 参与采购的有关人员严格遵守医院在购销活动中的各项规章制度，不得向供应商泄露任何医院采购的有关内容，不得接受任何形式的贿赂。纪检监察部门和审计部门负责对采购过程全方位监督，发现有违反本办法和国家法律法规要求行为的应及时提出并予以纠正，提出后不纠正的按规定追究有关人员责任。

第三十一条 采购管理委员会定期对采购管理制度执行情况进行监督与考核，发现问题，及时召开会议研究解决。对制度未落实及违反规定的行为，委员会经过评审，根据实际情况对责任人进行考核处罚。

第三十二条 本办法自发布之日起执行，同时原（秦一医发〔2015〕60 号）文件中关于《秦皇岛市第一医院采购管理办法》废止。医院采购管理委员会有最终解释权。

医用高值耗材采购制度

根据《医疗器械监督管理条例》《高值医用耗材集中采购工作规范（试行）》及本院《采购管理办法》制定本制度。

一、医用高值耗材定义指直接作用于人体、对安全性有严格要求、生产使用必须严格控制、价值相对较高的消耗型医用器械。包括心脏介入类、外周血管介入类、神经内科介入类、电生理类、心外科类、骨科材料及器械类、人工器官、消化材料类、眼科材料类（人工晶体等）、神经外科类（硬脑膜、钛网等）、胃肠外科类（吻合器等）等。

二、医用耗材采购实行目录式管理，医用耗材采购目录由医院耗材管理委员会确定，医用耗材采购目录至少 1 年内固定不变，目录调整周期一般不低于 1 年，不高于 2 年。临床科室使用高值耗材必须是目录内产品，日常采购由管理科室在省、市集中招标采购平台或阳光采购平台采购，做到公开、透明。

三、高值耗材新品种的准入要经过三级论证，即使用科室进行一级可行性论证，使用科室组成副高级以上职称 3 人论证小组，并对其是否必需、有无替代品种及社会效益和经济效益进行论证，论证通过后向管理科室提出申请并报论证意见；管理科室接收使用部门的采购申请，初审后汇总报耗材管理委员会进行可行性论证，制订初步需求计划，上报院长办公会审议，审议通过后形成采购计划交由采购处执行采购流程。

四、采购部门根据院长办公会通过的采购计划，按轻重缓急制订采购计划实施进度表。根据进度表安排采购公示内容，在医院外网公示，时间不少于 7 天。

五、接受供应商及厂家的投选书，采购、纪检、申请科室联合审核资质。资质审核应执行《供货企业及购进产品合法资质审核制度》。

六、供应商资信调查及采购项目价格查询。对供应商资信、技术、产品质量、售后服务、履约能力、是否属于省市集中采购目录或省阳光采购目录和采购项目价格信息等方面查询汇总。

七、组织医用耗材公开招标议价会，会议成员由采购管理委员会成员和相关专家组成，委员会成员集体与供应商进行谈判议价，议价过程在审计、纪检监察人员的监督下，在进行价格比较的基础上，综合考虑产品性能质量、售后维修服务、品牌知名度、市场占有率、同级同类或上级医院使用情况、供应商企业规模、空间距离等因素，属于省、市标采购目录的执行省市集中采购目录中标结果，经过集体讨论并通过无记名投票的方式形成采购论证结论，向所有参加招标议价的供应商公布中标结果。

八、中标结果报院领导班子审议，通过后进行院内公示，公示时间不少于 7 天。

九、签订合同。中标结果公示期满后 10 日内与供应商订立合同。

十、日常采购及验收由管理科室按实际需求采购验收。

十一、目录外医用高值耗材临时采购要经过严格审批，按临时采购管理程序进行：需求科室申请—管理科室主任审批—（属于开展新项目使用的新耗材需经医务处主任确认签批）—管理科室主管院长审批—采购主管院长签字—院长签字—采购处组织采购论证会。

采购处档案管理制度

一、档案工作岗位责任

（一）采购处负责人职责。

1. 加强对采购处档案工作的领导，将档案工作纳入采购处整体发展计划。

2. 关心支持档案工作的建设与发展，及时解决工作中的重大问题和困难，改善工作条件，使档案工作与采购处各项工作协调发展。

（二）采购处档案管理员职责。

1. 设专职档案管理员，建立健全档案管理制度。

2. 负责采购处文件材料的形成、保管和整理归档工作，保证归档文件材料完整、系统。

3. 归档案卷做到组卷合理，体现秦皇岛市第一医院采购流程重点环节，编号准确，案卷目录清楚，档案标题简明扼要。

4. 保管好采购处应归档的案卷，注意文件材料的安全和保密。

5. 主动接受院图书档案室档案员的业务指导和督促检查，按规定时间向档案室移交。

6. 积极参加业务学习，不断提高档案工作水平。

7. 按照医院有关规定进行采购项目档案的管理，档案管理员专人负责，专人审核。

8. 确保档案资料的完整与安全。

二、收集归档范围

采购处在各项工作中形成的具有保存价值的，或者上级下达的与采购处关系密切的文件材料（包括公文、电报簿册、书信、会议、电话记录、图纸、登记表、报表、名册、奖品、照片、录音、录像资料等）都属收集归档范围，应按规定的范围、时间和要求交采购处档案室归档。

（一）各类采购会议、论证会议、项目考察报告、产品介绍会议等会议记录、会议纪要，供应商及采购项目资质、采购活动和记录、采购预算、招投标文件、评标标准、评估报告、定标文件、合同文本、验收证明、质疑答复及其他有关文件、资料。

（二）采购处各项工作计划、规定、总结、简报、通报、通知。

（三）采购处各项决议、规定、标准、规范、条例、办法、制度、守则等资料。

（四）采购处编辑、出版的书刊、资料样板。

（五）上级（包括各级卫生健康部门及秦皇岛市第一医院的调查组、检查组、工作组）对于采购处工作或问题的决定、决议、指示、批复及调查、检查、经验材料。

（六）上级授予采购处的奖状、奖章、奖旗、奖品等。

（七）上级报刊刊载有关采购处工作与业绩情况的文章。

三、档案归档要求

（一）应归档的文件、材料应由采购处档案管理人员收集齐全。

（二）正文与底稿主件或附件、请示与批复、来文与复文一起归档。

（三）归档文件材料注意：检查是否应该加盖公章，文件没有标题的应加上标题，内容、摘要、文件没有标明日期的要标上日期。

（四）重要归档文件材料必须收集原稿原件，不得用复制件。

（五）归档的照片、录音资料一一注上文字说明。

（六）凡是归档的文件材料必须经过初步整理，把同一具体问题的文件材料集中在一起，按文件的形成先后排列好。

四、借阅管理制度

为加强采购处档案管理，为其他单位或部门提供档案借阅工作，特制定以下规定。

（一）外单位来人查阅本单位档案，需持单位介绍信并经单位有关部门领导签字批准方可查阅，不得抄录或借出。

（二）查阅采购处档案应在档案室内进行，不得擅自划道、涂改、折卷、裁剪、拍照、撕毁等。特殊情况需借出的，需经负责人批准，但借出时间不得超过一周，不得转借他人，确保档案的完整与安全。

（三）珍贵的实物档案、重要的照片、底片、缩微胶片等档案一律不借出。

五、库房管理制度

（一）档案资料按照秦皇岛市第一医院论证日期进行归类保管，做到档案存放条理化、排列系统化、保管科学化，以利于档案的保护管理。

（二）坚持以防为主、防治结合方针，切实保证档案完整安全。

（三）库房要保持清洁干净，做到无尘、无虫、无鼠、无有害气体污染。

（四）库房管理人员要每月清理一次档案柜，发现有字迹褪变和纸张破损的案卷，及时进行抢救。

（五）交接进馆的档案，要认真清点，履行签字交接手续；档案外借，要认真清点，履行批准手续，并保证按期归还；非工作人员不得进库房，以防意外；在库房里不准吸烟。

供货企业及购进产品合法资质审核制度

一、医疗器械管理部门委派医疗器械采购人员负责医疗器械产品资质审查

二、供货单位所提供的医疗器械产品的有效资质，必须有专人分类保管并建立完善的档案

三、从境内生产企业购进医疗器械，供应方应提供以下产品资质

1. 加盖本企业原印章的《医疗器械生产企业许可证》复印件。审核要点：《医疗器械生产企业许可证》的生产范围和有效期是否与购进产品标识相符。

2. 加盖本企业原印章的《医疗器械产品注册证》及其附件《医疗器械注册登记表》的复印件。审核要点：注册证是否在有效期内，产品的名称、规格型号及组成等信息应与注册证相符。

3. 产品合格证明（指附于产品或产品包装上的合格证书、合格标签等标识）。审核要点：合格证书、合格标签和合格印章。

4. 委托销售授权书。审核要点：授权书应为正本，并加盖企业印章及企业法人的印章或签字，内容包括销售人员姓名、所销售的产品范围和区域、有效期等，生产企业的销售人员仅可销售本厂生产的医疗器械产品。

5. 销售人员身份证复印件。审核要点：身份证的姓名是否与授权书上被授权人的姓名一致，身份证上的照片是否与本人一致。

四、从经营企业购进医疗器械，供应商应提供以下资质

1. 加盖本企业原印章的《医疗器械经营企业许可证》（二、三类医疗器械）复印件。审核要点：根据医疗器械分类目录判定医疗器械类别，《医疗器械经营企业许可证》的经营范围和有效期是否与购进产品标识相符。

2. 加盖本企业原印章的《医疗器械产品注册证》及其附件《医疗器械注册登记表》的复印件。审核要点：注册证是否在有效期内，产品的名称、规格型号及组成等信息应与注册证相符。

3. 加盖销售企业原印章的《医疗器械生产企业许可证》复印件。审核要点：《医疗器械生产企业许可证》的生产范围和有效期是否与购进产品标识相符。

4. 委托销售授权书。审核要点：授权书应为正本，并加盖企业印章及企业法人的印章或签字，内容包括销售人员姓名、所销售的产品范围和区域、有效期等。

5. 销售人员身份证复印件。审核要点：身份证的姓名是否与授权书上被授权人的姓名一致，身份证上的照片是否与本人一致。

五、从境外或港、澳、台地区进口医疗器械，供方应提供以下产品资质

1. 国家食品药品监督管理总局颁发的“进”或“许”字《医疗器械产品注册证》及其附件《医疗器械注册登记表》的复印件。审核要点：注册证是否在有效期内，产品的名称、规格型号及组成等信息应与注册证相符。

2. 国内代理商的《医疗器械经营企业许可证》复印件。审核要点：《医疗器械经营企业许可证》的经营范围和有效期是否与购进产品标识相符。

3. 产品合格证明。审核要点：凡是能证明医疗器械合格的其他资质也可视为合格证明。

4. 委托销售授权书。审核要点：授权书应为正本，并加盖企业印章及企业法人的印章或签字，内容包括销售人员姓名、所销售的产品范围和区域、有效期等。

5. 销售人员身份证复印件。审核要点：身份证的姓名是否与授权书上的被授权人的姓名一致，身份证上的照片是否与本人一致。

医疗设备维护保养管理制度

为延长医用设备使用寿命，降低使用风险，特制定本制度。

1. 医用设备的日常保养是指设备不打开机壳的清洁、除尘、状态检查、附件整理等工作；医用设备的预防性维护是指仪器发生故障之前对其性能、安全性等进行周期性检查，包括易损件更换、对设备的深度维护和性能的校准等。

2. 设备验收时应了解设备的预防性维护内容、频次等，并保存相关资料（设备的说明书中有关于维护保养方法与频次的内容）。

3. 每台医用设备的日常保养应落实到人，应做好保养记录。

4. 医疗装备质量控制小组会议上做出本科室医用设备预防性维护计划，医学装备管理人负责向医学装备管理部门报送预防性维护计划，按审批程序得到批准后实施。

5. 设备使用科室应做出预防性维护实施时间表，在预防性维护实施前应提前做好准备，实施时应协助工程技术人员做好维护工作，实施后对预防性维护工作进行签字确认，并妥善保存预防性维护工作记录单。

6. 科室医学装备管理人至少每季度督导检查一次本科室医用设备日常保养情况，对保养不到位或保养不当的情况予以纠正，并做好记录。

医疗设备操作使用人员培训与考核管理制度

为减少医疗风险，保证设备安全有效的运行，特制定本制度。

1. 制定本科室医用设备操作管理办法。

2. 新设备装机后，应组织本科室人员参加医学装备管理部门组织的装机操作培训，培训合格的人员方可操作。特种设备和乙类大型设备的操作人员应在国家举办的合法培训机构接受培训，考试合格，取得上岗证后上岗。

3. 每台医用设备的操作视野中必须有该设备的操作规程或操作手册，说明书应随设备保管，随时查阅。

4. 医用设备操作人员必须按照操作规程（或操作手册）和使用说明书正确操作。

5. 对于高压氧舱的操作人员必须依法取得卫生部颁发的《医用高压氧专业上岗合格证》，晃动真空灭菌器的操作人员必须依法取得质量技术监督部门颁发的《特种设备作业人员证》，无合格证或合格证过期的人员不得操作。

6. 对纳入卫生部门管理的乙类大型医用设备，必须按照《大型医用设备配置与使用管理办法》的规定，持有与所操作设备相应的《大型医用设备上岗合格证》，无合格证或合格证过期人员不得操作。

7. 制订医用特种设备（医用高压容器）和乙类大型医用设备持证上岗检查计划，至少每半年检查一次，并做好记录。对无证上岗情况予以纠正并按照本科室医用管理办法予以处理。

医用计量器具强制周期检定管理制度

根据《中华人民共和国计量法》和卫生部《医疗机构医学装备管理办法》的规定，为保证医用计量器具市值准确、性能可靠，避免因计量错误导致医疗安全事件，制定本制度。

1. 根据国家对有关计量器具的周期检定制度，计量器具一律实行周期检定，检定计划由医学装备管理部门拟定并组织执行。未经检定或检定不合格的计量器具一律不准使用。

2. 对于检测合格的计量器具由检测部门签发合格检定证书并加贴合格标识。对于检测不合格的计量器具要联系计量室工作人员及时维修。

3. 操作人员应按操作规程正确使用计量器具，做好日常维护保养工作。存放环境应符合说明书的要求。

4. 在使用中如发现计量器具出现偏离校准状态，应立即停止使用，并通知计量室工作人员作出相应处理。医用计量器具的维修记录应妥善保存到本科室的计量器具档案中。

5. 科室计量器具负责人至少每半年对本科室的医用计量器具的周期检定情况进行检查，并做好检查记录。发现漏检的计量器具应停止使用，马上申请检定，检定合格后方可使用。

医疗设备临床使用安全控制与风险管理制度

第一条　为加强医学装备临床使用安全管理工作，降低医学装备临床使用风险，提高医疗质量，保障医患双方合法权益，根据卫生部2010年颁布的《医疗器械临床使用安全管理规范试行》的规定和要求，由医院医学装备临床使用安全管理委员会制定本制度。

第二条　为确保进入临床使用的医学装备合法、安全、有效，对首次进入本院使用的医学装备严格按照《医学装备购置管理制度》中的要求准入，对器械的采购严格按照相关法律法规采购规范，入口统一、渠道合法、手续齐全，将医学装备采购情况及时做好对内公开，对在用大型及生命急救支持类设备每年要进行评价论证。

第三条　对设备依据《医学装备验收管理制度》《医学装备维修保养管理制度》《医学装备报废管理制度》的要求做好安装验收、出入库、维护保养及报废的管理工作。

第四条　对从事医学装备相关工作的技术人员应当具备相应的专业学历、技术职称或者经过相关技术培训并获得国家认可的执业技术水平资格。

第五条　对医学装备临床使用技术人员和从事医学装备保障的医学工程技术人员建立培训、考核制度。组织开展新进设备使用前规范化培训。

开展医疗器械临床使用过程中的质量控制、操作规程等相关培训，建立培训档案定期检查评价。

第六条　临床使用科室对医学装备应当严格遵照产品使用说明书、技术规范、规程操作，对产品禁忌症及注意事项应当严格遵守。

第七条　医学装备出现故障，使用科室应当立即停止使用并通知医疗设备管理处按规定进行检修；经检修达不到临床使用安全标准的医学装备不得再用于临床。

第八条　发生医学装备临床使用不良反应及安全事件，临床科室应及时处理并上报医疗设备管理处，再由医疗设备管理处上报省食品药品监督管理局。

第九条　制定医学装备安装、验收、使用的相关制度。

第十条　对在用设备类医学装备的预防性维护、检测与校准，以保证在用设备类医学装备处于完好与待用状态。

第十一条　遵照医学装备技术指南和有关国家标准与规程，由相关科室定期对大型医学装备使用环境进行测试、评估和维护。

第十二条　对于生命支持设备和重要的相关设备制订相应应急备用方案。

第十三条　医学装备保障技术服务全过程及其结果均应当如实记录并存档。

医疗设备三级管理制度

第一章　总则

第一条　加强和规范医院医学装备管理，促进医学装备合理配置、安全与有效利用，充分发挥使用效益，保障医学装备质量与安全，依据有关法律法规，特制定本制度。

第二条　医学装备管理办法管理应当遵循统一领导、归口管理、分级负责、责权一致的原则，建立医院医学装备三级管理制度。

第二章　三级管理

第三条　实行分管院领导、医学装备管理部门和使用部门三级管理制度。

第四条　由分管院领导直接负责，并配备一定数量专业技术人员。分管院领导对全院医学装备资金进行预算管理、统筹安排。

第五条　医疗设备管理处是全院医学装备管理的职能部门，在分管院长的领导下，参加医学装备管理全过程，其具体职责如下。

（一）负责医学装备发展规划和年度预算计划的统计以及报院医疗设备管理委员会论证工作。

（二）负责医学装备验收、发放、质控、维护、维修、保养、应用分析并参与报废处置等。

（三）负责全院医学装备的维修保养，保障医学装备正常使用。

（四）收集相关政策法规和医学装备信息，提供决策参考依据。

（五）组织医学装备管理相关人员专业培训。

（六）按照国家规定对全院的计量器具执行强检工作。

（七）对医学装备实行科学管理，大型设备购置必须进行可行性论证，严格按照《大型医用设备配置与管理使用办法》进行管理配置。

（八）开展设备管理效益分析。

（九）加强大中型医学装备合理应用情况分析。

（十）加强对医学装备的调研，了解使用情况，并对问题及时进行处理反馈。

第六条　使用部门应在医疗设备管理处的指导下，具体负责本部门的医学装备日常管理工作，其具体职责如下。

（一）逐级建立使用责任制，制定操作规程，指定专人管理，严格使用登记，认真检查保养，保持仪器设备处于良好状态，可以随时使用。

（二）新进仪器设备要由医疗设备管理处会同使用科室负责人负责验收、安装和调试，在使用前要组织科室有关人员进行操作、使用和日常维护的培训，经考核合格，方可独立操作。

（三）对于不可随意挪动、搬动的仪器设备，仪器设备操作使用过程中操作人员不得擅自离开，发生仪器运转异常时，应及时通知医疗设备管理处维修工程师，查找原因，及时排除故障，严禁带故障和超负荷使用。

（四）仪器设备（包括主机、附件、使用说明书）须保持完整。

（五）仪器设备使用结束，由设备使用人员检查收存，关机放置。如发现设备损坏，应及时报告维修工程师，查明原因，明确责任。

第三章　附则

第七条　本制度自发布之日起施行。

第八条　本制度由医疗设备管理处负责解释。

急救类、生命支持类医疗设备保障制度

急救类、生命支持类医学装备是现代医疗救援、急救工作中不可或缺的重要部分，为有效保障危急重症患者得到全面、及时、安全、有效的抢救，体现“以病人为中心”的服务宗旨，特制定急救类、生命支持类医学装备保障制度。

一、急救类、生命支持类医学装备主要包括：呼吸机、心电监护仪、除颤起搏监护仪、简易呼吸器、心脏按压泵、心肺复苏器、吸引器、洗胃机、供氧装置、注射泵、输液泵、喉镜、气管插管以及腹膜透析、血液净化系统、床旁 X 光机等。

二、使用科室急救类、生命支持类医学装备管理。

1. 需做到专人管理、定位放置、定期检查消毒，保证设备始终处在待用状态。

2. 应加强急救类、生命支持类医学装备使用人员的操作应用培训，熟练掌握操作规程，保证急救工作的效率。

三、医疗设备管理处急救类、生命支持类医学装备管理。

1. 展开医院内各科室急救类、生命支持类医学装备情况调查，摸清装备分布情况、装备状态、装备数量等，对重点科室、重点设备展开巡检监测，进行风险分析评估、整合信息资源，建立预测预警系统。

2. 维修保障技术人员应加强学习，提高医学装备应急维修能力，及时维修处理，保障急救类、生命支持类医学装备处于正常待用状态。

3. 制订急救类、生命支持类医学装备的定期巡检计划，填写巡检表，实时掌握医学装备状态，做到及时发现问题、及时处理，对潜在的安全隐患提出改进措施，保证急救、生命支持医学装备保持待用状态，完好率达到 100%。

大型医疗设备及特种医疗设备操作上岗证管理办法

目的：根据卫生部、国家发展和改革委员会、财政部联合颁发的卫规财发〔2004〕474号《关于发布〈大型医用设备配置与使用管理办法〉的通知》和国家质量技术监督局、卫生部联合颁布的质技监局锅发〔1999〕218号《关于颁发〈医用氧舱安全管理规定〉的通知》，以及国家质量监督检验检疫总局令第140号《特种设备作业人员监督管理办法》，制定本管理办法。

适用范围：《大型医用设备配置与管理办法》中规定的甲乙类大型医用设备的操作人员，高压氧舱操作及维护人员，医用脉动真空灭菌器操作人员须遵守本办法。

1. 大型医用设备。

指《大型医用设备配置与管理办法》中规定的或卫生部发布的甲乙类大型医用设备品目。

2. 特种医用设备。

医用高压氧舱、脉动真空灭菌器等。

3. 大型医用设备和特种设备持证上岗的管理责任科室为设备的所属科室。

4. 操作使用大型医用设备的人员应持有中华医学会颁发的有效的《大型医用设备上岗合格证》上岗，操作使用医用高压氧舱的人员应持卫生部颁发的《医用高压氧专业上岗合格证》上岗，操作使用脉动真空灭菌器的操作人员必须依法取得质量技术监督部门颁发的《特种设备作业人员证》，无上岗合格证或合格证过期的人不得上岗。

5. 建立本科室大型医用设备操作人员或特种医用设备管理档案，纳入医学装备质控管理范畴，委托医学装备管理人负责大型医用设备和特种医用设备持证上岗管理工作，科主任负责质量控制效果。上岗人员及上岗资质实行动态管理，大型医用设备操作人员名单和特种医用设备操作人员名单本科室和医学装备管理部门各一份，退休、离岗、新增、报名、取得新证等均应做相应变更。

6. 医学装备管理部门每年对大型医用设备持证上岗情况检查一次，发现上岗证失效的，反馈给科室主任，督促更新，同时不能安排其上岗操机。

7. 医学装备管理部门每半年对特种医用设备持证上岗情况检查一次，发现无证上岗或上岗证过期上岗的，报院里通报批评，同时通知科室主任及时整改。

8. 对于符合报名资格，通过两期培训仍不能取得《大型医用设备上岗合格证》的人员，科主任不得再安排其从事大型医用设备操作使用工作。

9. 换证参加培训考试应在本人上岗合格证到期之前进行，保证上岗合格证有效期的衔接。上岗合格证过期，未取得新的上岗合格证之前不得上岗。

医疗设备验收制度

1. 为把好医疗设备质量关，保障进货数量、质量符合协议标准，制定本制度。

2. 进入本院使用的所有医疗设备均应经过验收才能投入临床或科研使用。

3. 医疗设备验收应有设备采购部门、设备管理部门、应用科室、设备生产厂商代表共同参加，需要申请进口商检的，必须有商检部门的商检人员参加。验收记录由参加验收人员当场共同签字认可。

4. 验收要严格按照合同规定的品名、规格、型号、数量、功能逐项检验登记，对与合同不符合的情况，要做详细记录。

5. 医疗设备的验收工作应在与其存储条件相适应的待检区域进行。

6. 严格按照医疗设备法定质量标准、供货合同以及质量保证协议中的质量条款，对产品进行检验。

7. 仔细核对生产厂商、供货单位、品名、型号、包装规格、数量、注册证号、生产日期、有效日期等，检验外包装标识是否合格、是否损坏，运输标志是否正常。

8. 购进的各种医疗设备，必须按照验收程序进行，严格把关，验收合格后才能入库、发放临床使用。

9. 进口医疗设备验收工作要及时进行，以便掌握索赔期限。验收工作最迟要在索赔期满之前 15 日内完成。需要索赔的，应及时办理索赔手续。

10. 验收程序包括：外包装检查、开箱检验、数量验收、质量验收。

11. 经检验符合下列条件的，由检验人员签署验收报告。

（1）外观完好无损，无瑕疵，运输标识正常。

（2）配置齐全，规格、数量符合合同要求。

（3）资料完整，符合合同要求。

（4）功能齐备，符合合同要求。

（5）性能良好，符合出厂技术指标。

（6）有出厂合格证明。属卫生部实行应用管理的，有质量技术监督部门出具的出厂合格证明。

（7）属强制性检定计量器具的，有质量技术监督部门出具的合格证明，国产产品还应具有 CMC 标志。

（8）属国家实行计量型式批准的，产品上应加有 CPA 标志。

（9）属国家实行强制性产品认证的，产品上应加有 3C 标志。

（10）国家有其他规定的，符合相应要求。

12. 质量验收要按生产厂商承诺的技术指标、功能和检测方法逐项检验（所有技术指标不低于国家标准）。对大型医疗设备，要由有资质的检验机构进行。检验结果作为验收记录存档。

13. 对功能配置不符合合同规定或者技术验收不合格的，应向供应厂商提出更换、技术索赔或退货处理。

14. 对于紧急购置或为急救购置的不能按常规程序验收的设备，在设备管理部门同意的情况下，可简化程序，先使用再验收。

15. 所有验收记录存入设备档案。

物资申购、采购、验收、入库、保管、出库、供应、使用制度

一、申购制度

1. 各科室预算内的日常需求，每周制订计划，根据全院各科室的计划进行采购。

2. 各科室预算内的非常用物资，科室需填写物品购置申请单，科室负责人签字，主管院长签字后，采购部门负责人签字，交采购员采购。

3. 各科室预算外的需求，使用科室需经后勤主管领导审批并申请院长基金，方可采购。

4. 各科室负责人督促员工合理使用各类物资，不得浪费，不得挪为私用。

二、采购制度

按照“归口管理”的原则，即统一申请、统一采购、统一配送，各使用科室不得自行采购。

日常材料物资和固定资产的采购，各科室年初申报预算，预算内物资及固定资产按照计划进行采购，无预算不得采购。

采购金额在 5 万元以下的，物资供应处成立询价小组，组织项目负责人、使用科室代表进行深入调研、广泛比选，确定中选供应商、产品及价格，并做好询价记录，相关资料报采购处备案。采购金额在 5 万元以上的，使用科室提供参数，管理科室向主管领导提出采购申请，主管领导审批并

提交院长办公会通过，由采购处组织招标采购。

三、验收、入库制度

1. 物资办理入库时，保管员根据随货同行清单上所列物资进行核对、清点，经使用部门、采购部门验收合格后，方可入库。

2. 如发现名称、型号、规格、数量不符或包装破损的，应及时通知采购员处理。

3. 对物资清点、核对正确后，由库管员及时填写入库单，入库单一式三联，库管员留存一联作为仓库登记，材料会计一联用以核对数量、金额录入正确性，一联交到财务作为付款依据。

4. 仓库保管员严格把关，对于未经审批的采购、与合同不符的采购物资、与使用科室要求不符的采购物资拒绝验收入库。

5. 对于工作中急需、不能形成入库的物资，保管员要到现场验收，并及时补填入库单。

6. 对于已经入库、发现问题的，及时报告处理。

四、保管制度

1. 按照品种、规格、体积、重量、大小、用途等物资性质分类整齐码放，设置明显标记。

2. 物资摆放需要按照划分的区域进行摆放，不得随意摆放，不得在规划的区域外摆放。

3. 对贵重的物资由指定的人员管理。

4. 对于所有物资必须做到安全维护和保管。

5. 对于在仓库存放半年以上的滞留物资应每月及时统计，上报处理。

6. 注意仓库清洁卫生，通道不得乱堆物品，定期进行安全检查。

7. 保持适度的温度、湿度、通风、照明等条件。

五、出库制度

1. 物资出库时，库管员根据物品申领单或科室需求计划填制出库单。

2. 出库单一式三联，领用科室留存一联，用以确认领用物资的品种、数量、规格等，库房留存一联，用以核对及留存。财务留存一联进行账务处理。

3. 库管员对物品申领单上没有科室负责人签字的、出库单无领物人签字或字迹不清的，拒绝发货。

4. 库管员必须根据进货时间，遵守先进先出的原则进行发放。

5. 任何人不办理领料手续，不得以任何名义从仓库内取走物资，除仓库保管员外，任何人员不得进入库房。

6. 对于应急物资的使用，做到及时发放、记录完整，事后及时盘点，补办手续。

7. 坚持原则、不徇私情，严格按照批准的数量、质量及医院的相关规定发放物资。

六、供应制度

1. 全院各科所需物资（除医疗器械、药品外），均由供应科统一采购、保管和发放。

2. 病房使用的被服由物资供应处按照床单元统一标准配发，各科室值班的被服，必须经过主管院长批准后方可发放。

3. 日常所需维修材料，总务科班长随时领取，及时返回维修用料单，做出库处理。

4. 遇到紧急任务，科室负责人说明情况，随时领用急需物资，任务完成后，补办出库手续。

5. 临时维修工程所需材料，经过主管院长同意后，应该在实施前三日将所用材料上报供应科，以免耽误工期。

七、使用制度

1. 科室使用的办公用品及劳保用品按照医院规定的人均定额执行。
2. 床单元的更换，以旧换新。
3. 医院职工的工装按照工装管理规定领取。
4. 与科室业务量相关的支出严格按照年度预算执行。

库房安全工作制度

一、禁止明火（火源）存在，库房内不准用电炉等电热器具和电视机、电冰箱等家用电器设备，库房保管人员下班离库时必须断电。

二、库房照明应使用防爆灯，不准使用白炽灯等高温照明灯具，灯具下方不准堆放物品，其垂直下方与储存物品水平间距不得小于 0.5 米。

三、对易燃物品严格加强管理。

四、按规定配置消火栓、灭火器、疏散指示标志等消防设备设施。

五、仓库内的物品要合理摆放，排列整齐，便于取放，码放时要上轻下重，上小下大，不得过高，确认平稳后方可离开，防止倒塌伤人。

六、库房要做到防盗，窗户要安装护栏，库房钥匙由专人保管，离库时锁好门窗。

七、库房要做到防水防潮，库房内不允许接有水龙头和洗手盆等设施。

物资下送制度

一、物资供应处下送物资：洗手液、硒鼓、墨盒、色带、打印纸、复印纸、办公家具等。

二、严格按照配送时间配送。原则上门诊楼、医技楼、内科楼、外科楼每月配送一次。如有特殊需要，物资供应处应及时协调解决，保证物资的供应。

三、配送人员需按照科室申报的申领计划，进行配货。

四、由库管员开具出库单，出库单一式三联。一联由配送人员留存对账使用，二联上交财务部门，作为对账结算依据，三联交给库管员，作为入出库依据。使用科室的接收人，需要在三联出库单上签字，以确认收货。

五、配送的物资，应严格保证物资的质量，并严格按照科室申报计划中的数量、型号、规格下送，不得随意改动，不得擅自配送。

六、配送人员服务周到，认真听取临床科室的意见，及时反馈，满足需求，保证科室物资的供应。

基本建设项目招标制度

一、为加强医院基建工程管理，确保项目建设质量，提高经济效益，规范招投标秩序，根据《中华人民共和国招标投标法》《中华人民共和国招标投标法实施条例》《政府采购法》相关法律、法规规定，结合医院实际情况，制定本制度。

二、严格执行建设主管部门、纪检监察机构、财政部门相关规定，建设项目采用招标制度，招标工作遵循公开、公平、公正和诚实守信原则，严格规范项目招标管理工作。

三、凡符合秦皇岛市建筑工程招投标管理规定的基建项目，严格按照秦皇岛市公共资源交易中心规定要求进行招标。

四、未满足秦皇岛市建筑工程招投标管理规定的项目，按《招标采购法》及财政局政府采购管理规定进行招投标。

五、由招标代理公司按照投标程序组织实施招投标工作，参加投标的施工单位原则上不少于 3 家，开标必须由医院纪检监察室监督。

六、招标代理机构应严格考察施工企业的资质，不得招用有关部门禁止在秦施工的队伍，在卫生系统出现过质量事故或违约的施工单位 5 年内不得承包建设项目。

七、严禁参加招投标的有关人员利用职务或工作之便谋取私利，干涉招投标的结果和公正性。

八、及时将招标情况与中标结果在政府相关网站及院内网站进行公示。

工程监理制度

一、为了进一步规范和加强监理工作，根据国家颁布的《建筑法》和《监理工作规范》及有关规定，结合医院实际，制定本制度。

二、凡在医院范围内从事建设、改扩建工程监理工作的监理单位，必须遵守本制度。

三、监理单位是工程质量、进度、投资和安全文明施工控制的责任主体，应对其所实施监理的工程的质量、进度、投资和安全文明施工负责。基建处有协助管理的义务和责任。

四、根据项目规模、投资确定相应资格、等级的监理单位。监理单位应选派素质好的总监、总监代表及专业监理工程师，组成强有力的项目监理班子，采取切实可行的措施，严格按照国家颁布的《监理工作规范》实施监理工作，以实现质量、进度、投资和安全四控制的目的。

五、协调配合工程监理单位按监理工作要求组织召开的各形式的监理例会、检查工作。

基本建设项目施工现场管理制度

一、按照建筑法和上级有关文件规定要求，项目部必须依法为职工办理意外伤害保险，交纳保险金，保护职工的合法权益和人身安全。

二、施工现场的交通道路要平整畅通，排水设施良好，各种设施按施工总平面图布置，各种材料、构件堆放整齐有序，做到安全生产、文明施工。

三、施工现场必须要有醒目的安全标语和各种安全标志牌，各种机械设备要有安全生产操作规程，工地办公室需有安全生产的各项规章制度和安全生产组织机构网络图。

四、非本单位施工人员未经允许，不得进入施工现场。外来人员未经项目经理批准不得留宿工地。严禁将小孩带入施工现场。

五、新工人入场，接受“安全生产三级教育”。进入施工现场必须遵守现场安全规章制度，进入施工现场必须戴好安全帽、不准赤脚、不准穿拖鞋和高跟鞋、不准裸露上身、不准穿裙子。

六、要正确穿戴个人劳动安全防护用品，上岗前必须检查好一切安全设施是否安全可靠，特殊工种持证上岗，特殊作业佩戴相应的劳动安全保护用品，不准酒后上岗。

七、高空作业时，要系好安全带。严禁在高空中没有扶手的攀岩物上随意走动。严禁任何人乘提篮上下、在外脚手架上爬上爬下或在吊物下操作、站立、行走。

八、危险部位的边沿、坑口要严加栏护、封盖，并设置必要的安全警示灯。

九、按规定设置足够的通行道路、马道和安全梯。

十、装卸堆放料具、设备及施工车辆，与坑槽保持安全距离。

十一、大中型施工机械（吊装运输碾压等）指派专职人员指挥。小型及电动工具由专职人员操作和使用。注意用电安全。

十二、施工人员必须遵守安全施工规章制度。有权拒绝违反“安全施工管理制度”的操作方法。严禁违章指挥和违章操作。

十三、办公室、警卫室、职工宿舍不得使用电炉子、电褥子。不准在休息时间在宿舍喧哗。不得随意动用他人财物。

十四、严禁在危险品、易燃品、仓库等场所吸烟，施工现场不准随意动火。

十五、工程施工过程中，如进入工程分包单位的，项目部必须与分包单位签订工程安全生产承包合同。

十六、项目部负责与本单位职工签订劳务合同，如发生意外事故，按劳动合同处理。

基本建设项目控制管理制度

认真贯彻落实国家有关建设工程管理制度和规定，加强对基本建设工程的控制管理。

一、对工程项目的可研、立项、报建、招投标工作进行管理，严格审批流程。

二、对工程施工、质量、验收阶段进行科学制度化管理。

三、对工程预决算审核进行管理，按相关规定严格执行三级评审制度。

四、执行工程设计制度，重大项目工程进行全程跟踪审计。

五、严格控制在建工程扩大建设规模、提高建设标准、增加设计变更、增加建设资金。

六、各类项目工程款拨付严格按照流程逐级审核批复，上报党委会通过后按照财务制度支付。

基本建设项目造价管理办法

第一章　总则

第一条　在保证建设项目工期和质量目标的同时，为了实施对工程造价全过程管理以加强造价管理，特制定本办法。

第二条　本办法所称造价管理，是指建设项目的全过程造价管理，可将全过程分为投资决策阶段、设计阶段、招投标阶段、项目实施阶段、决算审计阶段和交付使用阶段等六个阶段。

第三条　本办法适用于基建规划处管理的新建、扩建、改建、加固等基本建设项目。

第二章　投资决策阶段（可行性研究及投资估算）

第四条　基本建设项目立项程序及相关内容参见秦皇岛市人民政府政务服务中心项目领办处印发的《建设项目指导手册》。

第五条　项目的项目建议书、可行性研究报告委托具有资质的编制单位负责编制。应结合项目情况，基建处组织对编制的投资估算进行分析论证（主要含建设规模、标准、工艺设备选型、装修标准等内容），以利于医院科学决策。经医院批准后的投资估算将作为后续阶段的造价控制依据。

第三章　设计阶段（设计概算及施工图预算）

第六条　根据审批通过的申请报告、项目建议书、可行性研究报告，由基建处牵头负责编写项目设计任务书，其中应根据批准的投资估算要求设计单位进行限额设计。

第七条　设计任务书应明确体现使用方的需求和医院批准的功能标准（包括适用设计规范、使用年限、人防面积标准、基础类型、负荷等级和预测、空调型号、室外管网和环境范围等内容），并作为设计概算控制的主要依据。

第八条　为控制设计概算不超过投资估算，要求设计单位提供设计概算书，以及主要方案的技术经济比较。由相关科室负责审查工程设计概算并提出相应的设计调整意见。

第四章　招投标阶段（中标价）

第九条　由具有相应资质的招标代理机构组织建设项目施工、监理及设备的招标，并编制或委托编制相关招标文件、标底等工作。

第十条　为了确保工程量清单的准确性，对于工程量清单的委托编制单位首先应做好选择，其次编制单位的责任应在合同中加以约束。

第十一条　工程项目施工合同内的暂估项及暂估价项目由总包方自行招标时，其编制的招标文件和工程量清单必须由甲方审核后才能发放，评标定标过程必须有甲方人员参加。

第五章　项目实施阶段（施工预算）

第十二条　建设项目实施过程中，跟踪审计机构对项目实施进行全程造价跟踪管理，即在合同规定时效内对工程实施过程中的设计变更及洽商进行造价变动的确认。造价管理依据为施工合同、招标文件、图纸、经确认的工程洽商、设计变更、材料设备确认价及国家颁布的造价管理相关法律、法规、文件等。

第十三条　项目实施过程中的工程洽商及设计变更管理。首先由项目部对工程洽商及设计变更单进行分类编号管理，并由项目部将相关资料转交跟踪审计机构。涉及工程造价变动的工程洽商及设计变更，施工单位提供工程变更费用估算表，经监理审核后，一般情况由项目部专业工程师及项目经理签字确认，并经项目部人员转交跟踪审计机构进行审核，严格执行合同中规定的洽商变更处理的时效条款。对于涉及重大经济变动（具体额度根据项目情况确定）的洽商或设计变更，应由项目部提出估算并上报院党委会通过。

第十四条　甲方确认设备材料价格的管理。需确认价格的对象应为合同中约定或甲乙方商定的由施工方采购的暂估价设备材料的价格，报项目部经跟踪审计审核后才可实施。

第十五条　工程进度款支付管理。要严格执行施工合同中的相关条款。按照合同规定的时间要求，由施工方提出工程进度款支付申请并经监理方对其内容及工作量进行确认，经项目部、跟踪审计机构进行审核确认后转交财务，由财务人员按合同规定付款。洽商及设计变更引起的费用变更经跟踪审计机构审核确认，待最终结算后支付。

第十六条　在支付工程类合同价款时，跟踪审计应把好造价关，按合同规定支付条件及比例进行审核，尤其是在工程竣工后、交付结算审计前，应由施工单位提供竣工验收合格单及结算资料，甲方应会同监理方、项目经理认真审核。

在支付咨询、服务、设计类合同价款时，按合同规定支付。

第六章　结算审计阶段（工程结算）

第十七条　工程竣工后施工单位应报送的结算资料包括：竣工验收报告、工程结算书、工程竣工图、工程洽商、设计变更单、材料设备价格确认单及与结算相关的其他资料。其中对应于一般合同的竣工验收单需有甲方、监理方和施工方三方签字盖章，总包合同的竣工验收单还应增加设计方的签字盖章；分包合同的竣工验收单应有甲方、监理方、施工方及总包方的签字盖章。

第十八条　工程竣工结算程序：工程竣工验收合格后，由施工方提供一套完整的结算资料，经监理单位审查后由项目部转交审计部门进行审核。甲乙双方的结算审核工作应符合施工合同规定的时效要求。

第十九条　造价管理资料的收集归档。在建设项目实施过程中，各相关科室及项目部应及时收集与造价管理相关的各类资料，并在项目审计完成后进行整理，分类编号归档，作为后续项目的造价管理依据。

第七章 保修期阶段（运行维护）

第二十条 保修期阶段如发生维修事项，由基建处负责组织维修工作，若维修工作非施工单位负责，所发生费用从施工单位的质量保证金中扣除。

科室用能考核规定

依据《国家公共机构节能条例》和《河北省公共机构节能办法》，为加强医院能源管理，推进医院节能降耗工作，规范用能行为，以计量器具为依托，制定对各科室用水用电考核细则，通过安装节能监测平台收集检测数据，再进一步进行数据分析、不断完善考核细则。

一、指导思想

建立节约型医院，以节约资源、降低能耗，建立和完善节能减排监督考核机制，落实节能减排具体措施，将能源管理常态化，达到节能降耗的目的。

二、工作目标

1. 以节水节电节气为重点，在全院广泛开展节能宣传教育，普及节能知识，培养全院职工的环保意识。

2. 加强照明节电管理，白天尽可能采用自然光照明，做到随手关灯，杜绝浪费。

3. 强化办公节电管理，制定节电用电制度，电脑设备随开随关，减少待机消耗。

4. 加强节约用水宣传力度，鼓励医患群众共同节约用水。

5. 加强办公用品管理，减少一次性纸杯的使用，取消桶装水，专项整顿办公用纸问题（要求无特殊要求必须双面使用）。

6. 加强夏季空调管理，开空调不开门窗，管控空调温度。

考核内容	考核标准及扣分原因	分数	节能科考核得分
各科室每月用电量（分临床、医技两个系统）	根据过去一年的各科室用电量，分季度设置科室月用电基数（2 分） 月用电量低于科室月用电基数的得 2 分 月用电量超出科室基数 10% 的扣 1 分，超出 20% 及以上的不得分	2	
日常巡视检查情况：检查各科室用能及节能管理员管理项目	按照医院印发的《科室用能管理规定》《节能员考核细则》，分白天和夜间巡查（3 分），检查项目如下： 1. 走廊灯不按规定开关 2. 病房内灯不按规定开关 3. 水房门不按规定开关，发现有院外打水者 4. 下班后医生办公室、医护值班室用电设备不按规定开关 5. 打印纸不按规定使用的（无特殊需要的申请、汇报及其他文字说明的纸张要求双面使用） 6. 夏季发现空调温度低于规定温度的（病房、医生办公室、医护值班室内要求温度不低于 26 度，治疗室空调温度不低于 22 度，门诊、医技楼公共区域及候诊区空调温度不低于 20 度） 7. 发现开空调开门窗的 8. 发现“长流水”现象未及时报修的 9. 发现个人物品在医院洗涤的 10. 门诊诊室、候诊区用电设备不按规定开关 违反 1 条的扣 0.3 分，违反 3 条及以上的扣 3 分	3	
行政后勤科室检查	1. 电脑、打印机电源未及时关闭的扣 0.2 分 2. 室内光线充足情况下开灯办公的扣 0.2 分 3. 无特殊需要的申请、汇报及其他文字说明纸张未双面使用的扣 0.2 分 4. 空调温度低于 26 度的扣 0.2 分 5. 开空调开门窗的扣 0.2 分	1 分	

行政后勤科室每月考核结果全院公示，按科室用能奖惩制度执行。

医疗公共区域照明管理办法

为切实加强医院公共区域照明的管理，提高实效，降低消耗，使照明管理科学化、有序化、规范化、人性化，根据节能工作领导小组会议的要求，制定本管理办法。

一、区域责任划分

（一）门诊楼白天。

1.1 ～ 5 楼楼内公共区域照明、诊室内照明、门诊候诊区，负责部门：门诊部（每天有专门节能员负责巡视），节能科监管。

2. 内科门诊公共区域照明、诊室内照明、内科门诊候诊区，负责部门：门诊部（每天有专门节能员负责巡视），节能科监管。

3. 门诊南入口处“门诊”字样外景灯，负责部门：总务科电工班，节能科监管。

4. 门诊夜间在保证监控正常的情况下，由保卫科、节能科共同确定每一个灯的夜间开关情况并做标识，保安晚上巡逻时候负责关闭。

（二）医技楼白天（含门诊至医技楼连廊）。

1.1 ～ 5 楼楼内公共区域照明、候诊区照明，负责部门：保洁公司，节能科监管。

2. 各科室内部照明，负责部门：各科室，节能科监管。

3. 医技楼体上“医技楼”字样外景灯，负责部门：总务科电工房，节能科监管。

4. 医技夜间在保证监控正常情况下，由保卫科、节能科共同确定每一个灯的夜间开关情况并做标识，保安晚上巡视时候负责关闭。

（三）外科病房楼。

1. 负 2 ～ 21 层东侧楼梯灯、餐梯间灯，负责部门：爱玛客物业公司，节能科监管。

2. 各病区，负责部门：各科护理站，节能科监管。

3. 楼顶院徽、十字光标及“外科楼”外景灯，负责部门：总务处电工班，节能科监管。

（四）康健楼、行政楼、综合楼。

1. 康健楼、综合楼、行政楼楼梯灯，负责部门：保洁公司，节能科监管。

2. 各科室内部照明，负责部门：各科室，节能科监管。

3.“康健楼、行政楼、综合楼”字样外景灯，负责部门：总务处电工班，节能科监管。

4. 夜间 1 ～ 5 层行政楼内部照明（保证监控正常），负责部门：保安公司，节能科监管。

（五）急诊楼入口处“急诊”字样外景灯，负责部门：总务处电工班，节能科监管。

（六）院内所有 2 层连廊照明由定时器定时开关，负责部门：总务处电工班，节能科监管。

（七）内科病房楼。

1.1 ～ 11 层楼梯灯、电梯间灯，负责部门：保洁公司，节能科监管。

2. 各病区，负责部门：各科护理站，节能科监管。

3. 楼顶“秦皇岛市第一医院”及“内科楼”字样外景灯，负责部门：总务处电工班，节能科监管。

（八）院区景观灯、照明灯（自动控制），负责部门：总务科电工班，节能监管。

二、时间调控

（一）10 月 15 日～ 4 月 15 日 17：15—7：00。

（二）4 月 15 日～ 10 月 15 日 19：00—5：00。

三、管理措施

（一）将开关贴标分类。分为普通照明（红色标记）、加强照明（黄色标记）。

（二）为候诊服务台、护理站、卫生间、病房制作节电温馨提示牌。

（三）各划分区域，须指定责任人。

（四）增加巡检班次，并进行登记。

四、巡查维保（修）

（一）保安执勤时负责调整指定区域内灯光亮度。

（二）每天 20 ～ 22 点由总务处值班电工巡视院区照明和外景灯并做巡视记录。

（三）照明灯维修由总务科电工班负责，电话：5908142。外景灯维修暂由节能科负责，电话：5908816。

全院医疗公共区域照明工作由节能科牵头，统一管理，各相关科室配合。对违犯上述规定的部门和负责人，将视情节轻重实施缺陷管理（包括公示、约谈、处罚）。

医疗废物管理制度

一、按照中华人民共和国国务院令第380号《医疗废物管理条例》、中华人民共和国卫生部令第36号《医疗卫生机构医疗废物管理办法》等有关法律、法规的要求，对医疗废物进行严格管理。

二、本院法人代表为医疗废物管理的第一责任人；成立医疗废物管理领导小组；医院感染管理科负责全院医疗废物分类管理及污水处理质量的监督检查；生活科负责指导医疗废物运送、清除、登记，总务科负责污水的无害化处理工作；保洁公司负责医疗废物的分类、收集、转运到暂存站工作。

三、医院废物按生活垃圾、医疗废物（按《医疗废物分类目录》）分类收集处理，医疗废物收集袋及其他容器应符合《医疗废物专用包装物、容器的标准和警示标识的规定》的要求；医疗废物置于符合标准要求的黄色塑料袋，生活垃圾置于黑色塑料袋内密闭运送，无害化处理，盛放废物的容器要清洁并每日消毒处理1次。

四、严格按照《秦皇岛市第一医院一次性无菌物品使用管理暂行规定》对一次性无菌医疗用品进行用后消毒毁形。锐器（针头、刀片、穿刺针、载薄片等）用后应放入防渗漏、耐刺的专用医疗废物锐器盒内，按医疗废物处理。

五、医疗废物暂时储存地点应将医院废物按生活垃圾、医疗废物分类存放。垃圾袋（箱）存放整齐，无外漏、外渗，周围环境清洁，每天垃圾运走后流水彻底冲洗并用0.1%的含氯消毒剂消毒地面及转运车。有防蚊蝇、防鼠、防蟑螂措施。

六、保洁公司应严格按照《医院医疗废物处理操作规范》对本院的医疗废物进行处理。

七、医院污水排放严格执行国家《污水排放标准》，每月监测其总余氯量及大肠菌群数。

八、按照秦皇岛市卫计委、秦皇岛市环保局的要求，严格执行对医疗废物实行登记、月报告制度，医疗废物转移时严格执行危险废物转移联单管理制度。严格按照秦皇岛市《医疗废弃物管理办法》的要求，将医疗废物交付有资质的处理单位进行转运和处置。

九、对医疗废物转运人员进行相关知识的培训。

十、后勤部门对医疗废物分类收集转运暂存的流程进行管理，执行医疗废物处理的工作人员应自觉做好职业防护。工作中应穿工作服、戴长橡胶手套、穿长筒胶靴、戴口罩和帽子。医疗废物处理完成后立即按六步洗手法清洗双手。

十一、任何科室或个人均应严格执行有关医疗废物处理的法律、法规，不得回收买卖医疗废物，一旦发现将按有关法规给予严肃处理。

环境卫生督导检查制度

为保持医院环境整洁、优美、舒适，特制定环境督导检查制度。

一、每日外包公司对保洁质量进行内部质量检查，做好巡查记录。

二、每日由监管人员与外包公司负责人一起对内外环境进行巡查并做记录。

三、每日对重点区域的卫生间进行督导检查；卫生员日间 2 小时巡视一次，有记录。

四、对环境卫生质量较差的区域，增加巡视频次，每月中旬进行抽查。

五、每月对医院环境卫生、医疗废物处置、禁烟工作、手卫生、个人防护等工作进行督导检查，有记录。

六、对服务质量不达标的，下达整改通知书，制定措施，达到持续改进目的。

医院食堂监管制度

一、医院成立膳食委员会，建立督导检查小组，对食堂进行食品卫生和消防安全检查。

二、督导餐饮公司持健康证上岗，保证职工切身利益。

三、督导服务人员要遵守服务规范，热情为职工服务。

四、督导服务人员要遵守操作规程，爱护食堂用具和设备，发现问题及时报告维修。

五、督导食堂做好食品采购、加工、销售环节管理，不出售变质、过期食品。

六、督导食堂厨具，餐具在餐后清洗、餐后消毒，保持清洁干燥。

七、保持食堂环境卫生，定期进行大扫除，防止病从口入。

八、督导食堂认真执行《食品安全法》和《消防安全法》，保障食品卫生安全和消防安全。